Noam Chomsky

DIE HERREN DER WELT

Titel der englischen Originalausgabe (© Noam Chomsky 2014):
The Masters of Mankind: Essays and Lectures, 1969–2013

Bibliografische Information der Deutschen Bibliothek:
Die Deutsche Bibliothek verzeichnet diese Publikation
in der Deutschen Nationalbibliografie.
Detaillierte bibliografische Daten sind im Internet über http://dnb.ddb.de
abrufbar.

6., unveränderte Auflage 2015
© 2014 Promedia Druck- und Verlagsgesellschaft m.b.H., Wien
Alle Rechte vorbehalten
Übersetzung und Satz: Gregor Kneussel
Druck: CPI – Clausen & Bosse, Leck
Printed in Germany
ISBN: 978-3-85371-367-9

Fordern Sie die Kataloge unseres Verlages an:
Promedia Verlag
Wickenburggasse 5/12
A-1080 Wien
E-Mail: promedia@mediashop.at
Internet: www.mediashop.at
          www.verlag-promedia.de

NOAM CHOMSKY

DIE HERREN DER WELT

ESSAYS UND REDEN AUS FÜNF JAHRZEHNTEN

Der Autor:
Noam Chomsky, geboren 1928 in Philadelphia, ist emeritierter Professor für Linguistik am Massachusetts Institute of Technology (MIT). Seine sprachwissenschaftlichen Theorien machten ihn zu einem der einflussreichsten Wissenschaftler auf diesem Gebiet in der zweiten Hälfte des 20. Jahrhunderts. Als Kritiker der US-amerikanischen Politik erlangte er weltweite Berühmtheit und wurde wiederholt von den amerikanischen Behörden in Haft genommen, erstmals 1967 bei einer Demonstration gegen den Vietnamkrieg. Chomskys Eintreten gegen Kapitalismus, Globalisierung und die Manipulation der Medien schlug sich auch in mehr als hundert Büchern nieder, die er im Laufe seines Lebens verfasste.

Der Verfasser des Vorwortes:
Marcus Raskin, geboren 1934 in Milwaukee, ist Professor für Politik an der George Washington University, Mitbegründer des Institute for Policy Studies in Washington. Er arbeitete zunächst für den Nationalen Sicherheitsrat unter John F. Kennedy, wurde dann aber Aktivist gegen den Vietnamkrieg. Er engagiert sich für Frieden und soziale Gerechtigkeit und hat bisher mehr als zwanzig Bücher verfasst.

Der Übersetzer:
Gregor Kneussel, geboren 1973 in Wien, studierte an der Universität Wien Sinologie und Sprachwissenschaft sowie an der Universität Beijing chinesische Geschichte und Sprachwissenschaft. Er arbeitet als Lektor und Übersetzer in Beijing und Wien.

All das, was bei der totalitären Feudalherrschaft völlig undenkbar war, brachte nach und nach der stille und unmerkliche Einfluß des Außenhandels und des Gewerbes mit sich. Es gab zusehends neue und schließlich so viele Waren, daß die Grundbesitzer ihren gesamten Überschuß an landwirtschaftlichem Ertrag dagegen eintauschen konnten. Da sie nunmehr diese Güter selbst verbrauchen konnten, waren sie nicht mehr gezwungen, mit ihren Pächtern oder Hofleuten zu teilen. Alles für uns selbst und nichts für andere, scheint zu allen Zeiten die elende Devise der Herren der Welt gewesen zu sein. Die Großgrundbesitzer sahen keine Veranlassung mehr, mit anderen zu teilen, sobald sie die Möglichkeit erkannten, den gesamten Ertrag selbst zu konsumieren.

— Adam Smith[*]

[*] Adam Smith: *The Wealth of Nations.* 1776. Zitat nach der Übersetzung nach Horst Claus Recktenwald: *Der Wohlstand der Nationen. Eine Untersuchung seiner Natur und seiner Ursachen.* Deutscher Taschenbuch Verlag, [6]1993.

Inhalt

Vorwort von Marcus Raskin 9

1. Wissen und Macht –
   Intellektuelle, Sozialstaat und Krieg (1970) 23

2. Ausnahmen bestätigen die Regel (1978) 65

3. Die göttliche Lizenz zum Töten (1987) 81

4. Konsens ohne Zustimmung (1996) 105

5. Einfache Wahrheiten, schwierige Fragen (2004) 147

6. Die menschliche Intelligenz und die Umwelt (2010) 185

7. Wird die menschliche Kultur
   den real existierenden Kapitalismus überleben? (2013) 197

Quellen 207

Vorwort von Marcus Raskin

Das politische Wirken von Noam Chomsky und sein Verständnis von der Sprachfähigkeit eint metaphorisch gesprochen das Band der Universalität. Diese Universalität ist kein Mythos, der Wahrheiten verbergen und die Suche nach Wahrheit marginalisieren soll; sie bedeutet auch nicht, dass das öffentliche Leben überall gleich sein soll. Eine Seite des Chomsky'schen Bandes ist die angeborene Sprachfähigkeit des Menschen und somit die menschliche Fähigkeit zu kommunizieren. Folgt man diesem Band der Universalität, scheint man an einer Kurve anzukommen und stellt fest, dass dem Band die Fähigkeit eingeprägt ist, rational und moralisch zu handeln; diese Fähigkeit ermöglicht es dem Menschen, positive gesellschaftliche Ziele zu verfolgen. Man könnte sogar annehmen, dass der menschlichen Natur eine Fähigkeit der unveränderlichen Empathie eigen ist. Wir kommen rasch zu der Schlussfolgerung, dass die Menschheit mehr als ein Haufen unteilbarer, aber leerer Monaden ist, die nicht miteinander verbunden sind, abgesehen von zufälligen Zusammenstößen; außerdem schließen wir, dass die Menschheit von einem unaufhaltsamen Trieb geprägt ist, aus ihrem Rohmaterial etwas Besseres herzustellen. Wir wünschen uns, dass unser gemeinsames Wissen zu Liebe führt, und umgekehrt; und wir möchten, dass Macht beiden dient. Vielleicht wird eine weltweite menschliche Kultur entstehen, in der keiner bestimmten Gruppe von der Universalität eine bevorzugte Stellung zugewiesen wird, sondern jeder mit jedem durch Solidarität und gegenseitige Achtung verbunden ist. Bei genauerer Betrachtung erkennen wir, dass die Fasern des Bandes jedoch gerissen sind und repariert werden müssen. Doch wie soll man sie reparieren, ohne dass sich das Band auflöst? Mit welchen Werkzeugen können wir sie reparieren? Und wer soll das Band reparieren, von dem wir selbst ein integraler Bestandteil sind?

Für Chomsky ist auf ganz persönlicher Ebene die Sprache das entscheidende Mittel, um die Risse in der Menschheit zu reparieren; die Struktur der Sprache ist eine wunderbare Eigenschaft des Lebens, die gleichzeitig stabil und unendlich formbar ist. Darin unterscheiden sich seine Ansichten radikal von denen Jean-Paul Sartres, der meint, dass Worte und Sprache uns von der Welt, wie sie ist, oder wie sie vielleicht sein könnte, trennen. Für Chomsky gibt es zwei mögliche Wege zur Reparatur und um etwas Anderes, etwas Neues, eine neue Ordnungsstruktur oder eine Alternative zu schaffen. Einer ist das gesprochene und geschriebene Wort, das auf eine angeborene Fähigkeit des Menschen zurückgeht. Der andere ist die Sprache des beispielhaften Tuns, dass allgemeine Thesen, beispielsweise über Liebe und Empathie, in der Praxis durch gelebte Erfahrung verdeutlicht werden. In der Politik sind Körper und Geist Werkzeuge, um Körper und Geist zu reparieren. Oberflächlich betrachtet scheint Chomsky zu meinen, dass es einerseits wissenschaftliche Analyse und andererseits Werte gibt, die uns lieb und teuer sind und die wir durch andere gesellschaftliche Mittel verbreiten. In dieser Welt wird der Körper in Kategorien eingeteilt, nach denen Geist und Herz, Denken, Erkenntnis und Urteilskraft von Emotionen und Gefühlen getrennt sind. Ist das nicht das Ziel des modernen Wissenschaftsbetriebes, der hofft, damit Vernunft und Anstand zu verteidigen, eine Reihe »edler Lügen«, die Abgrenzung des Selbst vom Objekt und damit eine pervertierte Objektivität schafft, um den Wissenschaftler und seine Forschung zu schützen, wobei er bewusst an Integration und Ganzheit vorbei arbeitet?

Falls Chomskys Kollegen im Wissenschaftsbetrieb dachten, er wäre bereit, Vernunft als Trennung zwischen Denken, Leidenschaft und politischem Engagement im Sinne eines verantwortungsvollen Lebens zu begreifen, sollten sie sich wundern. Er, der große Rationalist in Handeln und Forschen, sagt, dass es das grundlegende Anliegen von Intellektuellen sein muss, »die Wahrheit zu sagen und Lügen aufzudecken«.[1] In der Politik bedeutet das für ihn, Wissen, Macht und Liebe als Grundlage für Recht und Werte zu verankern. Der ideale Intellektuelle hat demnach die Verantwortung, sich vernünftig, mutig und integer zu verhalten, Lügen aufzudecken und die Wahrheit zu sagen. Die Verantwortung eines Menschen über eine eng festgelegte gesellschaftliche Rolle hinaus kann in einer Gesellschaft, die mit Masken und Selbsttäuschung gut über die Runden kommt, eine einsame Sache sein. Chomsky liebt Weisheit, die der Menschheit dient, und seine Sorge stößt daher, wie er weiß und auch sagt, manchmal gegen eine Mauer, wo politisches Denken und Stellungnahmen nichts mit der Wahrheit zu tun haben und das auch gar nicht anstreben.

Man kann leicht herausfinden, wessen Interessen gedient ist, wenn die Definition von Verantwortung als Handlung im Dienste eines Beherrschers festgelegt wird. Dazu muss man nur einen Sonntagvormittag mit den Fernsehkommentatoren verbringen, deren Interessen praktisch nichts mit der Wahrheit gemein haben und deren Programme von Agrar- und Energieunternehmen gesponsert werden. Verantwortung verwandelt sich in Unterwürfigkeit. In der Welt des Journalismus und der Politik kennen viele die Folgen dessen, was sie tun und warum sie es tun, nicht unbedingt. Die Struktur der Sonntagvormittag-Nachrichtensendungen ermöglicht es Exxon und dem Staatsapparat, den Journalisten und die Zuseher zu »lenken«. Für eine friedliche Demokratie hat das fatale Folgen. In Chomskys *On Power and Ideology* sind die Worte von William Shannon, eines Kolumnisten und ehemaligen Botschafters, nachzulesen, der behauptet, dass die Vereinigten Staaten aus den besten Motiven Militärdiktaturen unterstützen – er vergisst dabei, dass alle Menschen stets behaupten,

---

1. Noam Chomsky: »The Responsibility of Intellectuals«, in Anthony Arnove (Hg.): *The Essential Chomsky*. The New Press, 2008, S. 40.

aus den besten Motiven zu handeln.[2] Amerikanische Politiker waren im Laufe der Geschichte nie um große Worte verlegen, wenn es darum ging, die Rolle der USA in Asien, Afrika, im Nahen Osten und Lateinamerika zu erklären. Politik ist das Werkzeug, das uns sagt, wie man die Spiegel des Alltagslebens anordnen und verwenden soll. Sie legt den Rahmen fest, der in der Kultur und in der Erfahrung aus dem Wort »sollte« das Wort »ist« macht. Deshalb bestimmt praktisches Handeln im Sinne von Entscheidung und Verantwortung den Lauf der Geschichte des Menschen.

Deshalb sind Chomskys Analysen und sein praktisches Handeln so wichtig. Sie sind ein Indikator dafür, was sein könnte. Seine Tatkraft und sein Engagement entspringen einem gezielten Einsatz von Leidenschaft, Intuition und einer tief empfundenen Verantwortung für andere. Das bedeutet, dass man Stellung bezieht. Stellung beziehen ist mehr, als nur als Zeuge jemandem zu berichten. Stellung zu beziehen führt uns über das Eigeninteresse hinaus, zum Teilen des Risikos mit jemand anderem, auch wenn man keinen »pragmatischen« Grund dafür hat. Stellung zu beziehen ist ein Instrument des Bewusstseins, das uns hilft, zu erkennen, wer wir sind und wo wir stehen, denn es setzt uns in Beziehung zu anderen und fordert dadurch gleichzeitig andere auf, diesem Vorbild zu folgen und sich ebenso zu positionieren bzw. neu zu positionieren. Henry David Thoreau protestierte gegen die Kopfsteuer; als Ralph Waldo Emerson ihn fragte: »Henry, was tust du da?«, antwortete Thoreau: »Waldo, warum bist du nicht hier?«[3] Für Chomsky gab es während des Indochinakrieges keine Notwendigkeit, zivilen Ungehorsam zu begehen, außer als Bürgerpflicht. Es handelte sich um eine Stellungnahme, er

2. Noam Chomsky: *On Power and Ideology: The Managua Lectures.* South End Press, 1987, S. 140.

3. Samuel Arthur Jones: *Thoreau's Incarceration, As Told by His Jailer.* Oriole Press, 1962, S. 18. Samuel Arthur Jones, George Hendrick: *Thoreau Amongst Friends and Philistines, and Other Thoreauviana.* Ohio University Press, 1982, S. XXVI und 241.

bezog Stellung, zeigte Verantwortungsbewusstsein für die unsichtbaren Anderen. Unsere Regierung konnte nicht auf das Leid von Millionen antworten; ihre politischen Entscheidungsträger waren die Hauptschuldigen. Wären Chomskys Sensibilität und Tatkraft ansteckender, so wären sie die rettende Hoffnung und Möglichkeit der Menschheit. Das würde die Anerkennung internationaler Bürgerrechtsgesetze bedeuten, ein Ende der Realpolitik von Folter und Völkermord. Das wäre das Ende des militärischen und wirtschaftlichen Imperialismus der USA; im Indochinakrieg wäre das Leben von einer Million Menschen gerettet worden. In den letzten Jahrzehnten wäre eine Viertelmillion Guatemalteken nicht mit der stillschweigenden Zustimmung der Vereinigten Staaten gestorben.[4] Es würde bedeuten, dass die Vereinigten Staaten nicht die »stabile Unterdrückung« überall in der Dritten Welt, von Zaire bis Indonesien, politisch und mit Waffen unterstützen.[5]

Da Intellektuelle in Chomskys Welt ihr Talent und ihren Geist einer wahrheitsgemäßen Darstellung und einer genauen Analyse der Dinge, wie sie sind, widmen müssen, sind ihre persönlichen Entscheidungen offensichtlich und unausweichlich. Das Hinterfragen ist für Chomsky ein Werkzeug, das die Unterdrückten darin bestärkt, ihrerseits Dinge zu hinterfragen. Dieses Hinterfragen bedeutet, die gesellschaftlichen Beziehungen und Ereignisse ohne die trüben Brillen zu sehen, die von den Universitäten, Konzernen, Stiftungen und Medien – die alle eng miteinander verbunden sind – vorsorglich zur Verfügung gestellt werden. Aus intellektueller Sicht strebt das rationale Hinterfragen an, erklärende Prinzipien abzuleiten ... und so zu versuchen, wenigstens die wichtigsten Erscheinungen zu erklären.[6]

4. vgl. Piero Gleijeses: *Shattered Hope: The Guatemalan Revolution and the United States, 1944–1954*. Princeton University Press, 1991.
5. Noam Chomsky, Edward S. Herman: *The Political Economy of Human Rights*, Bd. I: *The Washington Connection and Third World Fascism*. South End Press, 1979, S. 100.
6. Noam Chomsky: »Foreign Policy and the Intelligentsia«, in *The Essential Chomsky*, S. 167.

Das bedeutet zu analysieren, wie und warum die Vereinigten Staaten ihre eindeutig beherrschende Stellung als Weltmacht aufgebaut haben.[7] Aufgrund des relativ freien Zugangs zu Informationen kann man die Rolle Amerikas in der Welt mit beträchtlicher Genauigkeit analysieren, erklären und verstehen.

Für Chomsky ist das aber erst die halbe Miete. Er stellt sich dann die Frage, wie man als Intellektueller und Bürger in der Welt des herrschenden Imperiums leben soll. Darauf folgen Entscheidungen, die Mut erfordern. Sie erfordern, nicht in die herkömmliche Richtung eines etablierten, konventionellen Intellektuellen zu arbeiten, der seine kritischen Fähigkeiten aufgibt und die Werte des hierarchischen Systems verinnerlicht, und zwar oft in solchem Ausmaß, dass er nicht einmal mehr weiß, dass er dies getan hat. Chomsky und andere – darunter der Autor dieser Zeilen – mögen die Rolle intellektueller Chronisten wie Henry Kissinger verachten, welche die Gedanken und Interessen einer herrschenden Klasse so organisieren, dass diese sich sicherer fühlt, und dieses Urteil gilt natürlich auch für ein Bildungs- und Belohnungssystem, das solche Chronisten produziert. Fälschung ist das Werkzeug des intellektuellen Lakaien im Staatsapparat, der die Macht in duftende Gewänder kleidet. Das gilt auch für die Institutionen und »Fachrichtungen«, welche die Rolle von Vollstreckern und Koordinatoren zwischen Staat und wirtschaftlicher Macht spielen. Daher sind Intellektuelle und eine Professorenschaft, die nur ein bescheidenes Interesse an aufrichtigem Hinterfragen und an freier Forschung haben, für Chomsky keine Überraschung; das würde nämlich bedeuten, ein persönliches Risiko einzugehen, seinen Status womöglich aufs Spiel zu setzen und sich mit

7. vgl. Gabriel Kolko: *The Politics of War: The World and United States Foreign Policy, 1943–1945*. Random House, 1968; Joyce Kolko, Gabriel Kolko: *The Limits of Power: The World and United States Foreign Policy, 1945–1954*. Harper & Row, 1972; Denna Frank Fleming: *The Cold War and its Origins, 1917–1960*. Doubleday, 1961; Laurence H. Shoup, William Minter: *Imperial Brain Trust: The Council on Foreign Relations and United States Foreign Policy*. Monthly Review Press, 1977.

den Mächtigen anzulegen. Doch wie viel Risiko gehen die Intellektuellen wirklich ein? Letztendlich klammert sich der Sicherheitsstaat an das dekorative Drumherum einer Verfassung und der Demokratie, so lange sie ihm bei der Machtausübung nicht im Weg sind. Für die Mittelklasse sind die Vereinigten Staaten innerhalb ihrer Grenzen kein totalitärer Staat. Wer eine andere Meinung oder eine kritische Haltung einnimmt, muss nicht um sein Leben fürchten. Vielleicht hat Chomsky deshalb für so viele Intellektuelle nur Verachtung übrig. Sie würden in Wirklichkeit kaum etwas riskieren, wenn sie nicht die Empfangsdamen der Macht abgeben würden.

Wenn sich Chomsky in *The Responsibility of Intellectuals*[8] fragt, warum Arthur Schlesinger jr. im Interesse der Kennedy-Regierung log und von der akademischen Welt dafür mit einer herausragenden Professur an einer Universität belohnt wurde, spricht er als der ausgezeichnete Wissenschaftler, der Betrug hasst. Er verachtet feige Intellektuelle, welche die Bedeutung und den Wert des Intellektuellenlebens für eine mögliche Stellung bei Hofe verkaufen. In diesem Sinne hinterfragt Chomsky die privilegierte Stellung von Intellektuellen, wenn sie nicht die Wahrheit sagen. Für Chomsky ist der Intellektuelle von historischer Bedeutung, wenn er gegenüber der etablierten Macht als Außenseiter handelt. Die Vernunft ermöglicht es uns, gesellschaftliche Konstruktionen zu entmystifizieren und die Botschaften zu erkennen, welche die Grundlage für Verständnis und Handeln bilden. An diesem Punkt verwandelt sich die Bedeutung der Sprache in moralisches Handeln. An diesem Punkt hat Chomsky entschieden, mit Worten, gelebter Erfahrung und Handeln zu zeigen, was er im Sinn hat. In allen Aufsätzen dieses Bandes stellt Chomsky moralische und rechtliche Fragen in Bezug auf Verantwortung und Rechenschaftspflicht sowie die Bedeutung von gesetzlich verankerten Rechten. Denn was bedeutet es, verantwortlich für moralische Handlungen zu sein?

8. Noam Chomsky: »The Responsibility of Intellectuals«, in *The Essential Chomsky*, S. 39–62.

Chomsky weiß sehr gut über die Grenzen der Führer und ihrer Berater, über ihre Arroganz, ihr Taktieren und ihre bösen Absichten Bescheid, die er in ihren Worten findet. Es spielt keine Rolle, ob diese Führer gewählt oder ernannt sind, ob sie ihren Posten aufgrund ihrer Abstammung oder ihres Wohlstands innehaben oder gar als Ergebnis eines gewissen Bildungsstandes, der einer herrschenden Elite nützt. Er ist sich bewusst, dass die Oligarchen nicht treuhänderisch für andere herrschen, sondern für sich selbst. Sie sind bereit, die Demokratie zu zerstören, falls sie sich jemals als mehr als nur ein rhetorisches Feigenblatt erweist, wenn sie die Umverteilung der wirtschaftlichen und politischen Macht nach den von Adam Smith und Tom Paine vorgezeichneten Linien bedeutet, oder wenn sie die den Verzicht auf den Imperialismus bedeutet. Es besteht eine direkte Verbindung zwischen den antidemokratischen Eliten und der Einrichtung von Geheimorganisationen wie der CIA, die Dinge weiß und Dinge tut, die eine Demokratie nicht verstehen oder gutheißen kann – außer wenn die Demokratie selbst, beispielsweise durch Propaganda, abgestumpft ist. Die Geschichte des amerikanischen Kampfes gegen das Elitedenken ist natürlich schon in der Verfassung und in der Unabhängigkeitserklärung ersichtlich. Das Wahlmännersystem, die Gründung von Geheimdiensten, die Beschränkung auf zwei Senatoren pro Bundesstaat sind Beispiele für die Angst vor dem Volk.

Während des Kalten Krieges, als die USA ihr ererbtes Imperium weiter ausdehnen wollten, wurde dieses Problem noch stärker akut. Sowohl dem Journalisten Walter Lippmann, der tiefgründige Überlegungen zur Demokratie anstellte, als auch dem Geheimdienstchef Allan Dulles – Geheimnisse vor der Öffentlichkeit galten als notwendig, und ebenso »eingebettete« Journalisten, welche die Realität für die Öffentlichkeit interpretierten. Chomsky ist sich der Schwierigkeiten der konkreten Umsetzung von Idealen in die Praxis bewusst, und erkennt, dass das, was verkündet wird, nicht dasselbe ist wie das, was in der Praxis umgesetzt und akzeptiert werden kann.

Aber mehr noch ist er sich der Strukturen und der Politik bewusst, die offenkundig in eine antidemokratische Richtung führen, denen die Rhetorik von Freiheit und Demokratie nur eine eigennützige Maskierung für ausgesprochen unschöne Folgen ist.

Die imperiale Spielart der Globalisierung, die vom Pentagon und der Wall Street ausgeht, ist ein Beispiel für eine Oligarchie, die sich als Verbreitung von Demokratie ausgibt. Wirtschaftlich gönnt man den armen Ländern eine Persiflage von Adam Smiths Vorstellungen von einem freien Markt, während man ihnen in Wirklichkeit Kolonialismus und Neoliberalismus aufbürdet. Diese erzeugen eine Verzerrung und eine Verringerung der menschlichen Möglichkeiten. Die Globalisierung in ihrer gegenwärtigen Form ist die organisierte Verelendung durch Technologie und Imperialismus. Unter der Globalisierung durch die Konzerne wird das menschliche und politische Potenzial des Individuums in ein Bündel unerfüllter Wünsche verwandelt, dem bloß erbärmliche Arbeits- und Lebensbedingungen gegenüberstehen.

Dennoch glaubt Chomsky, dass Technologie und Kommunikation verschmolzen werden könnten, um die Möglichkeit einer Weltkultur zu schaffen. Das war wohl einer der Reize, am *Massachusetts Institute of Technology* zu arbeiten, einer Fabrik für die Umsetzung möglicher Welten in die Wirklichkeit. In diesem Milieu wird er Zeuge eines neuen Beziehungsgeflechts, das über den Nationalstaat hinausgeht und das im 21. Jahrhundert Anarkratien hervorbrächte, die ein riesiges Kommunikationsnetz verbindet, das Möglichkeiten für die Schaffung einer weltweiten Zivilisation mit verschiedenen Kulturen ohne die Bürde des Nationalstaates ergeben könnte. Das könnte eine Welt sein, in der unterschiedliche Grundsätze und Lebensweisen sich durch Analyse und Debatte auseinandersetzen können, in der die Klärung und die Vertiefung von Verständnis zu allgemeineren Grundsätzen führen, welche die angeborene Fähigkeit zu Anstand aufdeckt, die dem Menschen eigen ist und sich in gemeinsamen Dokumenten wie der Allgemeinen Erklärung der Menschenrechte widerspiegelt. Es ist eine menschliche Tragödie, dass solche Dokumente scheinbar nur nach großen Verwerfungen entstehen. Wenn sie dann zustande kommen, haben sie politisches Gewicht. Sie werden durch eine Vermischung von Recht, gewaltsamer und gewaltfreier Aktion neu interpretiert – so wie während der Befreiung Südafrikas von der Apartheid, so wie die moralische Kraft der erfolgreichen Kämpfe der Bürgerrechtsbewegung in den Vereinigten Staaten, so wie die erfolgreichen Versuche, den militärischen Imperialismus gegen die und in der Dritten Welt zu bekämpfen. Diese Kämpfe haben zu bestimmten wissenschaftlichen Haltungen und Annahmen geführt, während wir im Streben nach dauerhaften gemeinsamen Grundsätzen für die Befreiung der Menschheit durch das Hinterfragen immer mehr über uns selbst lernen.

Doch selbst die unangebrachte Begeisterung oder machiavellistische Schläue, mit der Einsätze von überwältigender Gewalt gerechtfertigt werden, die Sprache der Rechtfertigung wird selbst zur Grundlage, auf der nachfolgende Generationen ihre Kämpfe für mehr Menschenrechte aufbauen können. Die Unterdrückten fragen, warum Freiheit und Gerechtigkeit für die Oligarchen als Klasse gelten, uns aber vorenthalten werden. Chomsky versteht, dass das Gesetz selbst zwei Aspekte aufweist. Einer ist, dass die Politik und Machtkämpfe der Vergangenheit als Rituale, Gesetze und Gerichtsentscheidungen eingefroren wurden, deren Schlussfolgerungen verdinglicht und der Zukunft auferlegt wurden: das ist das Gesetz als Einschränkung, die man von Zeit zu Zeit offen in Frage stellen muss. In diesem Sinne waren die Akte des zivilen Ungehorsams, die Chomsky als bewusster Bürger (in Hush-Puppies-Schuhen und mit Büchertasche) unternahm, als Weg zur Neugestaltung des Gesetzes gedacht, das weniger als Konsens zwischen verschiedenen mächtigen konkurrierenden Interessen zu sehen ist, die häufig niemandem Rechenschaft schuldig sind, sondern eher als Grundlage für das Funktionieren der Zivilisation. Gesetz und Gesetzgeber brauchen einen Anstoß, damit ein gewisses Niveau an Freiheit und Würde erreicht wird – Vorstellungen, die in Chomskys politischem Handeln verbunden sind –, damit das Gesetz die Gesellschaft auf die nächste Stufe der Freiheit bringt. In den Händen von Richtern, welche die *Bill of Rights* und die Präambel der Verfassung sowie andere Gründungsdokumente der Vereinigten Staaten ernst nehmen, erhält das Gesetz diese verdienstvolle Zielsetzung. Es strukturiert eine Reihe von Ritualen und Worten, die das Hinterfragen und Handeln im Sinne von Würde und Freiheit widerspiegeln. Es möchte eine Praxis beeinflussen, die darin besteht, die Freiheit auszuweiten und der Unterdrückung und des Krieges Hunde in Schach zu halten. So ist es also die Aufgabe des Rechtsgelehrten, neue Grenzen zu setzen und den Geist der Freiheit in diesen Grenzen zu verankern, damit sie mehr als nur Sonntagsschulrhetorik sind. Sie sind Richtlinien, die auf erfahrener Ungerechtigkeit und Hinterfragen beruhen, oder – um bei dem Bild zu bleiben – die Fäden, aus denen das Möbiusband gewirkt ist, die man manchmal sieht und manchmal nicht, die jedoch zu erkennen sind und die durch unser Handeln und das unserer gesellschaftlichen und rechtlichen Strukturen repariert werden können.

Eine neue Generation mag fragen, ob man die positiven Elemente der Aufklärung in diesem Jahrhundert nutzen und ausbauen kann. Ich vermute, dass Chomsky das in einem optimistischen Moment bejahen würde, denn die Fähigkeit zur Verbesserung, zur Empathie und der aktiven Sorge ist Teil der menschlichen Natur. Diese Natur kann man durch unsere Vernunft und durch die Gefühle erfüllen, die Pjotr Kropotkin Anfang des 20. Jahrhunderts beschrieben hatte und die zu ganz anderen, aber nicht utopischen Institutionen führen würden. Letztendlich zeigt Chomsky in diesen Essays und in seinem ganzen Werk, das es durchaus gangbare Wege gibt, die vom Einzelnen nicht verlangen, ein Heiliger zu werden. Vielmehr zeigt er uns, dass politisches Handeln verbunden mit Entmystifizierung und Analyse einen Weg durch das Gestrüpp aus Fehlern und Lügen weist. Chomsky hat als kluger Katalysator für diese notwendige Zielsetzung gehandelt. Sein Denken und Handeln haben einen unauslöschlichen

Eindruck auf zwei Generationen gemacht und werden zweifellos noch künftige Generationen beeindrucken. In einer anderen Zeit und in einer anderen Tradition würde man vielleicht sagen, dass Chomskys zielgerichtete Energie einer religiösen Berufung entstammt – eine Bemerkung, über die Chomsky spotten und die er ablehnen würde. Seine Beherrschung politischer Texte ist so beeindruckend wie jene der führenden rabbinischen Gelehrten, welche die Worte des Talmud analysieren und interpretieren. Sein Engagement für Wahrheit und Gerechtigkeit ist nicht weniger eine religiöse Berufung als Reinhold Niebuhrs Vorstellung des christlichen Gottes als Hoffnung der Menschheit, aber ohne die konfusen Widersprüche, die Niebuhr als Führer der Unschlüssigen und der Opportunisten anbot.

In Platons *Politeía* kommt eine große Furcht vor der Demokratie zum Ausdruck, da sie nach Sokrates gleichbedeutend mit Freiheit ist. Tyrannei ist die Folge. Die Moderne hat uns jedoch ein anderes Ideal der Demokratie gelehrt: wie man den Anschein von Demokratie geben und sie in der Praxis verweigern kann, und wie man sicherstellen kann, dass die Demokratie in dieser falschen Form einer kleinen Gruppe, den Oligarchen, die Zustimmung des Volkes liefert. Das erreicht man durch eine Kombination aus dem Schweigen des Volkes und einem manipulierten System, das die funktionierende Demokratie mit öffentlicher Beteiligung und Beratung zu einer Farce macht. In seinem Essay *Konsens ohne Zustimmung* in diesem Band zeigt Chomsky auf, was jeder wissen sollte, was die Mittelschicht aber – wenn es ihr gut geht – zur allzu gerne vergisst: Beide große Parteien der USA sind unternehmerfreundlich und sehen die zentrale Stellung der großen Konzerne im Kern als Motor des amerikanischen Lebens. Am Arbeitsplatz gibt es natürlich felsenfeste Regeln. Da gibt es keine Scherze über Demokratie. Die Arbeitswelt ist die Definition eines Autoritarismus von oben nach unten. Die Arbeiter- und Gewerkschaftsbewegung führt einen ständigen Kampf, wie tief der Autoritarismus in das Leben der Arbeiter eingreifen kann, und nicht, ob er existieren soll. Die Unternehmer sind sich des Klassenkampfes und der Notwendigkeit, ihn zu gewinnen, ständig bewusst.

Chomsky ist nicht der einzige, der die Natur des Klassenkampfes und die Auswirkungen einer gierigen Oligarchie versteht. Tom Paine verstand die Amerikanische Revolution als Kampf um die Demokratie und um die Notwendigkeit, dass das Volk sein eigenes Schicksal bestimmt, daran teilnimmt und diskutiert. Sogar James Madison, der die Verschmelzung von Adel und Republik als Weg zur Stabilisierung und um die Barbaren von der Macht fernzuhalten am besten widerspiegelt, war schockiert, als er feststellte, dass die wahren Barbaren im Schloss saßen und nicht draußen vor den Toren. Im 20. Jahrhundert verstand John Dewey, dass jene, die die Schlüssel zu Produktion, Verteilung, Werbung und Transport in der Hand hatten, sich die Rolle der Herrscher über das Land anmaßten. Wenn man sich etwas Ironie gestattet, kann man noch einen Schritt weiter gehen. Der oligarchische Staat der nationalen Sicherheit hat das System der öffentlichen Wahlen in ein schmückendes Beiwerk verwandelt, die man »Politainment« nennen könnte: Politik als Unterhaltung. Wenn man die Kontrolle über den öffentlichen Diskurs hat, ist es relativ einfach, den Kanal des Interesses umzuschalten, so wie ein Kind das Thema wechselt, wenn es bei einer Lüge ertappt wird. Diese Fähigkeit ist nicht zu unterschätzen und ein wichtiges Element der Genialität der Propaganda der Firmen und des Staates in Amerika.

Einen guten Teil der Geschichte der Vereinigten Staaten – und anderer Länder – kann man als Narrativ einer imperialen Hybris lesen.[9] Doch es hat immer auch Menschen gegeben, die sich gegen diese Hybris gestellt haben. Chomsky ist einer davon.

9. vgl. V. G. Kiernan: *America, The New Imperialism: From White Settlement to World Hegemony.* Zed, 1978. Walter LaFeber: *The New Empire: An Interpretation of American Expansion, 1860–1898.* Cornell University Press, 1963; Richard Warner Van Alstyne: *The Rising American Empire.* Norton, 1974; William Appleman Williams: *The Tragedy of American Diplomacy* (Neuauflage). Del, 1972; William Appleman Williams: *The Contours of American History.* Norton, 1988.

1. Wissen und Macht – Intellektuelle, Sozialstaat und Krieg (1970)

»Krieg dient der Gesundheit des Staates«, schrieb Randolph Bourne in einem klassischen Essay, als Amerika in den ersten Weltkrieg eintrat:

> Er löst automatisch in der ganzen Gesellschaft den unwiderstehlichen Drang nach Homogenität und nach begeisterter Zusammenarbeit mit der Regierung aus und zwingt jene Randgruppen und Einzelpersonen, die den entsprechenden Herdentrieb vermissen lassen, ebenfalls zum Gehorsam … Andere Werte wie künstlerisches Schaffen, Wissen, Vernunft, Schönheit oder die Verbesserung des Lebensstandards werden sofort und nahezu widerspruchslos aufgegeben, und die relevanten Klassen, die sich als freiwillige Handlanger des Staates sehen, geben diese Werte nicht nur selbst auf, sondern zwingen auch alle anderen Menschen dazu, sie aufzugeben.

In den Diensten der »relevanten Klassen« standen die Intellektuellen, »die darin geschult waren, pragmatisch alles aufzugeben, in höchster Bereitschaft, den Vollzug der Ereignisse zu übernehmen, und die überhaupt nicht darauf vorbereitet waren, ihre Ziele intellektuell zu interpretieren oder ideell zu fokussieren.« Sie »treten an, der Kriegsführung zu dienen. Zwischen dem Krieg und diesen Männern bestand scheinbar eine besondere Geistesverwandtschaft, als ob sie und der Krieg schon aufeinander gewartet hätten.«[10]

10. Die Zitate stammen aus verschiedenen Aufsätzen in der Sammlung von Carl Resek (Hg.): *War and the Intellectuals*. Harper, 1964.

Bourne betont die ideologischen Folgen der nationalen Mobilmachung: den »unwiderstehlichen Drang«, der den Gehorsam gegenüber dem Staat und die Unterwerfung unter die Bedürfnisse der »relevanten Klassen« durchsetzt. Dem wären noch die materiellen Vorteile der Mobilmachung für den Krieg hinzuzufügen, wie man beim Zweiten Weltkrieg und beim Kalten Krieg deutlich erkennen kann: Die staatlichen Eingriffe in die Wirtschaft beendeten die Wirtschaftskrise und sicherten das »gesunde Funktionieren« einer Wirtschaft, die weitgehend auf die gesellschaftlichen Ziele der Zerstörung und Verschwendung ausgerichtet waren. Bourne sollte mit seiner Voraussage Recht haben, dass die Mobilmachung den Intellektuellen im Dienst der Kriegsführung Macht und Einfluss verschaffen würde. Seine Ausführungen sind mit jenen von James Thomson vergleichbar, dem Ostasien-Experten des Außenministeriums und des Weißen Hauses von 1961 bis 1966:

[D]as verstärkte Engagement in Vietnam wurde auch durch eine neue Generation von Militärstrategen und akademischen Sozialwissenschaftlern befördert (einige waren Mitglieder der neuen Regierung), die Theorien der Kriegsführung gegen Guerillas entwickelt hatten und nun danach trachteten, sie in der Praxis zu erproben. Manche sahen »Aufstandsbekämpfung« als neues Allheilmittel gegen die weltweite Instabilität ... Ein Ergebnis unserer Vietnam-Politik könnte sich als Gefahr für die amerikanische Außenpolitik erweisen: die Herausbildung einer neuen Generation amerikanischer Ideologen, die Vietnam als die letztgültige Bestätigung für ihre Doktrin sehen ... In gewissem Sinne sind diese Männer unser Gegenstück zu den linksradikalen Visionären des Kommunismus: sie sind die Maoisten der Technokratie. Heute regieren sie in Washington nicht, aber ihre Doktrin ist ganz obenauf.[11]

11. R. Pfeffer (Hg.): *No More Vietnams?* Harper, 1968. Die Phrase »die Bolschewiki der Technokratie« wäre vielleicht passender, angesichts der Rolle von Mao Zedong 毛泽东,

Dieser Feststellung wäre eine parallele Erscheinung hinzuzufügen, über die in den letzten Jahren breit diskutiert wurde: »Wirtschaftliche Macht hat sich im Laufe der Zeit von ihrer alten Verbindung mit Grundbesitz hin zum Kapital verschoben, und in jüngerer Zeit weiter zu einer Kombination von Wissen und Fähigkeiten, welche die ›Technostruktur‹ bildet ... [d. h. jene Gruppe, die] aus all jenen besteht, die Fachwissen, Talent oder Erfahrung in die kollektive Entscheidungsfindung [der Regierung bzw. in Unternehmen] einbringen.«[12]

Die technische Intelligenz ist in jenen Sektoren der Wirtschaft, die »der Kriegsführung dienen« (oder Ersatzgebieten wie der Raumfahrt), und jenen, die eng mit der Regierung verbunden sind, die für ihre Sicherheit und ihr Wachstum sorgt, bei der Entscheidungsfindung besonders dominant. Es ist daher wenig verwunderlich, dass sich die technische Intelligenz in der Regel für »die räuberische Lösung symbolischer Reformen im eigenen Land und eines konterrevolutionären Imperialismus nach außen« (Barrington Moore) engagiert.[13] Moore charakterisiert an anderer Stelle die »herrschende Stimme Amerikas im Land selbst und weltweit« wie folgt: eine Ideologie, welche die Bedürfnisse der gesellschaftlichen und wirtschaftlichen Elite Amerikas ausdrückt, die von vielen amerikanischen Intellektuellen in jeweils unterschiedlich abgestufter Feinheit vertreten wird und von

der sich gegen die Parteibürokratie stellt, und über den Konflikt zwischen »rot« und »fachkundig«, insbesondere in den letzten Jahren. Über letzteres Thema gibt es eine Menge Fachliteratur, z. B. Benjamin I. Schwartz: »The Reign of Virtue: Some Broad Perspectives on Leader and Party in the Cultural Revolution«, *The China Quarterly*, Bd. 35 (Juli 1968), S. 1–17. Er betont, wie sehr Mao gegen das »technokratische Element« war, und wie er versuchte, die Vorstellung von den Massen als aktive und totale Teilnehmer am gesamten politischen Prozess unter der Führung einer »ethischen Elite«, die als »Trägerin einer moralisierenden Wirkung« in der Gesellschaft wirkt und »die Menschen, die sie unter sich hat, durch ihr Vorbild, durch Bildung und gute Politik verändert.« Davon wird in der Folge noch die Rede sein.

12. John K. Galbraith: *The New Industrial State.* Houghton-Mifflin, 1967.

13. »Revolution in America?« *New York Review of Books*, 30. Januar 1969.

der Mehrheit jener, die »einen gewissen Anteil an der Wohlstandsgesellschaft haben«, eine bedeutende Anhängerschaft gewonnen hat:

> Man darf in Worten protestieren, soviel man will. Es gibt
> nur eine Bedingung für die Freiheit, die wir so gerne fördern:
> Euer Protest kann ruhig so laut wie möglich sein, solange
> er wirkungslos bleibt. Wir bedauern euer Leid zutiefst und
> würden es gerne lindern – wir haben es in der Tat sorgfältig
> untersucht und haben mit unseren Herrschern und unmittel-
> baren Vorgesetzten bereits darüber gesprochen –, doch jeder
> Versuch euerseits, euch gewaltsam von euren Unterdrückern
> zu befreien, stellt eine Bedrohung für die zivilisierte Gesell-
> schaft und für den demokratischen Prozess dar. Eine solche
> Bedrohung können und werden wir nicht dulden. Wenn
> ihr zu Gewalt greift, werden wir euch, falls nötig, mit der
> maßvollen Antwort eines himmlischen Feuersturmes von
> der Landkarte tilgen.[14]

Eine Gesellschaft, in der dies die herrschende Stimme ist, kann nur
durch eine Mobilmachung in der einen oder anderen Form aufrecht
erhalten werden, die zumindest erhebliche Ressourcen für eine glaub-
hafte Abschreckung durch Gewalt aufwenden muss. Angesichts der
realen politischen Weltlage ist dieser Aufwand in den Vereinigten
Staaten nur mittels einer Art nationaler Psychose zu betreiben, die sich
beispielsweise in Äußerungen des derzeitigen Verteidigungsministers
ausdrückt, der meint, dass wir »in einem realen Krieg stecken, auf dem
Schlachtfeld eines tödlichen Kampfes, in dem jeder Herausforderer
versucht, die Oberhand zu gewinnen«.[15] Es ist ein Krieg gegen einen

14. »Thoughts on Violence and Democracy«, *Proceedings of the Academy of Political
Science*, Bd. 29, Nr. 1, 1968: *Urban Riots. Violence and Social Change.*
15. Melvin Laird: *A House Divided: America's Strategy Gap.* Henry Regnery, 1962.
Es ist nicht überraschend, dass er zu folgendem Schluss kommt: »Der erste Schritt
einer militärischen Strategie der Initiative sollte die glaubwürdige Ankündigung sein,
dass wir zum Erstschlag bereit sind, wenn dies nötig ist, um unsere lebenswichtigen

Feind, der in vielerlei Gestalt erscheint: Kremlbürokraten, Studenten in Lateinamerika und zweifellos auch Stadtguerillas hier in den USA. Es gibt vernünftigere Stimmen, die jedoch einer Wahrnehmung entspringen, die sich davon nicht grundlegend unterscheidet.[16] Vielleicht wird das nationale Bemühen, das diese herrschende Stimme verkündet, erfolgreich sein. Nach dem fundierten Urteil von Moore verfügt das System über »beträchtliche Anpassungsfähigkeit und Handlungsspielraum, einschließlich der Möglichkeit eines strategischen Rückzuges«.[17] Eines ist sicher: Erfolg ist nur auf Kosten einer schweren Demoralisierung zu erzielen, die das Leben jener, die an der Wohlstandsgesellschaft teilhaben, so hoffnungslos macht wie das eines Bauern in Guatemala. Krieg mag »der Gesundheit des Staates« dienen, aber nur in dem Sinne, da eine Wirtschaft »gesund« ist, wenn die Steigerung des Bruttosozialproduktes auch die Kosten für Napalm, Raketen, Gummiknüppel und Tränengas, Gefängnisse und Lager, bemannte Mondflüge usw. beinhaltet.

Interessen zu schützen.« Nur so werden wir unserer »moralische Verantwortung« gerecht, »den Kommunismus daran zu hindern, das Erbe der Weltkultur zu vernichten.«; für weitere Zitate aus diesem erstaunlichen Dokument siehe *I. F. Stone's Weekly*, 20. Dezember 1968; vgl. Hanson Baldwin, den Militärexperten der *New York Times*, der darauf pocht, dass wir in der Ära nach Vietnam zu einer »Eskalation der Technologie, nicht einer Eskalation der Arbeitskräfte«, bereit sein müssen, wenn es Schwierigkeiten dabei gibt, »Regierungen, die angegriffen werden, zu unterstützen und sie vor dem schleichenden Kommunismus zu schützen«: »Diese Eskalation wird vielleicht den Einsatz exotischer konventioneller Waffen oder – unter sorgfältig begrenzten Bedingungen, wenn die Ziele und die Topografie günstig sind – kleiner Atomwaffen für Verteidigungszwecke umfassen.« (*New York Times Magazine*, 9. Juni 1968). Besonders interessant ist der Begriff der »Verteidigungszwecke« – zu denen wir eine schwache Regierung gegen den schleichenden Kommunismus stärken. Meines Wissens ist dies das einzige Land, in dem der Kriegsminister sich für einen möglichen Präventivkrieg ausgesprochen hat und der führende Militärexperte der Presse einen nuklearen Erstschlag unterstützt.

16. für eine detailliertere Erörterung siehe Noam Chomsky: *American Power and the New Mandarins*. Pantheon, 1969, vor allem Kapitel 3, »The Logic of Withdrawal«.

17. »Revolution in America?«

Selbst in diesem Sinne von »Gesundheit« ist nicht der Krieg die Gesundheit des Staates in der heutigen Zeit, sondern die permanente Kriegsvorbereitung. Ein ausgewachsener Krieg bedeutet, dass das Spiel verloren ist. Selbst ein »begrenzter Krieg« kann schädlich sein, und zwar nicht nur für die Wirtschaft,[18] wie Aktienkurse und die Klagen der Luft- und Raumfahrtunternehmen zeigen, sondern er ist langfristig auch der Unterstützung für Kriegseinsätze abträglich. Der Erfolg der Friedensbewegung, den Angriff auf Vietnam einzuschränken, war nicht auf ihre gegenwärtige Stärke zurückzuführen, sondern auf die Gefahr, dass sie die »herrschende Stimme«, wie Moore sie ganz richtig vernimmt, allgemeiner und weitreichender in Frage stellen könnte. Es war besser, die Gegenstimme im Keim zu ersticken, solange sie sich noch auf die konkreten Gräuel in Vietnam konzentriert, um eine Bewegung abzulenken, die – falls sie wächst – eine ernste Herausforderung für die amerikanische Gesellschaft und ihre Rolle in der Welt darstellen könnte. Deshalb erzählt man uns jetzt, dass es ein Fehler gewesen sei, Nordvietnam zu bombardieren (was einen moralischen Aufschrei auslöste, der die Stabilität des staatlichen Gemeinwesens gefährdete)[19] sowie in diesem Kolonialkrieg Wehrpflichtige einzusetzen; und es gibt nun den Vorschlag, eine Armee aus Freiwilligen zu »Marktpreisen« zu bilden, damit es nicht solchen Widerstand gibt, wenn anderswo wieder ein Vietnam veranstaltet wird.

Ich möchte auf beide Argumente von Bourne eingehen – die

---

18. In mehrfacher Hinsicht: Ein Krieg, der eine Verlagerung der Regierungsausgaben für Stiefel und Munition erfordert, nutzt beispielsweise den technologisch fortgeschrittenen Sektoren der Wirtschaft nichts, wie vielfach bemerkt wurde; vgl. zum Beispiel Michael Kidron: *Western Capitalism since the War.* Weidenfeld and Nicholson, 1968, der den »technologisch rückschrittlichen Impuls des Vietnamkrieges mit seiner Rückkehr zu vergleichsweise arbeitsintensiven Produkten« bemerkt.

19. Ein bemerkenswert zynisches Beispiel sind die Kommentare von Ithiel Pool in *No More Vietnams?*; seine eigene Interpretation dieser Bemerkungen findet man in einem Leserbrief im *New York Review of Books*, 16. Februar 1969.

Rolle der Kriegsvorbereitung für den Erhalt der Gesundheit des Staates und die Chancen, die dieser Zustand der »neuen Generation amerikanischer Ideologen« bringt –, um ihren historischen Hintergrund aufzuzeigen und was Intellektuelle diesen Tendenzen entgegensetzen könnten.

Der Intellektuelle befindet sich traditionell im Spannungsfeld zwischen Wahrheit und Macht. Er sieht sich gerne als Mensch, der die Wahrheit erkennt und ausspricht, so wie er sie sieht, und gegen Unrecht und Unterdrückung auftritt – wenn möglich, gemeinsam mit anderen; wenn es sein muss, auch allein –, um eine bessere Gesellschaftsordnung herbeizuführen. Wenn er diesen Weg wählt, wird er sehr einsam sein, ignoriert oder verdammt werden. Wenn er hingegen sein Talent in den Dienst der Macht stellt, kann er es zu Prestige und Wohlstand bringen. Er mag sich selbst einreden bzw. manchmal durchaus zu Recht überzeugen, dass er die Ausübung der Macht durch die »relevanten Klassen« menschlicher gestalten kann. Er kann hoffen, sich ihnen im Interesse der Effizienz und der Freiheit in der Rolle als Manager der Gesellschaft anzuschließen oder sie sogar zu ersetzen. Der Intellektuelle, der diese Rolle anstrebt, mag sich der Rhetorik des revolutionären Sozialismus oder der Umgestaltung der Gesellschaft im Sinne eines Sozialstaates bedienen, um seine Vision einer »Leistungsgesellschaft« zu verfolgen, in der Wissen und technische Fähigkeiten Macht verleihen. Er kann sich selbst als Teil einer »revolutionären Avantgarde« darstellen, die den Weg zu einer neuen Gesellschaft weist, oder als technischer Experte, der größere oder kleinere Errungenschaften der Forschung in die Verwaltung einer Gesellschaft einbringt, die ihre Probleme ohne grundlegende Veränderungen bewältigen kann. Manche treffen ihre Entscheidung vor allem aufgrund einer Einschätzung der jeweiligen Stärke der verschiedenen gesellschaftlichen Kräfte. Es ist daher nicht überraschend, dass sie recht häufig ihre Rolle wechseln, und aus dem linksradikalen Studenten wird ein Experte für Aufstandsbekämpfung. Sein Anspruch ist in jedem Fall mit Argwohn zu betrachten: Er propagiert durchaus eigennützig die Ideologie einer »Elite von Leistungsträgern«, die nach Marx (hier bezogen auf die Bourgeoisie) meint, dass »die besondern Bedingungen [ihrer] Befreiung die allgemeinen Bedingungen sind, innerhalb deren allein die moderne Gesellschaft gerettet ... werden kann«. Wenn er keine fundierte Begründung liefert, bestätigt sich dieser Verdacht.

Vor langer Zeit hat Pjotr Kropotkin festgestellt: »Der Radikale von heute ist Zentralist, Staatsknecht, Jakobiner im höchsten Grade. Und der Sozialdemokrat tritt in seine Fusstapfen [sic].«[20] Dies ist ein Widerhall von Michail Bakunins Warnung, dass der »wissenschaftliche Sozialismus« sich in der Praxis in »eine äußerst despotische Regierung der Volksmassen durch eine neue und zahlenmäßig sehr kleine Aristokratie wirklicher oder angeblicher Gelehrter« verwandeln könnte,[21] in eine »rote Bürokratie«, die sich als »die schrecklichste Lüge, die unser Jahrhundert hervorgebracht hat« herausstellt.[22] Westliche Kritiker haben sofort darauf hingewiesen, wie die bolschewistische Führung genau jene Rolle annahm, vor der die Anarchisten gewarnt hatten[23] und die selbst Rosa Luxemburg wenige Monate vor ihrer Ermordung durch Soldaten der sozialistischen Regierung Deutschlands vor genau einem halben Jahrhundert kommen sah.[24]

Rosa Luxemburgs Kritik des Bolschewismus war teilnahmsvoll und brüderlich, aber messerscharf und von großer Bedeutung für radikale Intellektuelle heute. Vierzehn Jahre zuvor hatte sie in ihrem

---

20. Peter Kropotkin: *Die historische Rolle des Staates* [1896]. Übersetzung von Ladislaus Gumplowicz. Adolf Grunau, 1898, S. 51.

21. Michael Bakunin: *Staatlichkeit und Anarchie* [1873]. Ullstein, 1972, S. 614.

22. Brief an Herzen und Ogarjeff [*Огарёв*], 1866, zit. nach Daniel Guèrin: *Jeunesse du socialisme libertaire*, Marcel Rivière, 1959.

23. siehe beispielsweise den interessanten Aufsatz von Daniel Bell: »Two Roads from Marx«, Nachdruck in *Idea of Ideology*. Free Press, 1960.

24. *Zur russischen Revolution*, verfasst 1918 im Gefängnis, in: Rosa Luxemburg: *Gesammelte Werke*, Bd. 4. Karl Dietz, ⁶2000, S. 332–362.

Werk »Organisationsfragen der russischen Sozialdemokratie«[25] die leninistischen Organisationsprinzipien kritisiert:

> Tatsächlich liefert nichts eine noch junge Arbeiterbewegung den Herrschaftsgelüsten der Akademiker so leicht und so sicher aus wie die Einzwängung der Bewegung in den Panzer eines bürokratischen Zentralismus, der die kämpfende Arbeiterschaft zum gefügigen Werkzeug eines »[Zentral-] Komitees« herabwürdigt.

Sie beobachtete diese gefährlichen Tendenzen in Richtung einer autoritären Zentralisierung schon im Anfangsstadium der bolschewistischen Revolution ganz genau. Sie untersuchte die Verhältnisse, welche die bolschewistische Führung zum Terror und zur Diktatur »einer kleinen, führenden Minderheit im Namen der Klasse« führten, zu einer Diktatur, welche die »wachsende politische Schulung der Volksmassen« unterdrückte, anstatt sie zu fördern; sie warnte davor, aus der Not eine Tugend zu machen und diese autoritäre Praxis in die Herrschaft einer neuen Elite zu verwandeln. Demokratische Institutionen haben gewisse Mängel.

> Nur ist das Heilmittel, das Trotzki und Lenin gefunden: die Beseitigung der Demokratie überhaupt, noch schlimmer als das Übel, dem es steuern soll: es verschüttet nämlich den lebendigen Quell selbst, aus dem heraus alle angeborenen Unzulänglichkeiten der sozialen Institutionen allein korrigiert werden können. Das aktive, ungehemmte, energische politische Leben der breitesten Volksmassen.[26]

25. Rosa Luxemburg: *Gesammelte Werke*. Bd. 2.2. Dietz, 1974, S. 440.
Noam Chomsky zitiert diese Schrift als *Leninism or Marxism*; unter diesem polemischen Titel gab die *Independent Labour Party* in den 1960er Jahren eine Neuauflage der englischen Übersetzung von 1935 heraus. — Anm. d. Übers.
26. Rosa Luxemburg: *Gesammelte Werke*. Bd. 2.2. Berlin: Dietz, 1974, S. 355f. Im Jahr 1918 erwähnt sie natürlich noch nicht jenen Funktionär, der sich später zum Diktator

Wenn nicht die ganze Volksmasse an den Entscheidungen über alle Aspekte des wirtschaftlichen und gesellschaftlichen Lebens beteiligt ist, wenn die neue Gesellschaft nicht ihrer schöpferischen Erfahrung und ihrer spontanen Aktion erwächst, verkommt sie bloß zu einer neuen Form der Unterdrückung und der Sozialismus wird »vom grünen Tisch eines Dutzends Intellektueller dekretiert, oktroyiert«, (S. 360) während er eigentlich »eine ganze geistige Umwälzung in den durch Jahrhunderte der bürgerlichen Klassenherrschaft degradierten Massen« (S. 361) erfordert, die nur in Institutionen möglich ist, welche die Freiheiten der bürgerlichen Gesellschaft ausbauen. Es gibt kein eindeutiges Rezept für den Sozialismus: »Nur Erfahrung ist imstande, zu korrigieren und neue Wege zu eröffnen. Nur ungehemmt schäumendes Leben verfällt auf tausend neue Formen, Improvisationen, erhält *schöpferische Kraft*, korrigiert selbst alle Fehlgriffe.« (S. 360, Hervorhebung im Original.)

Die Rolle der Intellektuellen und radikalen Aktivisten besteht demnach im Beurteilen und Bewerten, im Überzeugen und Organisieren, und nicht in der Machtergreifung und Herrschaft. »Fehltritte, die eine wirklich revolutionäre Arbeiterbewegung begeht, sind geschichtlich unermeßlich fruchtbarer und wertvoller als die Unfehlbarkeit des allerbesten ›Zentralkomitees‹.«[27]

Diese Bemerkungen sind ein nützlicher Leitfaden für radikale Intellektuelle. Sie sind auch ein erfrischendes Mittel gegen den typischen Dogmatismus, welcher der Linken eigen ist, mit ihren vertrockneten Gewissheiten und ihrem religiösen Eifer in Angelegenheiten, die sie kaum durchschaut. Er ist ein selbstzerstörerisches linkes Gegenstück zu der selbstgefälligen Oberflächlichkeit jener, die den Status quo verteidigen und ihre eigenen ideologischen Bindungen genauso wenig erkennen wie ein Fisch erkennt, dass er im Meer schwimmt.

über den russischen Staat aufschwingen und genau jene Befürchtungen in einem Ausmaß verwirklichen sollte, das niemand vorhergesehen hatte.
27. Bd. 1.2, S. 444. Dies ist ihr Schlusswort.

Es wäre interessant, sich die Wechselwirkungen zwischen radikalen Intellektuellen und der technischen Intelligenz einerseits und in der Bevölkerung verankerten Massenorganisationen andererseits während einer Revolution und unmittelbar nachher anzusehen, doch das würde den Rahmen dieser Erörterung sprengen. Als ein Extrem könnte man die Erfahrung der Bolschewiki und der Ideologie der liberalen Technokratie untersuchen, welche die Überzeugung eint, dass Massenorganisationen und -politik erstickt werden müssen.[28] Als das andere Extrem könnte man die anarchistische Revolution in Spanien 1936–1937 und die Reaktion der liberalen und kommunistischen Intellektuellen untersuchen.[29] Die Entwicklung der Beziehungen zwischen der Kommunistischen Partei und den Volksorganisationen (Arbeiterräten und Gemeinderegierungen) in Jugoslawien heute[30] wären dabei ebenso relevant wie die Hassliebe zwischen Parteikadern und Bauernverbänden, die für die dramatische Spannung in William Hintons großartiger Schilderung eines Augenblicks der chinesischen Revolution sorgt.[31] Eine solche Studie könnte aus den Erfahrungen der Nationalen Befreiungsfront schöpfen, wie sie z. B. Douglas Pike in

28. vgl. in diesem Zusammenhang Michael Rogins ausgezeichnete Kritik der »The Pluralist Defense of Modern Industrial Society« in der modernen liberalen Soziologie: *The Intellectuals and McCarthy: the Radical Specter.* MIT Press, 1967.
29. Für eine Erörterung sowohl der Ereignisse als auch der Reaktion, siehe Noam Chomsky: *American Power and the New Mandarins*, Kapitel 1, »Objectivity and liberal scholarship.«
30. Einen knappen und guten Überblick findet man bei George Zaninovich: *The Development of Socialist Yugoslavia.* Johns Hopkins, 1968.
31. *Fanshen: A Documentary of Revolution in a Chinese Village.* Monthly Review Press, 1966 (Übersetzung von Eva Szabó mit Gerold Dommermuth: *Fanshen. Dokumentation über die Revolution in einem chinesischen Dorf.* Suhrkamp, 1972) – ein Buch, das schon viel früher erschienen wäre, wenn die amerikanischen Zollbehörden nicht Hintons Schriften beschlagnahmt hätten und der Senatsausschuss für Innere Sicherheit sie nicht erst nach einer langen und kostspieligen juristischen Auseinandersetzung herausgegeben hätte.

seinem Buch *Viet Cong*[32] beschreibt und wie sie in anderen, objektiveren Quellen dargestellt sind,[33] oder aus den zahlreichen Berichten und Reportagen über die Ereignisse in Kuba. Man sollte die Bedeutung dieser Fälle für die Probleme einer entwickelten Industriegesellschaft nicht übertreiben, doch meines Erachtens kann man doch eine Menge von ihnen lernen, und zwar nicht nur über die Machbarkeit anderer Formen gesellschaftlicher Organisation,[34] sondern auch über die Probleme, die auftauchen, wenn Intellektuelle und Aktivisten versuchen, Zugang zu Massenbewegungen zu finden.

Dabei ist zu erwähnen, dass die Reste der nicht-bolschewistischen Linken nach dem Ersten Weltkrieg ihre Kritik an der Vorstellung einer

32. Douglas Pike: *Viet Cong. The Organization and Techniques of the National Liberation Front of South Vietnam*. Massachusetts Institute of Technology, 1966. Übersetzung von Ulf Pacher und Thomas Cornides: *Vietkong. Organisation und Technik des revolutionären Befreiungskampfes*. Oldenbourg, 1966. Dieses Buch ist als Propagandaschrift natürlich von Anfang an kompromittiert, doch es erhält eine gewisse Glaubwürdigkeit durch die Tatsache, dass es ein erstaunlich gutes Argument gegen sein eigenes Interesse ist, was der Autor selbst offenbar nicht durchschaut.

33. Beispielsweise in den Augenzeugenberichten des Journalisten Katsuichi Honda 本多勝一 in der *Asahi Shimbun* 朝日新聞 1967, die auch in englischer Übersetzung vorliegen: *The National Liberation Front* als Teil der Serie *Vietnam—a Voice from the Villages*. Committee for the English Publication ..., 1968.

34. Ein wichtiges Beispiel in diesem Zusammenhang sind die Kibbuzim in Palästina (später Israel). Eine Analyse und Erörterung findet man in Haim Darin-Drabkin: *The Other Society*. Gollancz, 1962; Übersetzung von Richard Polacsek: *Der Kibbuz: Die neue Gesellschaft in Israel*. Klett, 1967. Die Bedeutung dieser Formen von Kooperativen wird von der Linken vor allem aus zwei Gründen übersehen: Erstens scheint der soziale und wirtschaftliche Erfolg der Kibbuzim den »radikalen Zentralisierern« – die sich den Weg zum Sozialismus als Machtergreifung durch eine revolutionäre Avantgarde (im Namen der Arbeiterklasse o. ä.) vorstellen – unwichtig; und zweitens wird die Sache durch einen Faktor kompliziert, der für die Frage des Kibbuz als gesellschaftliche Organisation nicht relevant ist, nämlich das Problem des nationalen Konfliktes im Nahen Osten. (Es ist interessant – aber wiederum grundsätzlich nicht relevant für die Organisationsform des Kibbuz – sich zu erinnern, dass der linke Flügel der Kibbuz-Bewegung, eine wesentliche Bewegung, gegen die Vorstellung eines jüdischen Staates war, und er hatte damit meines Erachtens Recht.)

»revolutionären Avantgarde« aus intellektuellen Aktivisten wieder aufnahmen und zuspitzten. Der niederländische Marxist Anton Pannekoek[35] beschreibt »das Ziel, das die Kommunistische Partei sich unter dem Namen ›Weltrevolution‹ setzt«: »mittels der Macht der von ihr geführten Arbeiterklasse eine Schicht von Führern ... zur Herrschaft zu bringen, die dann ... die planmäßige Produktion durch die Staatsgewalt durchführt«. Und weiter:

> Auch das Klassenziel, das die zu stets größerer Bedeutung in dem Produktionsprozeß kommende Klasse der Intelligenz sich setzen muß, sobald sie sich dem Privatkapitalismus kritisch gegenüberstellt – eine vernünftig geordnete Bedarfsproduktion unter Leitung der technisch-wirtschaftlichen Sachverständigen – ist kaum [vom Ziel der Führung der Bolschewiki] verschieden. So sieht die KP diese Klasse als ihren natürlichen Bundesgenossen an, den sie in ihren Kreis ziehen muss. Durch eine geschickte theoretische Propaganda muß sie versuchen, die Intelligenz aus dem geistigen Einfluß der untergehenden Bourgeoisie und des Privatkapitalismus loszulösen und sie damit für die Revolution, für den Kampf für ihre eigene Stellung als neue führende und herrschende Klasse zu gewinnen. ... [Sie werden] trachten, sich in die

35. Einer jener »Ultralinken«, die Lenin in seiner Schrift von 1920 der »Kinderkrankheit im Kommunismus« zurechnet. Einen Vergleich von Lenins Ansichten vor und nach der Ergreifung der Staatsmacht findet man in Robert Daniels: »The State and Revolution: A Case Study in the Genesis and Transformation of Communist Ideology«, *American Slavic and East European Review*, Februar 1953. Er betont Lenins »intellektuelle Abweichung« nach links »während des Revolutionsjahres 1917«. Arthur Rosenbergs *History of Bolshevism*, 1932, Nachdruck bei Russell and Russell, 1965, meines Erachtens nach wie vor die maßgebliche Studie zu diesem Thema, bietet ein positiveres Bild. Rosenberg anerkennt Lenins politischen Realismus und weist gleichzeitig auf den grundsätzlich autoritären Charakter seines Denkens hin. Mehr dazu bei Daniels: *The Conscience of the Revolution*, Harvard, 1960, und in der nützlichen Sammlung von Helmut Gruber: *International Communism in the Era of Lenin*, Cornell, 1967, sowie vielen anderen Werken, die ich hier aus Platzgründen nicht aufzählen kann.

Aktion der Arbeiter einzumischen und sich in die Führung
zu drängen, dem Namen nach, um sie zu unterstützen, in der
Tat, um die Aktion in die Richtung der eigenen Parteiziele
umzubiegen. Ob die geschlagene Bourgeoisie sich mit ihnen
verbinden wird, um vom Kapitalismus zu retten, was zu retten
ist, oder nicht – auf jeden Fall kommt es darauf hinaus, die
Arbeiterklasse von ihrem Kampf für die wirkliche kommunistische Freiheit abzudrängen. … Die Kommunistische Partei,
mag sie unter den kämpfenden Arbeitern an Boden verlieren,
sucht mit der Sozialdemokratie eine Einheitsfront der Par-
teiführer zubilden, fähig bei dem ersten Zusammenbruch
des Kapitalismus, mit der Intelligenz zusammen die Macht
über und gegen die Arbeiter in die Hände zu nehmen. …
So wird die für ihre Befreiung kämpfende Arbeiterklasse,
die sich auf den Marxismus stützt, die Philosophie Lenins
in ihrem Weg finden, als die Theorie einer Klasse, die ihre
Knechtschaft und Ausbeutung zu erhalten sucht.[36]

Auch den westlichen Sozialstaaten strebt die technisch ausgebildete Intelligenz seit dem Zweiten Weltkrieg Schlüsselstellungen
in den entstehenden staatskapitalistischen Gesellschaften an, in
denen ein mächtiger Staat auf komplizierte Art und Weise mit
einem Netzwerk aus großen Unternehmen verbunden ist, die im
Begriff sind, zu internationalen Institutionen zu werden. Sie hoffen
auf eine »vernünftig geordnete Bedarfsproduktion unter Leitung
der technisch-wirtschaftlichen Sachverständigen« ein einer – wie
sie sagen – »postindustriellen technotronischen Gesellschaft«, in der
die »Vorherrschaft der Plutokraten ständig von der politischen Führung in Frage gestellt wird, die wiederum verstärkt von Menschen
mit Fachkenntnissen und intellektuellem Talent durchsetzt ist«,
einer Gesellschaft, in der »Wissen zu einem Werkzeug der Macht

36. Anton Pannekoek: *Lenin als Philosoph* [Juli 1938]. Europäische Verlagsanstalt,
1969, S. 123ff. Das Datum ist wichtig für ein Verständnis der einzelnen Verweise.

und der effektive Einsatz von Talent zu einem wichtigen Weg zur Macht wird«.[37]

Bournes Kritik am Verrat der Intellektuellen ist also in einen größeren analytischen Rahmen zu stellen. Außerdem haben die Ereignisse seine Darstellung der ideologischen Rolle der Mobilmachung bestätigt. Als er seine Schriften verfasste, waren die Vereinigten Staaten bereits die wichtigste Industriegesellschaft der Welt; in den 1890er Jahren war ihre Industrieproduktion bereits so groß wie jene von Großbritannien, Frankreich und Deutschland zusammengenommen.[38] Der Krieg steigerte diese wirtschaftliche Überlegenheit natürlich noch viel weiter. Aus dem Zweiten Weltkrieg gingen sie als Macht hervor, die die Welt beherrschte, und das hat sich seither nicht geändert. Die nationale Mobilmachung ermöglichte Maßnahmen für die Überwindung der wirtschaftlichen Stagnation der 1930er Jahre und brachte wichtige ökonomische Erkenntnisse. Chandler schreibt:

> Der Zweite Weltkrieg lehrte etwas Neues. Die Regierung gab mehr aus, als auch die größten Anhänger des New Deal jemals vorgeschlagen hatten. Das meiste, was mit diesen Investitionen erzeugt wurde, wurde zerstört oder lag auf den Schlachtfeldern in Europa und Asien. Die erhöhte Nachfrage, die sich daraus ergab, verhalf dem Land jedoch zu einer Zeit

37. Zbigniew Brzeziński: »America in the Technetronic Age«, *Encounter*, Januar 1968. Eine Reihe von Literaturhinweisen ähnlichen Inhalts finden sich in Leonard S. Silk: »Business Power, Today and Tomorrow«, *Dædalus*, Winter 1969. Perspective in Business. Silk, der Chefredakteur der *Business Week*, ist eher skeptisch, was die Aussichten einer Verlagerung der Macht von den Konzernen hin zu einer »Bürokratie aus Technikern« betrifft und erwartet vielmehr, dass – so nützlich die Technostruktur auch sein mag – die Unternehmer sie weiterhin gesellschaftlich dominieren wird. Die einzige Frage, auf die es dieser Studie in dem Zusammenhang ankommt, ist die Machtverteilung zwischen Eigentümer, Management und Technostruktur bei der Kontrolle über das Unternehmen. Kontrolle über die wirtschaftlichen Institutionen durch das Volk wird natürlich nicht angesprochen.

38. Alfred D. Chandler jun.: »The role of business in the United States: a historical survey«, *Dædalus*, op. cit.

eines bis dahin unerreichten Wohlstandes. Außerdem erforderte der Nachschub für die riesigen Truppen der Land- und Seestreitkräfte des größten Krieges aller Zeiten eine strikte, zentralisierte Steuerung der Volkswirtschaft. Dies brachte die Konzernmanager nach Washington, wo sie den kompliziertesten Wirtschaftsplan in der Geschichte entwarfen und umsetzten. Diese Erfahrung baute die ideologischen Befürchtungen vor Eingriffen der Regierung zur Stabilisierung der Wirtschaft ab.[39]

Offenbar war ihnen das eine Lehre. Man hat zu Recht darauf hingewiesen, dass die Waffenindustrie seit dem Krieg »eine Art automatischer Stabilisator für die gesamte Wirtschaft darstellt«,[40] und vernünftige Manager fürchten sich keineswegs mehr vor staatlichen Eingriffen in die Wirtschaft, sondern sehen »die *New Economics* als Technik zur Verbesserung der Rentabilität« ihrer Unternehmen.[41]

Der Kalte Krieg trieb in der Folge die Entpolitisierung der amerikanischen Gesellschaft noch weiter und schuf ein psychologisches Umfeld, in dem die Regierung teils mittels Fiskalpolitik, staatlichen Bauprojekten und öffentlichem Dienst, aber vor allem mittels »Verteidigungs«ausgaben, als *»coordinator of last*

---

39. Ibid. Die Erfahrung veranlasste Paul Samuelson zu folgender Bemerkung: »Es heißt, dass das vergangene Jahr der Krieg der Chemiker war und dieses Jahr der Krieg der Physiker ist. Man könnte genauso sagen, dass dies ein Krieg der Wirtschaftsexperten ist.« *New Republic*, 11. September 1944, zit. nach Robert Lekachman: *The Age of Keynes*. Random House, 1966. Vielleicht kann man den Vietnamkrieg in Anbetracht der Rolle, die professionelle amerikanische Wirtschaftsexperten dabei spielen, die heimische Lage stabil zu halten, damit wir besser Krieg führen können, ebenfalls als »Krieg der Wirtschaftsexperten« sehen.

40. Jerome Wiesner, zit. nach Harold L. Nieburg: *In the Name of Science*. Quadrangle, 1966. Wie Nieburg bemerkt: »Da der Rüstungswettlauf [wie wir wissen, nur vorübergehend] nachgelassen hat, … sind die Weltraum- und Naturwissenschaftsprogramme zu dem neuen Instrument der Regierung geworden, mit dem sie die Wirtschaftstätigkeit auf einem hohen Niveau halten möchte.«

41. B. Joseph Monsen: »The American Business View«, *Dædalus*, op. cit. Wichtige Erkenntnisse zu dem Thema finden sich in Galbraith, op. cit.

resort« auftrat, wenn es »den Unternehmern nicht gelang, die Gesamtnachfrage auf hohem Niveau zu halten« (Chandler, ebd.). Der Kalte Krieg hat der Regierung sowohl die finanziellen Mittel als auch das psychologische Umfeld dafür gesichert, mit großem Aufwand eine einheitliche Weltwirtschaft unter der Vorherrschaft amerikanischen Kapitals zu errichten – nach George Ball »kein Luftschloss, ... sondern eine ganz nüchterne Vorhersage; das ist die Rolle, die uns unsere eigene Technologie aufdrängt.«[42] Das wichtigste Instrument dafür ist der multinationale Konzern, den Ball wie folgt beschreibt:

»Der multinationale Konzern in seiner modernen Form, mit weltweiten Geschäften und Märkten, ist eine spezifisch amerikanische Entwicklung. Diese Unternehmen ermöglichen erstmals die Nutzung der Ressourcen der Welt mit maximaler Effizienz ... Damit die Vorteile der multinationalen Konzerne voll zum Tragen kommen, muss die Weltwirtschaft jedoch stärker vereinheitlicht werden.«[43]

Die multinationalen Konzerne wiederum sind die Nutznießer der Mobilisierung von Ressourcen durch die Regierung, und ihre Geschäfte werden letztlich von der Militärmacht Amerikas abgesichert. Gleichzeitig findet in der heimischen Wirtschaft – sowie in der Politik – ein Prozess der immer stärkeren Zentralisierung der Kontrolle ab, mit einem Niedergang der parlamentarischen Institutionen; dieser Niedergang ist im Grunde in allen westlichen Industriegesellschaften zu beobachten.[44]

Die »Vereinheitlichung der Weltwirtschaft« durch internationale

42. zit. nach John J. Powers jun., Vorstandsvorsitzender von Charles Pfizer and Co., in einer Rede vor einer Konferenz des Verbandes der Chemiefabrikanten am 21. November 1967, wiedergegeben im *Newsletter of the North American Congress on Latin America*, (NACLA) Bd. II, Nr. 7.

43. *New York Times*, 6. Mai 1967, zitiert nach dem scharfsinnigen Artikel von Paul Mattick: »The American Economy«, *International Socialist Journal*, Februar 1968.

44. vgl. Kidron, op. cit.

Konzerne mit Sitz in Amerika ist natürlich eine ernsthafte Gefahr für die Freiheit. Der brasilianische Volkswirtschaftler Helio Jaguaribe – der keineswegs radikal ist – schreibt:

> Zunehmende Abhängigkeit von anderen, entwickelten Ländern, insbesondere den Vereinigten Staaten, sowie immer größere Armut und Unruhen lassen den Völkern von Lateinamerika nur die Wahl zwischen Revolution und permanenter Fremdherrschaft. In der Karibik ist diese Wahl bereits zu beobachten; die karibischen Länder haben ihre eigenständige Lebensfähigkeit bereits verloren und ihre eigenen Oligarchien sowie die äußere Intervention vonseiten der Vereinigten Staaten gestatten es ihnen nicht, sich zu einer größeren autonomen Gemeinschaft zusammenzuschließen. Was heute in der Karibik geschieht, wird sich wahrscheinlich in höchstens zwanzig Jahren auch in den wichtigsten lateinamerikanischen Ländern abspielen, wenn sie nicht die Grundvoraussetzungen für eine eigenständige, autonome Entwicklung erlangen.[45]

Es ist kein Geheimnis, dass man sich in Asien und selbst in Westeuropa die gleichen Sorgen macht, da auch dort das nationale Kapital nicht mit den amerikanischen Unternehmen mithalten kann, da diese vom Staat gefördert werden. Nieburg beschreibt das als »staatlich subventioniertes System des privaten Profits«.[46]

Die wirtschaftliche Vorherrschaft bringt die Gefahr der kulturellen Unterwerfung mit sich. Aus der Sicht der Kolonialverwalter oder auch aus der Sicht eines amerikanischen Politikwissenschaftlers, der

---

45. »A Brazilian View«, Raymond Vernon (Hg.): *How Latin America Views the American Investor.* 1966.

46. Nieburg, op. cit. Genauer gesagt, ist den Interessen des europäischen Kapitals im engeren Sinne am besten gedient, indem es die Rolle eines Juniorpartners im amerikanischen Weltsystem einnimmt.

häufig begeistert ist, führend an der »Modernisierung« irgendeiner hilflosen Gesellschaft mitzuwirken, ist dies natürlich keine Gefahr, sondern ein nützlicher Vorteil. Diese Aussage eines amerikanischen Diplomaten in Laos ist vielleicht ein Extrembeispiel: »Um in diesem Land irgendeinen Fortschritt zu erzielen, muss man erst einmal alles plattmachen. Man muss die Einwohner auf Null reduzieren, um sie von der Last ihrer traditionellen Kultur zu befreien, die alles blockiert.«[47]

Das gleiche Phänomen ist auf anderer Ebene auch in Lateinamerika zu beobachten. Claude Julien bemerkt:

> Die Revolte der Studenten in Lateinamerika richtet sich nicht nur gegen diktatorische Regimes, die korrupt und ineffizient sind, und auch nicht bloß gegen die Ausbeutung der wirtschaftlichen Ressourcen und Arbeitskräfte ihres jeweiligen Landes durch Ausländer, sondern auch gegen die kulturelle Kolonisierung, die an den innersten Kern ihres Seins rührt. Wahrscheinlich hat sich ihre Revolte deshalb stärker zugespitzt als die der Arbeiter oder Bauern, die vor allem die wirtschaftliche Kolonisierung erleben.[48]

Den klassischen Fall des amerikanischen Imperiums stellen die Philippinen dar, wo die Kolonialisierung verheerende Auswirkungen hatte.

Langfristig sind die nationale Unabhängigkeit und der kulturelle Fortbestand sowie die erfolgreiche und ausgewogene Entwicklung

47. zit. nach Jacques Decornoy, *Le Monde hebdomadaire*, 11.–17. Juli 1968. Diese Serie ist ein sehr detaillierter Augenzeugenbericht über die Guerillabewegung in Laos, den *Pathet Lao*, und seinen Versuch, einen modernen Nationalstaat aufzubauen und das Land zu entwickeln. Deconoy bemerkt in diesem Zusammenhang, dass »die Amerikaner die Nordvietnamesen beschuldigen, in diesem Land militärisch zu intervenieren. Sie selbst sprechen jedoch davon, Laos auf Null zu reduzieren, während der *Pathet Lao* die nationale Kultur und die nationale Unabhängigkeit hochhält.«
48. *L'Empire Americain*. Grasset, 1968.

der Wirtschaft bedroht,[49] wobei mehrere Faktoren eine Rolle spielen. Die einheimischen herrschenden Eliten entwickeln ein persönliches Interesse an der amerikanischen Vorherrschaft und selbst an imperialen Unternehmungen der USA, wie etwa im Fernen Osten ganz klar veranschaulicht wird: der Koreakrieg und jetzt der Vietnamkrieg haben erheblich zur »Gesundheit« der Staaten beigetragen, die jetzt allmählich in das amerikanische System integriert und »vereinheitlicht« werden. Manchmal sind die Ergebnisse nahezu grotesk: Japan beispielsweise stellt die Plastikbehälter her, in denen die Leichen amerikanischer Soldaten nach Hause verschifft werden, und »die Nachfolgefirmen der I. G. Farben, die einst Zyklon B für die Gaskammern der deutschen Vernichtungslager produzierten, ... haben gerade eine Industrieanlage in Südvietnam errichtet, um die giftigen Chemikalien und Gase für das Expeditionskorps der USA herzustellen.«[50] Die ganz normale Realität ist auch ohne solche Beispiele schlimm genug.

Im Wirtschaftsbericht über Asien und den Pazifik, den die *New York Times* jedes Jahr veröffentlicht, lesen wir Dinge wie diese:

> Gemischte Gefühle über Frieden in Thailand: ... [Es ist eine] unbestreitbare Tatsache, dass ein Ende der Kämpfe [in Vietnam] eine ernste Bedrohung für die thailändische Wirtschaft wäre. *The Investor*, die neue Monatszeitschrift des *Thai Board of Investment*, legte das in der Titelgeschichte seiner ersten Ausgabe, die im Dezember erschien, ganz offen dar: ›Die wirtschaftliche Entwicklung von Thailand ist nun so untrennbar mit dem Krieg verbunden‹, schreiben sie, ›dass jede Entscheidung der Vereinigten Staaten über ihre zukünftige Rolle in Südostasien hier unweigerlich weit reichende Auswirkungen hat.‹ ›Ein plötzliches Ende der amerikanischen

---

49. vgl. Andre Gunder Frank: *Capitalism and Underdevelopment in Latin America.* Monthly Review Press, 1967, und viele andere Studien.

50. Bertil Svahnstrom (Hg.): *Documents of the World Conference on Vietnam*, Stockholm, Juli 1967.

Kriegsanstrengungen in Südostasien‹, heißt es da weiter, ›wäre für die Wirtschaft recht schmerzhaft.‹ … Wenn jedoch, wie viele meinen, ein Abzug der Amerikaner aus Vietnam zu einer noch größeren amerikanischen Militärpräsenz hier bei uns führt, werden wir in Thailand vor die noch schwierigere Wahl zwischen einem weiteren Aufschwung und einer weiteren Zerstörung der traditionellen Gesellschaft gestellt.[51]

Die Auswirkungen sind gravierend und summieren sich mit dem verheerenden Erbe der Kolonialzeit, wie beispielsweise der Leiter der US-AID-Vertretung in den Philippinen vor einem Unterausschuss des Kongresses am 25. April 1967 in seiner Aussage sehr schön zusammenfasste:

Die Landwirtschaft … ist das Ergebnis einer beinahe bewussten Vernachlässigung: mangelhaftes Transportwesen, geringe Bewässerung, unzureichende Kreditvergabe, eine Preispolitik, die auf billige Nahrungsmittel für die Städte abzielt und keine Anreize für die landwirtschaftliche Produktion bietet, ein hoher Anteil an Pachtbauern und abwesenden Grundbesitzern, schlecht organisierte Märkte und hohe Zinsen. Der durchschnittliche Bauer (mit einer sechsköpfigen Familie) in Central Luzon verdient etwa 800 Pesos in der Landwirtschaft. Sein Los hat sich seit fünfzig Jahren nicht verändert [genauer gesagt, seit der spanischen Besatzung]. Die ständig wachsende Kluft zwischen dem Lebensstandard in den Städten und auf dem Land ist womöglich noch gravierender … In den letzten zehn Jahren sind die Reichen reicher und die Armen ärmer geworden.[52]

---

51. *New York Times*, Bangkok, 17. Januar 1969. Der Autor ist etwas naiv, wenn er meint, dass die Thailänder dabei die Wahl hätten. Zu »Entscheidungen« der Thailänder in der Vergangenheit, siehe Noam Chomsky: *American Power and the New Mandarins*, Kapitel 1.

52. zit. nach Hernando Abaya: *The Untold Philippine Story*. Quezon City, 1967.

Technische Neuerungen wie »Wunderreis« könnten womöglich helfen. Diese Hoffnung besteht natürlich, aber die Begeisterung ist verfrüht und zweifelhaft:

Die neuen Hochertragssorten, die zum Teil von Organisationen entwickelt wurden, die von Ford und Rockefeller finanziert werden, benötigen wissenschaftliche Anbaumethoden, zwei- bis dreimal so hohe Investitionen und extensive Bewässerung ... [Wenn die Selbstversorgung erreicht ist], werden die Marktpreise für Reis auf den Philippinen deutlich fallen. Dadurch wären dann nur große, mechanisierte Agrokonzern-Farmen mit großem Grundbesitz effizient. Diese technischen Voraussetzungen, verbunden mit einer Lücke im Landreformgesetz, das es Grundbesitzern ermöglicht, ihren Pächtern das Land wegzunehmen und es zu behalten, wenn sie es selbst bebauen, könnte alle Versuche einer Landreform auf den Philippinen zunichte machen ... Ein kaum beachteter Bericht von 1965 zeigt eindeutig den feudalen Charakter und die explosiven Spannungen in der ländlichen Gesellschaft auf den Philippinen, und [Präsident Marcos] kennt diesen Bericht sehr gut. Er zeigt, dass noch vor 18 Jahren weniger als ein halbes Prozent der Bevölkerung 42 Prozent der landwirtschaftlichen Nutzfläche besaßen. 221 Großgrundbesitzern – von denen die katholische Kirche der größte ist – gehören mehr als 9 Prozent des Ackerlandes. 1958 waren fast 50 Prozent der Bauern Pächter und weitere 20 Prozent waren Landarbeiter, d. h. 70 Prozent der in der Landwirtschaft Tätigen sind landlose Bauern ... 1903 hatte der Anteil der Pächter (ausgenommen Landarbeiter) noch 18 Prozent betragen; 1948 war er auf 37 Prozent gestiegen, und 1961 betrug er über 50 Prozent. Es gibt keinerlei Hinweis dafür, dass sich diese Tendenz in den letzten acht Jahren verändert hätte, und sie hebt die winzigen Bemühungen um eine Landreform wahrscheinlich vollständig auf ... Wird der Kongress in Manila, der aus der alten ländlichen Bankenelite besteht, jemals für die nötigen Mittel zur Finanzierung der *Agricultural Credit and Cooperative Financing Administration* stimmen?[53]

Der Bericht hätte noch aufzeigen können, dass diese Lage im Wesentlichen eine Folge der amerikanischen Kolonialpolitik ist, und er hätte auch das Schicksal derer vorhersagen können, die infolge von »Rationalisierungen« von ihrem Land vertrieben wurden, und das in einem Land, das als »Gemüsegarten Amerikas« bezeichnet wird.

Ähnliche Berichte kommen aus Indien: »Offensichtlich möchten die indischen Bauern die neuen technischen Möglichkeiten nutzen; weniger offensichtlich ist, ob ihnen das auf ihren Reisfeldern in nennenswertem Ausmaß gelingt.«[54] Der gleiche Bericht weist noch auf ein anderes Problem hin:

Die Regierungen der einzelnen indischen Bundesstaaten haben die Steuern auf die Einkommen der wohlhabenderen Bauern abgeschafft, die gerade stetig wachsen. Die Politiker sind überzeugt, dass die Forderung nach einer Wiedereinführung dieser Steuern Selbstmord für ihre jeweilige Partei wäre. Ohne einen Mechanismus zur Umverteilung eines Teils der neuen Zusatzeinkommen zugunsten von Entwicklung wird das Wachstum aber zwangsläufig stagnieren.

Auch hier handelt es sich um ein Erbe des Kolonialismus, das nur durch eine Umgestaltung der Gesellschaft zu überwinden ist; heute wird Amerika seinen Einfluss geltend machen, um dies zu verhindern, auch mit Gewalt, und zwar wenn möglich mittels einheimischer Armeen, die Amerika ausbildet und ausrüstet. Das jüngste und offensichtlichste Beispiel dafür ist Brasilien, wo die Militärführung folgende Ideologie predigt:

53. *Far East Economic Review.* Nachdruck: *Atlas,* Februar 1969.
54. *New York Times Economic Survey,* 17. Januar 1969.

Die Doktrin der nationalen Sicherheit geht vom Prinzip des »totalen Krieges gegen die Subversion« aus und besagt, dass die »unterentwickelten Länder dem führenden Staat der christlichen Welt bei der Verteidigung der Zivilisation durch die Bereitstellung von Rohstoffen beistehen müssen.«[55] So wird »Nutzung der Ressourcen der Welt mit maximaler Effizienz« ermöglicht und die »Weltwirtschaft stärker vereinheitlicht« – um auf die Formulierung von George Bull zurückzukommen.

So streben wir die Verwirklichung von Brooks Adams' Voraussage an: »Unsere geografische Lage, unser Reichtum und unsere Energie eignen sich hervorragend dazu, dass wir Ostasien [aber warum nur Ostasien?] erschließen und es zu einem Teil unseres eigenen Wirtschaftssystems machen.«[56] Unser eigenes Wirtschaftssystem wiederum ist stark von staatlich bedingter Produktion abhängig. Es wird zunehmend zu einem »staatlich subventionierten System des privaten Profits«, an dem die technische Intelligenz wesentlich beteiligt ist. Es wird von der öffentlichen Meinung akzeptiert, die von Chimären gequält und von den Massenmedien eingelullt ist.

Diese Lage birgt natürlich viele Gefahren. Aus der Sicht liberaler Technokraten wäre die Lösung des Problems eine Stärkung der Bundesregierung. (»Radikale Zentralisierer« gehen noch weiter und meinen, dass alle Macht in die Hände der zentralen Regierungsbehörden und der »Avantgarde-Partei« übergehen soll.) Nur so sei der militärisch-industrielle Komplex zu bändigen und zu kontrollieren:

Anstatt der indirekten Konjunkturmaßnahmen, indem man eine immer stärkere wirtschaftliche Konzentration und eine

---

55. Marcel Niedergang in *Le Monde hebdomadaire*, 12.–18. Dezember 1968. Die Zitate stammen von Professoren der Militärakademie, die »ein manichäisches Weltbild geschaffen haben: der kommunistische Osten gegen den christlichen Westen« – ein Weltbild, das John Foster Dulles, Dean Rusk, Melvin Laird und ähnliche Koryphäen begeistern würde.

56. zit. nach Akira Iriye: *Across the Pacific*. Brace and World, 1967.

immer größere Einkommenskluft begünstigt, um die zivile
Wirtschaft zu fördern, muss die Bundesregierung [der USA]
ganz klar die Verantwortung dafür übernehmen, die Flut
der wirtschaftlichen Stärke der Großkonzerne einzudäm-
men sowie den Erhalt und das Wachstum aller Sektoren der
Wirtschaft und aller Bereiche der Gesellschaft zu planen.[57]

Dabei hofft man auf qualifizierte Manager wie Robert McNamara,
»den unerschrockenen Helden der Kampagne, den ›Auftraggeber
Staat‹ zu reformieren und einzuschränken«.[58]

Die »Technostruktur« hat wohl keine größere Hoffnung zu bieten
als McNamara, der seine eigenen Ansichten über den Aufbau der
Gesellschaft klar dargelegt hat: »Die wichtigsten Entscheidungen in
der Politik wie in der Wirtschaft müssen stets an der Spitze getroffen
werden. Das ist ja ihre Aufgabe, wenn auch nicht ihre einzige.«

Die eigentliche Kontrolle muss also in den Händen eines Managements liegen, das »letztendlich die kreativste aller Kunstformen ist,
denn ihr Medium ist das menschliche Talent selbst.« Das ist offenbar
ein göttlicher Imperativ: »Gott ist eindeutig demokratisch. Er schenkt
allen Denkvermögen. Aber Er erwartet zu Recht von uns, dass wir
mit diesem wertvollen Geschenk etwas Effizientes und Konstruktives
tun. Und darum geht es beim Management.«[59] Das ist praktisch die
Reinform der Vision einer technokratischen Elite.

57. Nieburg, op. cit.
58. ibid.
59. Rede am Millsaps College, Jackson, Mississippi, 24. Februar 1967. Andere Autoren
rechtfertigen die Autorität des Managements in anderer Art und Weise. Der Historiker William Letwins beispielsweise erklärt, dass »kein Gemeinwesen ohne Manager
auskommt«, deren Rolle darin besteht, »innerhalb einer privaten Firma willkürliche
Entscheidungen zu treffen«, denn »die Rolle, die letztendlich willkürlichen Entscheidungen für die Produktion zu treffen, kann man nicht abschaffen« (»The Past and
Future of American Businessmen«, *Dædalus*, op. cit.). Letwin findet es »beruhigend, …
dass die heutigen Manager einen ebenso gesunden Appetit auf Einkommen und
Wohlstand zeigen wie die Geschäftsleute, die schon die Geschäftsleute von gestern
zu mutigem Voranschreiten angetrieben haben«, aber er lässt unter den Tisch fallen,

Um zu einem besonneneren Urteil zu gelangen, sollte man die Geschichte einer stärkeren Bundesregierung in einer staatskapitalistischen Gesellschaft untersuchen. Die Bundesregierung hat das Wettrüsten sowie die Zentralisierung der heimischen Wirtschaft und der Weltwirtschaft kontinuierlich beschleunigt, und zwar nicht nur mittels Subventionen für Forschung und Entwicklung, sondern auch mittels direkter Investitionen, die privatem Kapital zukommen, und durch das staatliche Beschaffungswesen.[60] Die frühere Beobachtung von Letwin, dass »Geschäftsleute jede wichtige Maßnahme [staatlicher Interventionen] erfunden, unterstützt oder zumindest ihren Nutzen schnell erkannt haben« (op. cit.), ist auch eine plausible Voraussage für die Zukunft. McNamara hat kapituliert und sich für ein Raketenabwehrsystem ausgesprochen, obwohl er genau weiß, wie absurd diese Entscheidung ist (außer als Subvention für die Elektronikindustrie); das zeigt recht drastisch, was die menschlicheren Kräfte der technischen Intelligenz auf ihrem »Marsch durch die Institutionen« erreichen bzw. erhoffen können.

Jetzt, unter Nixon, wird sich McNamara mit seinen schwachen symbolischen Beiträgen sicher noch stärker zurückhalten. In einer Artikelserie der *Washington Post* (im Dezember 1968) zitiert Bernard Nossiter, den Vorstandsvorsitzenden von North American Rockwell:

dass man den Manager nach dieser Managementtheorie auch durch eine beliebige Zahlentabelle ersetzen könnte.

60. »Ende der 1950er Jahre gingen mehr als neun Zehntel der Nachfrage nach Flugzeugen und Flugzeugteilen letztendlich auf das Konto der Regierung, und zwar vor allem auf das des Militärs; das galt auch für fast drei Fünftel der Nachfrage nach Buntmetallen, mehr als die Hälfte der Nachfrage nach Chemikalien und Elektronikprodukten, mehr als ein Drittel der Nachfrage nach Kommunikationsausrüstung und wissenschaftlichen Geräten, und so fort – eine lange Liste von achtzehn wichtigen Branchen, bei denen ein Zehntel der Nachfrage oder mehr vom öffentlichen Beschaffungswesen ausgeht.« Kidron, op. cit. Er zitiert auch einen OECD-Bericht von 1963, in dem es heißt, dass »nur sehr wenige Produkte und Techniken, die für das Militär und die Raumfahrt entwickelt wurden, auf den zivilen Sektor übertragen werden ... [und] die Möglichkeiten weiterer solcher Transfers geht eher noch zurück.«

»Alle Äußerungen von Nixon über Waffen und Raumfahrt sind sehr positiv. Ich denke, dass ihm diese Dinge vielleicht etwas mehr bewusst sind als anderen Leuten, die wir bisher im Weißen Haus erlebt haben.« Nossiter kommt in seiner Studie zu folgenden Aussichten:

> Mächtige Industriegiganten kämpfen um größere Militäraufträge, die Militärstrategen im Pentagon drängen auf die Produktion der neuen Waffen, Kongressabgeordnete erwarten Profite durch Rüstungsaufträge für ihre Wahlkreise, und Millionen von Amerikanern – vom Fabrikarbeiter bis zum Physiker an der Universität – beziehen ihren Lohn aus der Waffenproduktion. Das Weiße Haus wird jetzt von einem neuen Präsidenten übernommen, der im Wahlkampf klar gemacht hat, dass er Geld in ein Raketenabwehrsystem und andere kostspielige Rüstungsprojekte stecken und die Ausgaben für zivile Zwecke kürzen wird. So sieht der militärisch-industrielle Komplex im Jahr 1969 aus.

Jeder ausgebildete Ökonom kann natürlich andere Methoden skizzieren, mit denen der Staat produzieren lassen kann, damit die Wirtschaft weiter funktioniert. »Die kapitalistische Wirtschaft ist aber widerspenstiger als das Reißbrett der Planer. Zu viel staatliche Ausgaben für die Produktion sind beispielsweise ausgeschlossen. Aus der Sicht des einzelnen Kapitalisten wären solche Ausgaben eine direkte Einmischung eines unvergleichlich mächtigeren und materiell überlegenen Konkurrenten in seinen Wirkungsbereich, den er als solchen abwehren muss.«[61]

Außerdem ist es in einer Gesellschaft, in der ein »kräftiger Appetit auf Einkommen und Reichtum« als höchste Tugend gilt, schwierig – um nicht zu sagen subversiv gegen die herrschende Ideologie –, die Bevölkerung dahingehend zu mobilisieren, dass sie Ausgaben für staatliche Sozialleistungen oder für menschliche Bedürfnisse unterstützt,

61. Kidron, ibid.

ganz gleich, wie dringend diese benötigt werden. Genau dazu zitiert Nossiter (op. cit.) Samuel F. Downer, den stellvertretenden Finanzdirektor von LTV Aerospace, der erklärt, warum »die Welt nach dem Krieg durch Rüstungsaufträge gestärkt werden muss«:

> Das ist ganz einfach. Das entscheidende Verkaufsargument ist die Verteidigung der Heimat. Das ist einer der größten Anreize für die Politiker, das System anzupassen. Wenn man als Präsident einen zentralen Faktor in der Wirtschaft braucht, und man diesen Faktor verkaufen muss, kann man nicht Harlem und Watts[62] verkaufen, aber Selbsterhalt und ein neues Umfeld sind durchaus ein Verkaufsargument. Wir werden das Rüstungsbudget so lange erhöhen, solange die Russen uns voraus sind. Das amerikanische Volk versteht das.

Genauso »versteht« das amerikanische Volk, dass der groteske Wettlauf um die Eroberung des Weltalls notwendig ist; er ist ein gefundenes Fressen für die Werbebranche und muss als Teil des ganzen wissenschaftlich-technischen Wettlaufes als »verwandelter, mutierter und theoretischer Ersatz für ein endloses strategisches Wettrüsten herhalten; er ist eine Fortsetzung des Wettrüstens mit anderen Mitteln.«[63] Derzeit ist es in Mode, solche Analysen – und selbst den Begriff des »militärisch-industriellen Komplexes« – lautstark als »grobe Vereinfachung« zu verurteilen. Es ist daher interessant festzustellen, dass jene, die in der Branche tätig sind und direkt davon profitieren, praktisch kein Geheimnis daraus machen.

Es gibt einige scharfsinnige Beobachter – John K. Galbraith ist das beste Beispiel –, die meinen, dass die Orientierung auf Wachstum und Profitmaximierung nur mehr eines von mehreren Motiven von Managern und der Technostruktur ist, und dass dieses ergänzt

---

62. Schwarze Armenviertel von New York bzw. Los Angeles, in denen es 1964 bzw. 1965 große Aufstände gab. — Anm. d. Übers.
63. Nieburg, op. cit.

oder vielleicht sogar beherrscht wird von der Identifikation mit den Bedürfnissen der Organisation, und von einer Anpassung an diese Bedürfnisse des Konzerns, der auch die Grundeinheit für die Planung in der Wirtschaft ist.[64] Das mag sein, doch die Auswirkungen dieser Motivationsverschiebung sind womöglich trotzdem gering, da der Konzern als Planungseinheit auf die Herstellung von Konsumgütern[65] – wobei der Konsument häufig der Staat ist –, und auf die Ausweitung seiner Herrschaft in der organisierten Weltwirtschaft ausgerichtet ist, und nicht auf die Befriedigung gesellschaftlicher Bedürfnisse.

Präsident Eisenhower warnte in seiner berühmten Rede über den militärisch-industriellen Komplex: »Wir haben ständig die Aussicht vor Augen, dass die Wissenschaftler unserer Nation von staatlichen Posten, Projekten und der Macht des Geldes beherrscht werden – und das ist Besorgnis erregend.« Die Regierung ist tatsächlich seit längerer Zeit der »Arbeitgeber *of last resort*«, ja der wichtigste Arbeitgeber für Techniker, und es ist kaum zu bezweifeln, dass die Welt ohne einen guten Teil der Technologien, die da entwickelt werden, besser dran wäre.

Viele fähige Kritiker haben die Fakten klar erkannt und verurteilt.

---

64. Das ist eine wichtige These in seinem *New Industrial State*. Eine parallele Analyse für den Bereich der Politik findet man bei Richard Barnett, der die Rolle der Staatssicherheitsbürokratie in der Außenpolitik untersucht, vgl. seinen Beitrag in *No More Vietnams?* und sein Buch *Intervention and Revolution*. New American Library, 1969. Ohne die Relevanz seiner Analyse bestreiten zu wollen, ist hier hinzuzufügen, dass die Ziele dieser »Organisation« weitgehend mit denen der Großkonzerne übereinstimmen. Selbst in den Anfangsstadien des Imperialismus kam es durchaus vor, dass Fahne und Gewehr dem Pfund, Franc oder Dollar voranschritten, anstatt ihm zu folgen.

65. Wie Galbraith feststellt: »Güter sind das, was die Industrie liefert.« Demnach erfüllt das »Management der Nachfrage« diese Aufgabe; »es liefert in Summe eine unerbittliche Propaganda für Güter im Allgemeinen« und trägt damit dazu bei, »jenen Menschen herauszubilden, den die Ziele der Industrie benötigen – einen Menschen, der sein Einkommen verlässlich ausgibt und der zuverlässig arbeitet, weil er immer mehr braucht«.

Harold L. Nieburg erklärt in dem bereits zitierten Werk den Hintergrund des »wissenschaftlich-technischen Wettlaufs«:

> Die Notwendigkeit, die Wirtschaft gesund zu erhalten, ist ein Teil dieser Formel. Angst vor einer Stagnation, die Gewöhnung an riesige Kriegsausgaben, die allumfassenden Interessengruppen, die Budgetgeschenke in Wahlkampfzeiten – all das sind Aspekte einer mittlerweile bewussten Politik der Regierung bei den Investitionen in das Reich von »Forschung und Entwicklung« zur Ankurbelung der Wirtschaft und als öffentlicher Auftrag.

Er zeigt, dass öffentliche Aufträge zu einem »Ausweg« für den »stagnierenden zivilen Wirtschaftssektor« geworden sind, wobei das »derzeitige Engagement für die Wissenschaft« und der »Glaube der Bevölkerung in das Wunder der technischen Neuerungen« als »Tarnung für die Entstehung eines Managementkultes in der Forschung, Entwicklung und in Projektplanung« dient, die »in der Privatwirtschaft und in der Regierung beispiellose Entscheidungsbefugnisse« haben.

Seit fast drei Jahrzehnten werden die Ressourcen des Landes von den Bedürfnissen des Militärs beherrscht und die politische und wirtschaftliche Macht hat sich hinter die Landesverteidigung gestellt und konsolidiert. ... Der Mythos vom privaten Unternehmertum hat überlebt, schützt die Industriegiganten vor öffentlicher Kontrolle, verzerrt die amerikanische Wahrnehmung der Realität des eigenen Landes und der Welt, er verschleiert das rasende Tempo der Unternehmenszusammenschlüsse sowie der wirtschaftlichen Konzentration, und er schützt kleine private Interessen im Namen der Öffentlichkeit. ... Neben den angeblichen Sicherheitsinteressen, dem nationalen Prestige und Wohlstand dient das heilige Wort »Wissenschaft« als Ersatzkonsens, als Alibi, um die immer breitere Kluft in der amerikanischen Gesellschaft zu überbrücken, zu verschieben und von ihr abzulenken. ... Der wissenschaftlich-technische

Wettlauf dient als Ausweg für Konjunkturmaßnahmen, die individuelles Einkommen erhält, ohne die zivile Produktion zu steigern, was die ungerechte Verteilung der Kaufkraft, welche die nationalen Ressourcen beherrscht und strukturiert, weiter verschärft.

Mit seiner Analyse dieser Entwicklungen und mit seiner leidenschaftlichen Anklage ihres perversen und unmenschlichen Charakters steht Nieburg in der besten Tradition des kritischen Intellektuellen. Sein Vorschlag, dass aufgeklärte Bürokraten – zum Beispiel McNamara – bei ihrem Marsch durch die Institutionen die große Machtfülle der Bundesregierung dafür einsetzen sollen, die Lage von Grund auf zu verbessern, ist jedoch unrealistisch, genauso wie die Vorstellungen der Wissenschaftler, die zu Recht Angst vor einer Atomkatastrophe haben und sich daher einreden, dass sie die staatliche Politik verändern können, indem sie Regierungsbürokraten hinter verschlossenen Türen Vorträge darüber halten, wie unsinnig der Wettlauf in der Rüstung und zur Eroberung des Weltalls sind. Ebenso mag es abstrakt zutreffen, dass »die Techniken der Förderung und Stabilisierung der Wirtschaft neutrale Verwaltungsmethoden sind, mit denen man das Volkseinkommen gerechter oder weniger gerecht verteilen, entweder die Verhandlungsposition der Gewerkschaften oder die der Unternehmer verbessern und die Bedeutung des öffentlichen Sektors für die Gesamtwirtschaft stärken oder schwächen kann.«[66] Derselbe Autor zeigt jedoch auf, dass diese »neutralen Methoden« in der wirklichen Welt »im Kontext eines Konsens angewandt werden, dessen Grenzen von der Geschäftswelt gesetzt sind …« Von den Steuerreformen der *New Economics* profitieren die Reichen.[67]

66. Lekachman, op. cit.

67. »So wie der Steuersegen von 1964 wird auch ein Großteil der Verbesserungen von 1965 den wohlhabenden Konzernen und reichen Einzelpersonen zugute kommen.« (ibid.) Der regressive Charakter des amerikanischen Steuersystems wird häufig übersehen; vgl. Gabriel Kolko: *Wealth and Power in America: An Analysis of Social Class and Income Distribution.* Praeger, 1962. Der letzte Bericht des *Council of Economic Advisers to Congress* stellt fest: »In Relation zum Einkommen zahlen Haushalte der unteren

Stadterneuerung, Armutsbekämpfung, die Ausgaben für Wissenschaft und Bildung haben sich zu einem guten Teil als Subventionen für die Privilegierten herausgestellt.

Intellektuelle, die sich dieser Tatsachen bewusst sind, können einiges tun, um etwas zu verändern. Sie könnten zum Beispiel versuchen, die leistungsorientierte Wirtschaftselite oder die mit ihr eng verbündeten Regierungsbürokraten »menschlicher« zu machen; dieser Plan scheint vielen Natur- und Gesellschaftswissenschaftlern machbar. Sie könnten einen Beitrag zur Gründung einer neuen oder zur Erneuerung einer Reformpartei leisten, die im Rahmen konventioneller Politik arbeitet.[68] Sie können sich mit einer Massenbewegung zu verbinden – oder sich am Aufbau einer solchen Bewegung beteiligen –, die sich für einen weitaus radikaleren gesellschaftlichen Wandel einsetzt. Ein Intellektueller kann Aufträgen, die man ihm stellt, und Angeboten, mit denen man ihn lockt, widerstehen; denn unsere Gesellschaft gewährt ihm Privilegien und Wohlstand, wenn er die Grenzen akzeptiert, die von der Geschäftswelt und ihrer technischen Intelligenz gesetzt werden. Sie könnten einen breiten Widerstand der technischen Intelligenz gegen den Alptraum organisieren, den sie mit geschaffen haben, und einen Weg finden, wie ihre Fähigkeiten konstruktiv zum Wohl der Allgemeinheit eingesetzt werden können, vielleicht in Zusammenarbeit mit einer Bewegung der Bevölkerung auf der Suche nach neuen Formen der Gesellschaft.

Einkommensschichten höhere Steuern als jene, deren Einkommen zwischen 6 000 und 15 000 Dollar betragen. Das spiegelt die schwere Last an Steuern der Bundesstaaten und Gemeinden für Familien mit niedrigen Einkommen wider. Die Steuern, die auf Bundesebene erhoben werden, tragen durch die Lohnsteuern und Sozialabgaben zu dieser Last bei.« Die Möglichkeiten der höheren Einkommensgruppen, Steuern zu vermeiden, sind anderswo zur Genüge dargestellt. Am meisten berüchtigt ist die *oil-depletion allowance*, ein bizarres Geschenk an die Erdöl- und Bergbauunternehmen.
68. Eine nüchterne Analyse findet man bei Michael Harrington: *Toward a Democratic Left*. Macmillan, 1968; vgl. auch die Besprechung von Christopher Lasch im *New York Review of Books,* 11. Juli 1968.

Die Bedeutung des kollektiven Handelns – die an sich offensichtlich ist – wird noch klarer, wenn man die Frage noch allgemeiner formuliert. In einer Gesellschaft aus isolierten Individuen, die miteinander konkurrieren, gibt es kaum die Möglichkeit wirksamen Handelns gegen Institutionen der Unterdrückung oder gegen gut etablierte gesellschaftliche Kräfte. Galbraith unterstreicht dies in einem etwas anderen Zusammenhang; er schreibt zur Steuerung von Nachfrage:

> Es handelt sich in jeder Hinsicht um ein bemerkenswert subtiles Regulativ im Aufbau der Gesellschaft. Es wirkt nicht auf das Individuum, sondern auf die Masse. Jedes Individuum kann aussteigen und entgegen seinem Einfluss handeln. Daher kann niemand behaupten, dass irgendein Individuum zum Kauf irgendeines Produktes gezwungen wird. Jedem, der da widerspricht, kann man ganz einfach entgegnen: Niemand zwingt dich! Dennoch besteht kaum die Gefahr, dass jemals genug Menschen auf ihrer Individualität bestehen und dadurch die Steuerung des Verhaltens der Masse beeinträchtigen.[69]

Was durch organisierten Widerstand in den letzten Jahren tatsächlich bedroht ist, ist die »Steuerung des Massenverhaltens«. In bestimmten Situationen kann man seine eigene Individualität nur geltend machen, wenn man bereit ist, kollektiv zu handeln. Nur so kann man die Fragmentierung der Gesellschaft, die das Erkennen der wahren eigenen Interessen verhindert, überwinden und lernen, wie man seine Interessen verteidigt. Die Gesellschaft mag durchaus Individuen tolerieren, die »aussteigen«, aber nur, solange sie sich nicht organisieren, kollektiv aussteigen und so die »Steuerung des Massenverhaltens« stören, die ein wesentliches Merkmal jeder Gesellschaft ist, die so gestaltet ist, wie es liberalen Technokraten (s.o. die Aussagen von McNamara)

69. op. cit.

oder radikalen Zentralisierern gefällt, deren prominentestes Beispiel die bolschewistischen Ideologen sind.

Es gibt bereits kleine, aber wichtige Ansätze, die den skizzierten Vorschlägen entsprechen: Studierende und Lektoren haben das *Committee of Concerned Asian Scholars* gegründet,[70] um die Asienwissenschaften auf einer objektiveren und menschlicheren Basis umzugestalten und dadurch eine Säule der aggressiven Ideologie anzugreifen, die eine Unterdrückungspolitik, Gängelung und letztlich Zerstörung von Gesellschaften auf der ganzen Welt stützt; Wissenschaftler und Techniker haben gerade einige Gruppen gebildet, um den Forderungen des militärisch-industriell-akademischen Komplexes zu widersetzen – das ist eine Erscheinung mit großem Potenzial; andere haben erkannt, dass universitäre Forschung und Lehre zu einem guten Teil von den Bedürfnissen der Privilegierten bestimmt sind, und versuchen, alternative Studiengänge, Aktionsprogramme sowie Lehr- und Forschungsprojekte zu organisieren, die intellektuell und moralisch überzeugender sind und den Charakter der Universitäten nicht durch eine Umgestaltung ihrer formalen Strukturen verändern sollen (die vergleichsweise unbedeutend sind), sondern dadurch, was die Studierenden und Lehrenden an der Universität tatsächlich tun, um das Leben jener, die eine solche Bildung durchlaufen, neu auszurichten; außerhalb der Universitäten gibt es direkten Widerstand gegen die Kriegsmaschinerie und Versuche, alternative gesellschaftliche Institutionen zu schaffen, die letztendlich als Keimzellen einer völlig neuen Gesellschaft dienen könnten; es gibt Versuche, in sich in einzelnen Stadtteilen oder Fabriken zu organisieren und zu lernen; und es gibt Menschen, die darangehen, eine politische Bewegung aufzubauen, die solche Versuche auf nationaler und sogar auf internationaler Ebene zusammenfasst. Man könnte noch weitere Beispiele aufzählen. Ich sehe keinen Widerspruch zwischen diesen verschiedenen Bemühungen. Man kann nicht voraussagen, welche erfolgreich

70. Seine Zeitschrift heißt seit 2001 *Critical Asian Studies*. — Anm. d. Übers.

sein werden, wie weit sie gehen werden, in welche Richtung sie sich aufgrund der jeweiligen Erfahrung entwickeln werden, oder was für eine Vision für eine neue Gesellschaft im Detail aus dem Denken und Handeln in dieser Richtung entstehen wird. Man kann allerdings voraussagen, dass die elitären und autoritären Tendenzen, für die Intellektuelle leider allzu anfällig sind, diese Versuche zunichte machen werden, wenn sie nicht energisch bekämpft werden. Man kann vorhersagen, dass nur eine Beteiligung der Massen an der Planung, Entscheidungsfindung und an der Umgestaltung gesellschaftlicher Institutionen – »das aktive, ungehemmte, energische politische Leben der breitesten Volksmassen« – die »geistige Umwälzung in den Massen« herbeiführen wird, welche die Voraussetzung jeglicher gesellschaftlichen Weiterentwicklung ist und die unzähligen Probleme der Umgestaltung unserer Gesellschaft auf eine menschliche Art und Weise lösen wird. Man kann auch vorhersagen, dass diese Bemühungen, wenn sie Ergebnisse zeitigen und ein bedeutendes Ausmaß erreichen, auf Unterdrückung und Gewalt stoßen werden. Ob sie dieser Gewalt standhalten können, wird davon abhängen, wie viel Stärke und Zusammenhalt sie entwickelt haben, als Teil einer allgemeinen, einheitlichen Bewegung mit starkem Rückhalt in verschiedenen Schichten der Bevölkerung, mit Unterstützung jener Menschen, deren Ideale und Hoffnungen durch diese Bewegung eine Form erhalten, und von den Gesellschaftsformen, die sie verwirklichen möchte.

Radikale Denker haben schon immer – und zu Recht – angenommen, dass effektives politisches Handeln, das fest etablierte gesellschaftliche Interessen bedroht, zu »Konfrontation« und Unterdrückung führt. Dementsprechend ist es ein Zeichen des intellektuellen Bankrotts in der Linken, wenn sie »Konfrontationen« herbeiführen wollen; es ist ein klares Anzeichen dafür, dass es ihr nicht gelungen ist, ein signifikantes gesellschaftliches Handeln zu organisieren. Ungeduld und Entsetzen angesichts krasser Gräueltaten kann Menschen dazu bringen, eine unmittelbare Konfrontation mit der Staatsgewalt zu suchen. Das kann in zweifacher Hinsicht äußerst sinnvoll sein: Erstens, indem dadurch die Interessen jener, die eine bestimmte Politik umsetzen, bedroht werden; und zweitens, indem dadurch anderen eine Realität ins Bewusstsein gerufen wird, die man nur allzu leicht verdrängt. Auf Konfrontationen hinzuarbeiten kann jedoch auch eine Art egoistischer Leidenschaft sein, die eine Bewegung für gesellschaftliche Veränderungen zunichte machen und sie in die Bedeutungslosigkeit oder in eine Katastrophe führen kann. Eine Konfrontation, die das Ergebnis einer wirksamen Politik ist, kann unvermeidlich sein, doch wenn man seine eigene Propaganda ernst nimmt, muss man versuchen, die Konfrontation so lange hinauszuschieben, bis man hoffen darf, sie erfolgreich durchzustehen – entweder im eben beschriebenen engeren Sinne oder, noch viel wichtiger, im Sinne von erfolgreichen, substanziellen Veränderungen der Institutionen. Besonders verwerflich ist die Vorstellung, Konfrontationen so zu gestalten, dass ahnungslose Beteiligte dahingehend manipuliert werden, eine Sicht der Dinge zu akzeptieren, die nicht einer sinnvollen Erfahrung oder echtem Verständnis entspringt. Das zeugt nicht nur von politischer Bedeutungslosigkeit, sondern auch – eben weil es sich um Manipulation und Zwang handelt – von einer Taktik, die nur einer Bewegung angemessen ist, die elitäre und autoritäre Organisationsformen erhalten möchte.

Die umgekehrte Gefahr ist die »Kooptation« – ebenfalls ein echtes Problem. Selbst mit dem radikalsten Programm kann man sich dieser Gefahr nicht entziehen. Ein Beispiel sind Forderungen von Arbeitern: Versuche, solche Forderungen umzusetzen, haben häufig nicht zu einer radikal verschiedenen Form der Betriebsleitung durch die Arbeiter geführt, sondern zur Verwaltung von Wohlfahrtsprogrammen oder sogar zu größerer Arbeitsdisziplin.[71] Jene, deren

---

71. vgl. den Beitrag zu diesem Band (*The New Left: A Collection of Essays*) von Paul Mattick. Einen informativen Überblick, der stark gegen radikale Hoffnungen eingenommen

Anliegen ein effizienteres »Management der Industrie« ist, sehen das als möglichen Zusatznutzen einer Räteorganisation. John T. Dunlop, ein Wirtschaftswissenschaftler von der Universität Harvard, der sich bei der Schlichtung von Arbeitskonflikten einen Namen gemacht hat, schreibt etwa in seinem Vorwort zu der Studie von Adolf Sturmthal:

> Sowohl in den entwickelten Staaten als auch in den Entwicklungsländern besteht großes Interesse an der Betriebsebene, an den Beziehungen zwischen dem Arbeiter, seinem Vorgesetzten und dem Arbeitnehmervertreter. Überall stellen Regierungen, Manager und Arbeiterorganisationen Überlegungen an, die Arbeitswilligkeit und -leistung zu steigern; sie untersuchen neue Ausbildungs- und Führungsmethoden, neue Maßnahmen, um die Arbeiterschaft zur Disziplin anzuhalten, auf Beschwerden zu reagieren und Proteste aufzulösen. Die Bandbreite der Erfahrung mit Arbeiterräten ist eine wichtige allgemeine Quelle für jeden, der Arbeitgeber-Arbeitnehmer-Beziehungen oder wirtschaftliche Institutionen gestalten oder verändern möchte.

Das gilt nicht nur für die Arbeiterräte, sondern in noch stärkerem Maße für jeden Versuch, bestehende Institutionen radikal zu verändern. Es wird sogar argumentiert, dass der Marxismus als soziale Bewegung vor allem dazu diente, das Proletariat »gesellschaftsfähig« zu machen und es besser in die Industriegesellschaft zu integrieren.[72]

ist, bietet Adolf Sturmthal: *Workers' Councils.* Harvard University Press, 1964.
72. vgl. beispielsweise Adam Ulam: *The Unfinished Revolution.* Random House, 1960. Ulam meint, dass »ein starkes Wachstum des Kapitalismus das Wachstum eines Marx'schen Sozialismus unter den Arbeitern fördert; aber eine rasche Ausrottung syndikalistischer und anarchistischer Tendenzen unter den Arbeitern durch den Marxismus kann auch zu einer blühenden Entwicklung des Kapitalismus beitragen! Folgende Lektion hat der Arbeiter aus dem Marxismus gelernt: Er arbeitet noch effizienter, da er die Unvermeidlichkeit der Industriearbeit samt allem, was dazu gehört, anerkennt; seine Klassenfeindschaft drückt sich nicht in Sabotage der Industrie und des politischen

Wenn man einen Plan nur deshalb ablehnt, weil er die Möglichkeit (oder sogar Wahrscheinlichkeit) einer Kooptation birgt, zeigt man jedoch nur, dass man gegen alles auch nur Vorstellbare ist.

Die Universitäten sind in beispiellosem Ausmaß zu einem Sammelplatz von Intellektuellen und der technischen Intelligenz geworden, der nicht nur Wissenschaftler und Forscher anzieht, sondern sogar Schriftsteller, Künstler und politische Aktivisten. Man kann über die Ursachen und Auswirkungen streiten, aber die Tatsache ist recht eindeutig. Die *Students for a Democratic Society* (SDS) haben in ihrer Erklärung von Port Huron die Hoffnung ausgedrückt, dass die Universität »ein potenzieller Stützpunkt und Akteur in der Bewegung für gesellschaftliche Veränderungen« werden könnte, indem sie »das politische zu einer Ergänzung des akademischen Lebens« macht, »von Vernunft geprägtes Handeln« ermöglicht und zum Entstehen einer echten neuen Linken beiträgt, die »eine Linke mit echten intellektuellen Fähigkeiten« sein wird, die »den Arbeitsmitteln der Überlegung und des Dialogs, der Aufrichtigkeit und der Reflexion verpflichtet« ist.[73] In der Neuen Linken halten viele diese Vorstellungen jetzt für einen Teil ihrer »liberalen Vergangenheit«, die sie im Lichte des neuen Bewusstseins, das sie nun erlangt haben, aufgeben müssen. Ich teile diese Einschätzung nicht. Die Linke muss unbedingt die gegenwärtige Gesellschaft, ihre langfristigen Tendenzen und mögliche alternative Formen gesellschaftlicher Organisation verstehen, und sie braucht eine fundierte Analyse, wie man gesellschaftliche Veränderungen herbeiführen kann. Objektive wissenschaftliche Forschung kann zu diesem Verständnis beitragen. Wir können nicht wirklich sagen, dass die Universitäten ehrliche, breit angelegte gesell-

---

Systems aus, das er zu erben hofft.« Kurz gesagt: Die revolutionäre Bewegung kann in auffallendem Gegensatz zu ihren Zielen zur Schaffung einer »Rasse geduldiger und disziplinierter Arbeiter« beitragen (Arthur Redford, zit. nach Ulam).

73. Teile dieser Erklärung findet man in M. Cohen, D. Hale (Hg.): *The New Student Left*. Neuauflage. Beacon Press, 1967.

schaftliche Forschung nicht zulassen werden, die – wie viele von uns meinen – zu radikalen Schlussfolgerungen führen wird, wenn sie ernsthaft, vorurteilsfrei und unabhängig vorgenommen wird. Wir wissen es nicht, weil es bisher kaum solche Versuche gegeben hat. Das Haupthindernis war bisher die mangelnde Bereitschaft der Studierenden, die mühsame Arbeit auf sich zu nehmen, die dazu nötig ist, und die allgemeine Angst des Lehrenden, dass die Struktur ihres Berufsstandes bedroht werden könnte. Es mag bequem sein, aber es wäre falsch – zumindest bis jetzt –, so zu tun, als wäre das Problem die mangelnde Bereitschaft der Kuratorien und Verwaltungen der Universitäten, solche Versuche zu tolerieren. Es hat natürlich Fälle von Repression gegeben, und diese sind zu verurteilen, aber sie sind nicht der Kern des Problems. Meines Erachtens wird die Bewegung in dieser Hinsicht von gewissen Phantasien geplagt. Nehmen wir zum Beispiel die These eines gut informierten Aktivisten, dass es das Ziel der Agitation an der Universität sein sollte, einen »antiimperialistischen Kampf aufzunehmen, bei dem die Hochschulverwaltung ein klarer Feind ist«.[74] Das ist viel zu einfach. In Wirklichkeit sind die Universitäten – zumindest die »Elite«hochschulen – ziemlich dezentral organisierte Institutionen, in denen die wichtigsten Entscheidungen über Forschung und Lehre von den Lehrenden getroffen werden, und zwar meistens auf Instituts- oder Fakultätsebene, auch wenn man das auf den Organigrammen nicht erkennen kann. Erst wenn ein ernsthafter und engagierter Versuch, Alternativen innerhalb der Universität zu schaffen, durch einen Befehl der Verwaltung (oder durch eine Intervention des Kuratoriums) unterbunden wird, wäre diese Einschätzung angemessen. Zurzeit stellen solche Fälle noch Ausnahmen dar. Das große Problem ist, wie gesagt, der Mangel an ernsthaften Versuchen. Es wäre keine allzu große Überraschung fest-

---

74. *New Left Notes*, 11. Dezember 1968. Es fällt mir schwer zu glauben, dass der Autor, der Harvard gut kennt, Nathan Pusey wirklich für den Vertreter des Imperialismus auf dem Campus hält.

zustellen, dass sein solcher Versuch unterbunden wird – obwohl ich mir vorstellen könnte, dass der Lehrkörper ein größeres Hindernis ist als Kuratorien und Verwaltung. Auch in diesem Fall könnte es infolge effektiver, prinzipientreuer und sinnvoller Aktionen zu einer Konfrontation kommen. Man sollte die Konfrontation nicht suchen, zum richtigen Zeitpunkt aber auch nicht scheuen.

Um nur ein Beispiel zu nennen: Wenn ein Versuch erfolgreich ist, die Studierenden zu organisieren, um sinnvolle Alternativen zur Untergrabung ihrer Fachrichtungen zu finden, ist durchaus anzunehmen, dass ihre Aktionen als »illegale Verschwörung« bezeichnet werden, da sie eben die »Gesundheit des Staates« gefährden, wie bereits beschrieben. In dem Moment sind die Organisatoren der Bewegung mit der Notwendigkeit konfrontiert, Widerstand zu leisten. Sie werden Aktionsformen entwickeln müssen, um die Repression zu bekämpfen, wenn ihre Politik tatsächlich fest etablierte gesellschaftliche Kräfte so sehr bedroht, dass sie zur Repression übergehen.

Intellektuelle haben viele verschiedene Möglichkeiten, sich an einer echten Bewegung für soziale Veränderung zu beteiligen, und meines Erachtens sind dabei bestimmte allgemeine Grundsätze ganz klar. Sie müssen bereit sein, den Tatsachen ins Auge zu sehen und dürfen sich nicht bequemen Phantasien hingeben.[75] Sie müssen bereit sein, die schwierige und ernsthafte geistige Arbeit zu leisten, die dafür nötig ist, einen echten Beitrag zum Verständnis zu leisten. Sie müssen der Versuchung widerstehen, sich einer unterdrückerischen Elite anzuschließen und müssen den Massen dabei helfen, eine Politik zu machen, die den starken Tendenzen in Richtung Zentralisierung und Autoritarismus entgegenwirkt, um diese einzuschränken und letztlich zu ersetzen; diese Tendenzen sitzen tief, aber sie sind durchaus zu überwinden. Sie müssen bereit sein, sich

75. Erinnern wir uns an George Orwells peinlich genaue Beschreibung: »Besonders unter der Linken ist politisches Denken eine Art Masturbationsphantasie, in der die Welt der Tatsachen kaum eine Rolle spielt.«

Repressionen zu stellen und die Werte, zu denen sie sich bekennen, aktiv zu verteidigen. In einer modernen Industriegesellschaft gibt es viele Möglichkeiten für eine aktive Beteiligung der Bevölkerung an der Kontrolle der wichtigsten Institutionen und an der Umgestaltung des gesellschaftlichen Lebens. Die Herrschaft einer technokratischen, leistungsorientierten Schicht als Verbündete oder als Büttel einer Wirtschaftselite ist nicht unvermeidlich, aber auch nicht unwahrscheinlich. Wir wissen noch zu wenig, als dass wir eine auch nur halbwegs zuverlässige Prognose abgeben könnten. Bis zu einem gewissen Grad können wir die Zukunft schaffen, und nicht nur den Ablauf der Ereignisse verfolgen. Angesichts dessen, was auf dem Spiel steht, wäre es eine große Schande, diese echten Chancen unversucht verstreichen zu lassen.

2. Ausnahmen bestätigen die Regel (1978)

Eine Rezension von Michael Walzer: *Just and Unjust Wars.*
New York: Basic Books, 1977. Übersetzung von Christiane
Ferdinand: *Gibt es den gerechten Krieg?* Klett-Cotta, 1982.

Wann ist es in internationalen Angelegenheiten gerechtfertigt, zu
Gewalt zu greifen? Was ist bei der Kriegsführung legitim? Diese
Fragen werfen schwierige Probleme der ethischen Beurteilung und
der historischen Analyse auf. Michael Walzer behauptet ganz zu
Recht, dass man, außer »nur die Urteile und Rechtfertigungen zu
beschreiben, welche die Menschen häufig vorbringen, auch ihre
moralischen Ansprüche analysieren [kann, um] festzustellen, ob
sie in sich schlüssig sind, und die Prinzipien herausarbeiten [kann],
für die sie stehen.« Es ist sein Ziel, eine bestimmte Vorstellung von
unserer »moralischen Welt« zu entwickeln und daraus bestimmte
Urteile über geschichtliche Ereignisse sowie konkrete Kriterien zur
Lösung zukünftiger Streitfragen abzuleiten.

Zu diesen Fragen gibt es bestimmte Überzeugungen, die so weit
verbreitet sind, dass man sie als »Standard« bezeichnen kann. Was
die Frage nach dem Einsatz von Gewalt betrifft, besagt die Standarddoktrin, dass er zur Selbstverteidigung oder als Reaktion auf einen
unmittelbar bevorstehenden bewaffneten Angriff gerechtfertigt
ist, und dazu wird häufig der Kommentar von Daniel Webster zur
Caroline-Affäre herangezogen, den auch Walzer zitiert: »... unmittelbar, ohne Entscheidungsspielraum und ohne Zeit für Überlegungen«. Walzer nennt diesen Teil der Standarddoktrin das »legalistische

Paradigma«. In Hinblick auf den Einsatz von Gewalt ist ein anderer Teil der Standarddoktrin das, was Walzer »die Kriegskonvention« nennt, die besagt, dass man Gefangene nicht abschlachten soll, dass Zivilisten nicht direkt angegriffen werden dürfen, und ähnliche Prinzipien.

Die Standarddoktrin, die in verschiedenen internationalen Übereinkommen festgeschrieben ist, hält fest, dass sowohl Krieg als auch die Mittel der Kriegsführung in den Bereich eines moralischen Diskurses fallen. Im Zusammenhang mit dem Vietnamkrieg, der Walzers Interesse für diese Fragen weckte, gab es ausführliche Diskussionen über diese Prinzipien. Obwohl es regelmäßig Verstöße gegen die Standardtheorie gibt, ist es doch ein lohnendes Unterfangen, sie zu bewerten und zu verbessern.

Walzer argumentiert, dass das legalistische Paradigma in bestimmten Punkten zu restriktiv ist. In anderen Punkten interpretiert er es jedoch – genauso wie die Kriegskonvention – sehr restriktiv. Für Walzer ist der Kampf gegen die Achsenmächte in Europa während des Zweiten Weltkrieges »das Paradebeispiel ... eines gerechten Kampfes«; er meint, dass der Nationalsozialismus »eine äußerst zugespitzte Notlage darstellt, in der wir uns wohl in Angst und Abscheu vereint finden«. Dennoch verurteilt er die Entscheidung von Churchill, die Hoheitsgewässer des neutralen Norwegen zu verminen, um Erzlieferungen an Nazideutschland zu verhindern, nach dem legalistischen Paradigma als unrechtmäßig, und die Flächenbombardements (»Terrorangriffe«) gegen deutsche Städte bezeichnet er als schweren Verstoß gegen die Kriegskonvention. Wie diese Beispiele zeigen, legt er die Standarddoktrin streng aus, selbst im extremen Fall des Kampfes gegen den Nationalsozialismus.

Walzer weist darauf hin, dass es im Rahmen seiner Studie nicht möglich ist, eine ausgefeilte historische Argumentation zu liefern, doch die genannten Schlussfolgerungen erscheinen zumindest mir recht angemessen. Außerdem stellt Walzer zu Recht weit verbreitete

Ansichten – beispielsweise über Flächenbombardements – in Frage. Dabei sei nur an den grundlegenden moralischen Makel der Nürnberger Prozesse erinnert, den Telford Taylor mit seiner Bemerkung zu Nürnberg und Vietnam drastisch aufzeigte: Es gebe »keine Grundlage für eine Anklage gegen die deutsche oder die japanische Führung« wegen der Flächenbombardements, weil »beide Seiten das schreckliche Spiel der Zerstörung der Städte gespielt hatten – und die Alliierten viel erfolgreicher«. Es stellt sich also heraus, dass die in der Praxis maßgebliche Definition eines »Kriegsverbrechens« lautet, dass es sich dabei nur um kriminelle Handlungen handle, die ein besiegter Feind begangen hat, aber nicht um kriminelle Handlungen der Sieger. Die Folgen dieser moralischen Haltung sollte man bald in Korea und in Vietnam sehen. Es wäre naiv anzunehmen, dass eine ernsthafte moralische Kritik weitere Verbrechen, die nach den Nürnberger Prinzipien geduldet (oder ignoriert) wurden, verhindern hätte können. Dennoch zeigt das Beispiel, wie schwierig das Unterfangen von Walzer ist.

Selbst die umfassendste Rechtfertigung der Standarddoktrin wäre nur bedingt sinnvoll, da sie im Prinzip weithin akzeptiert wird, wenn auch nicht in der Praxis. Daher sind an dem Buch von Walzer vor allem seine Vorschläge zu Veränderungen und Präzisierungen interessant, wie bei seiner restriktiven Auslegung der Kriegskonvention. Noch wichtiger an seinem Buch ist der Teil, in dem er die Abweichungen von der Standarddoktrin anführt, um zu argumentieren, dass man ihre Beschränkungen lockern soll, denn die Beweislast liegt ja bei jenen, die Gewalt einsetzen. Damit wären wir beim legalistischen Paradigma des gerechtfertigten Einsatzes von Gewalt.

Walzer schlägt vier Änderungen vor, um das legalistische Paradigma zu erweitern. Drei davon »haben folgende Form: man kann in ein Land einmarschieren und gerechte Kriege beginnen, um Abspaltungsbewegungen zu unterstützen (sofern diese sich als repräsentativ erweisen), um vorhergegangene Interventionen anderer Mächte auszugleichen und um Völker vor einem drohenden Massaker zu retten.« Diese Erweiterungen erörtert er unter der Überschrift »humanitäre Intervention«. Walzer sagt, dass »eindeutige Beispiele von so genannten ›humanitären Interventionen‹ äußerst selten sind. Ich habe tatsächlich keines gefunden, sondern nur gemischte Fälle, in denen das humanitäre Motiv nur eines von mehreren ist.« Den einzigen Fall, den er als mögliches Beispiel anführt, ist der indische Einmarsch in Bangladesch, da er »eine eng und begrenzt definierte Rettungsaktion war« und die indischen Truppen »rasch einmarschierten und sich rasch wieder zurückzogen«. Dann ist da noch ein ernsthafter Vorschlag für die Lockerung der Bestimmungen der Standarddoktrin, und die Bedeutung des Buches von Walzers liegt daher zu einem guten Teil an diesem entscheidenden Beispiel. Es handelt sich um den Fall des »Präventivschlages«. Walzer akzeptiert »die moralische Notwendigkeit, jeden Angriff abzulehnen, der ausschließlich präventiven Charakter trägt und nicht auf vorsätzliche Handlungen des Gegners wartet oder reagiert« (daher verurteilt er die Verminung der norwegischen Gewässer). Er meint jedoch, dass die Caroline-Doktrin zu eng gefasst sei. Er schlägt vor, dass Präventivschläge gerechtfertigt seien, wenn »eine offenkundige Schadensabsicht besteht, ein gewisses Maß aktiver Vorbereitungen, die diese Absicht zu einer realen Gefahr machen, sowie eine allgemeine Lage, in der Abwarten oder alles Andere als Kämpfen das Risiko erheblich verschärft.«

Dafür führt er ein einziges Beispiel an: den israelischen Präventivschlag vom 5. Juni 1967. Dieser sei nach Walzer »ein klarer Fall eines legitimen Zuvorkommens«, und zwar der einzige, den er – in seinem Überblick über 2500 Jahre Geschichte – anführt, um zu veranschaulichen, dass Staaten sogar dann Gewalt anwenden dürfen, wenn sie selbst zuvor nicht direkt militärischer Gewalt ausgesetzt waren. Israel sei 1967 »das Opfer eine Aggression« gewesen, behauptet Walzer, obwohl es nicht von einer militärischen Handlung betroffen war. Mehr noch: In diesem Fall dürfe »keinerlei Zweifel« bestehen, wie Walzer in der folgenden erstaunlichen Passage schreibt:

> Die Theorie wird trotz der listigen Akteure oft genug einfach angewendet. Es lohnt sich, einige Fälle festzuhalten, bei denen meines Erachtens keinerlei Zweifel besteht: der deutsche Angriff auf Belgien im Jahr 1914, die italienische Eroberung Äthiopiens, der japanische Angriff auf China, die deutsche und italienische Intervention in Spanien, der russische Einmarsch in Finnland, die nazideutschen Eroberungen der Tschechoslowakei, Polens, Dänemarks, Belgiens und Hollands, der russische Einmarsch in Ungarn und in der Tschechoslowakei und die ägyptische *Herausforderung* an Israel im Jahr 1967. (Hervorhebung Noam Chomsky)

Die ägyptische »Herausforderung« Israels sei also ein klarer Fall von »Aggression«, der mit dem direkten Einsatz von Waffengewalt – bei dem es sich in jedem der anderen genannten Fälle handelt – auf einer Stufe stehe. Nach Walzer versagt das legalistische Paradigma, weil es im Lichte der Caroline-Doktrin Israels Reaktion auf diese »Aggression« nicht akzeptiert.

Man beachte, dass dieses Beispiel für die Argumentation von Walzer entscheidend ist. Er lässt 2500 Jahre Geschichte Revue passieren und bringt dabei die ägyptische Herausforderung von 1967 als das einzige Beispiel für eine »Aggression« ohne direkte Gewaltanwendung; dennoch handle es sich nicht um ein mehrdeutiges Beispiel, sondern um eines, bei dem es »keinerlei Zweifel« gebe. Der israelische Präventivschlag wird als das einzige historische Beispiel angeführt, um zu zeigen, dass man das legalistische Paradigma verändern muss, um ein »Zuvorkommen« gestatten. Außerdem ist dies die einzige Veränderung, die angeblich eindeutige historische Beispiele betrifft, bei denen es um eine Lockerung der Standarddoktrin geht. Was Walzer hier vorschlägt ist, wie er selbst bemerkt, »eine bedeutende

Änderung des legalistischen Paradigmas, denn sie bedeutet, dass man eine Aggression selbst in Fällen ausmachen kann, in denen es keinen militärischen Angriff oder Einmarsch gibt, und sogar in Fällen, in denen (wahrscheinlich) auch keine unmittelbare Absicht eines solchen Angriffes oder Einmarsches besteht.« Angesichts der Beweislast, die diesem Beispiel hier zukommt, wäre eine eingehende Untersuchung der historischen Tatsachen durchaus angebracht, aber Walzer nimmt keine solche Untersuchung vor. Er behauptet einfach, dass die israelischen Befürchtungen »erstens als nahezu klassisches Beispiel einer ›berechtigten Sorge‹ erscheint, da Israel wirklich in Gefahr war … und zweitens, weil die militärischen Maßnahmen [von Nasser] keinem anderen, begrenzteren Ziel dienten«.

Israelische Generäle sehen das ganz anders. Der damalige Kommandant der Luftwaffe, General Eser Weizmann, erklärte, dass er der Behauptung durchaus zustimmen könne,

> dass die Existenz des Staates Israel nicht bedroht gewesen ist. Das heißt aber nicht, dass man auf den Angriff gegen die Ägypter, die Jordanier und die Syrier verzichten hätte können. Hätten wir das getan, würde der Staat Israel in der Größe, dem Geist und der Qualität, den er jetzt verkörpert, nicht mehr bestehen … Wir begannen den Sechstagekrieg, um eine Stellung zu sichern, in der wir unser Leben hier nach unseren eigenen Wünschen und ohne äußeren Druck einrichten können.

Amnon Kapeliouk, der Korrespondent von *Le Monde* in Israel, zitiert entsprechende Aussagen des Generals Matitjahu Peled und des ehemaligen Generalstabschefs Chaim Bar-Lev und schreibt, dass »niemand ernsthaft gegen die These der drei Generale argumentiert«. Amerikanische Geheimdienstquellen bestätigen diese Einschätzungen. Sie haben keine Beweise gefunden, dass Ägypten einen Angriff plante, und sie gingen davon aus, dass Israel mühelos siegen würde, gleich wer den ersten Schlag führte. Der Vorsitzende der *Joint Chiefs of Staff* der

Vereinigten Staaten berichtete dem amerikanischen Präsidenten am 26. Mai, dass Israel die Mobilmachung ohne größere Schwierigkeiten zwei Monate lang aufrechterhalten könne. »Aus militärischer Sicht ist die Zeit also nicht abgelaufen.«[76]

General Weizmanns Rechtfertigung des Präventivschlags ähnelt dem Argument von Bethmann Hollweg, dem deutschen Kanzler, nach dem Angriff auf Belgien im Jahr 1914:

> Wir wußten aber, daß Frankreich zum Einfall bereit stand. Frankreich konnte warten, aber wir nicht. Ein französischer Einfall in unsere Flanke am unteren Rhein hätte verhängnisvoll werden können. So waren wir gezwungen, uns über den berechtigten Protest der belgischen ... Regierung hinwegzusetzen. Wer so bedroht ist wie wir und um sein Höchstes kämpft, der darf nur daran denken, wie er sich durchhaut![77]

Walzer weist diese Rechtfertigung begründet zurück, indem er darauf hinweist, dass nicht alle Optionen außer der militärischen ausgeschöpft waren, und spottet über den Verweis auf Deutschlands »Höchstes«, mit dem für ihn »Ruhm und Ehre« gemeint sind (siehe auch Weizmanns »Größe, Geist und Qualität«). Walzer besteht darauf, dass »die bloße Machtvermehrung keine Rechtfertigung oder auch nur der Beginn der Rechtfertigung für einen Krieg sein kann«. Man kann zweifellos Unterschiede, vielleicht sogar entscheidende Unterschiede, zwischen dem israelischen und dem deutschen Angriff sehen, oder zwischen dem israelischen Angriff und dem russischen Einmarsch in Finnland, einem weiteren eindeutigen Beispiel für eine Aggression (obwohl – wie auch Walzer eingesteht – die Verteidigung Leningrads gegen einen möglichen deutschen Angriff auf dem

76. William Quandt: *Decade of Decisions: American Policy Toward the Arab-Israeli Conflict, 1967–1976*. University of California Press, 1977.
77. Friedrich Wilhelm Karl Thimme (Hg.): *Bethmann Hollwegs Kriegsreden*. Deutsche Verlagsanstalt, 1919, S. 9.

Spiel stand, und Russland einmarschierte, nachdem Finnland einen Gebietsaustausch abgelehnt hatte, und damit womöglich Leningrad vor einer Einkreisung rettete, als die Nazis schließlich angriffen). Zwei Punkte sind erwähnenswert. Erstens befasst sich Walzer nicht ernsthaft mit dem entsprechenden geschichtlichen Hintergrund. Das ist ein bemerkenswerter Fehler angesichts des entscheidenden Stellenwertes des israelischen Angriffes für seine Argumentation sowie seiner Behauptung, dass die moralische Scheidelinie zwischen dem israelischen Angriff einerseits und dem deutschen sowie dem russischen Angriff andererseits verlaufe, und dass all diese Fälle »eindeutig« seien. Zweitens würde eine ernsthafte Untersuchung des Falles von 1967 sofort zeigen, dass es da entgegen Walzers Behauptungen durchaus Zweifel und Unklarheiten gibt.

Walzer legt nur die israelische Version der Ereignisse dar, die zum Krieg von 1967 führten. Er ignoriert nicht nur die arabische Version, sondern auch die wohlbekannten Analysen von Beobachtern, die keiner der beiden Seiten zuzuordnen sind. Er verschweigt den israelischen Angriff auf das jordanische Dorf as-Samu' im November 1966, der achtzehn Todesopfer forderte. Er sollte eine »Vergeltungsmaßnahme« für Terroranschläge sein, die angeblich von Syrien ausgingen, und wurde von der UNO – einschließlich der Vereinigten Staaten – verurteilt. Außerdem schweigt er über das Feuergefecht vom 7. April 1967, das »zuerst zu einer Intervention der israelischen und dann der syrischen Luftwaffe führte, [dann] tauchten israelische Flugzeuge über den Vororten von Damaskus auf und schossen sechs syrische Flugzeuge ab«, wobei es keine israelischen Verluste gab.[78]

Walzers uneingeschränkte Behauptung, dass die Maßnahmen von Nasser kein geringeres Ziel hatten, als Israel zu gefährden, steht in krassem Widerspruch zu vielen anderen Beobachtern. Yost hält beispielsweise diverse hetzerische Aussagen aus Israel fest, die »durchaus

---

78. Charles W. Yost, »The Arab-Israeli War«, *Foreign Affairs*, Januar 1968. Jost bezeichnet diese Ereignisse als »Auftakt zum Sechstagekrieg«.

der Funke sein konnten, die den seit langem angesammelten Zunder in Brand steckten«, und erörtert, welchen Schwierigkeiten Nasser ausgesetzt war, »da er nach as-Samuʿ und den Ereignissen vom 7. April stillgehalten hatte«. Walzer erwähnt, dass Ägypten die UNO-Truppen, die auf dem Sinai stationiert waren, ausgewiesen und die Straße von Tiran für israelische Schiffe geschlossen hatte. Er verschweigt aber, dass Israel nie die Stationierung von UNO-Truppen auf seiner Seite der Grenze akzeptiert hatte und das Gesuch des UNO-Generalsekretärs ablehnte, dies zuzulassen, nachdem Ägypten eine teilweise Evakuierung der UNO-Truppen von seinem Territorium angeordnet hatte. (Die UNO-Truppen in Scharm el-Scheich durften bleiben.) Wenn für die Sperre der Straße von Tiran dieselbe Logik gilt, die Walzer im Fall des deutschen Angriffs auf Belgien anwendet, sieht man, dass da nicht alle Möglichkeiten einer friedlichen Beilegung des Konfliktes ausgeschöpft wurden. Man hätte den Fall beispielsweise dem Internationalen Gerichtshof vorlegen können, wie Ägypten seit 1957 gefordert hatte. Israel hat diesen Vorschlag stets abgelehnt, vielleicht weil es John Foster Dulles zustimmte, dass »die [arabischen] Ansprüche aus völkerrechtlicher Sicht womöglich bis zu einem gewissen Grad plausibel sind« (obwohl die Vereinigten Staaten dem nicht zustimmen).

Nasser hatte scheinbar durchaus Grund zur Sorge, als der israelische Premierminister Levi Eschkol erklärte, dass »wir zuschlagen werden, wo und wie wir es wollen«, oder als er hörte, wie der israelische Chef des militärischen Geheimdienstes Aharon Jariv vor der Weltpresse erklärte: »Meines Erachtens ist die einzige sichere und gewisse Antwort auf diese Frage eine groß angelegte militärische Operation« gegen Syrien. Nasser spielte in seiner Rede am 23. Mai auf diese Aussagen an, als er auf die zahlreichen israelischen Drohungen gegen Syrien hinwies. Und die Erinnerung an den israelischen Überraschungsangriff im Jahr 1956, als Ägypten sich gerade ernsthaft bemühte, die Grenze zu befrieden, mag seine Sorgen verständlicher Weise vergrößert haben.

Ich bleibe mit meinen Bemerkungen hier ganz an der Oberfläche des Problems. Worum es geht, ist, dass die historischen Ereignisse viel komplexer und mehrdeutiger sind, als Walzer sie darstellt. Seine Behauptung, dass die ägyptische »Herausforderung« ein klarer und zweifelsfreier Fall von »Aggression« sei, auf einer Stufe mit den Eroberungen der Nazis in Europa, ist kaum ernst zu nehmen. Zudem ignoriert er die Folgen des israelischen Angriffes. Ganz anders als im Fall von Bangladesch zog sich die israelische Armee nicht zurück. Vielmehr bereitete sie eine anhaltende Besetzung vor, wobei ganz offen eine Politik formuliert wurde, die schließlich auf die Annexion einiger Gebiete abzielte, Ostjerusalem tatsächlich annektiert und ein Programm zur Besiedelung und Integration der besetzen Gebieten begonnen wurde, das trotz nahezu einstimmiger internationaler Verurteilung fortgesetzt wird.

Während des israelischen Angriffes im Jahr 1967 flohen rund 200 000 Araber aus dem Westjordanland, und noch einmal so viele flohen nach dem Waffenstillstand oder wurden gewaltsam vertrieben. Noch viele Monate später »förderten die Israelis ihre Ausreise mit verschiedensten Mitteln, genauso wie sie es 1948 getan hatten«, berichtet der UNO-Stabschef General Odd Bull. Noch im November, schreibt er weiter, »flohen zweifellos viele Tausend Araber über den Jordan nach Osten, obwohl es keine genauen Beweise für die Methoden gibt, mit denen sie zur Ausreise gezwungen wurden.« So wurde das Land von einem großen Teil seiner Bevölkerung »befreit«. Die Israelis errichteten in den eroberten Gebieten ein Militärregime, das sich von ähnlichen Regimes nur dadurch unterscheidet, dass es in den Vereinigten Staaten eine gute Presse hat. All diese Folgeerscheinungen sind für die Bewertung des israelischen Angriffs relevant, so wie Walzer es in anderen Fällen, die er erörtert, sicher auch sehen würde.

Ich konzentriere mich auf dieses besondere Beispiel, weil es entscheidend für die Struktur von Walzers Darstellung seiner »moralischen Welt« ist. Ohne diesen Fall bleibt Walzer kein einziges substanzielles historisches Beispiel, anhand dessen er zeigen könnte, dass die Abweichungen von dem legalistischen Paradigma, die er empfiehlt, nicht rein akademisch sind, d. h. dass sie reale historische Ereignisse abdecken. Das soll nicht heißen, dass die Diskussion sinnlos ist; selbst eine rein abstrakte Erörterung dieser Fragen ist von Interesse, aber dann handelt es sich nicht mehr um »eine moralische Erörterung mit historischen Beispielen«, wie der Untertitel des Buches lautet, zumindest was das entscheidende Problem betrifft, die Restriktionen der Standarddoktrin zu lockern. Was vorliegt, ist vielmehr eine reine moralische Behauptung ohne jeglichen Zusammenhang mit eindeutigen Fällen aus der Geschichte.

Walzers Analyse von »Vergeltungsmaßnahmen in Friedenszeiten« könnte man ebenfalls als Lockerung der Standarddoktrin auffassen. Er meint, dass »Vergeltungsmaßnahmen eindeutig von der Praxis der Nationen sanktioniert sind, und der (moralische) Grund für diese Praxis scheint so triftig wie eh und je«. Sein moralisches Argument ist eher schwach; es ist kaum mehr als eine Behauptung. Bei seinem einzigen Beispiel für eine »legitime Vergeltungsmaßnahme« geht es wieder um Israel, dieses Mal um den israelischen Luftangriff auf Beirut im Jahr 1968, bei dem als Vergeltung für einen Angriff von zwei Terroristen auf ein israelisches Flugzeug in Athen dreizehn Zivilflugzeuge zerstört wurden. Die Vergeltung war in Wirklichkeit kaum erfolgreich: Sie »löste rege Sympathie für die Palästinenser im Libanon aus und machte die Öffentlichkeit stärker auf ihre Aktivitäten aufmerksam«,[79] wie eigentlich vorauszusehen war. Walzers Argument wäre vielleicht zutreffender, würde er einige logische Schlüsse aus seiner Position ziehen, zum Beispiel, dass es durchaus angemessen wäre, wenn kubanische Kommandotruppen als Vergeltung für die Terrorakte, die von den Vereinigten Staaten ausgehen, Verkehrsflugzeuge am Flughafen von Washington zerstören würden.

79. John Cooley: *Green March, Black September: The Story of the Palestinian Arabs*. Frank Cass Publishers, 1973.

Walzer bringt auch ein Beispiel einer unzulässigen Vergeltungsmaßnahme Israels, nämlich den Angriff eines Kommandotrupps auf
das jordanische Dorf Qibya im Jahr 1953, bei dem als Reaktion auf
einen terroristischen Mord in Israel, der keine Verbindung zu diesem Dorf hatte, mehr als vierzig Bewohner getötet wurden. Walzer
kommt zu dem Schluss, dass in diesem Fall »die Tötungen krimi-
nell waren«, aber das schärfste Urteil, das er sich gestattet, ist dass
»gewisse israelische Reaktionen tatsächlich fragwürdig sind, denn
es ist schwierig, in solchen Situationen die richtige Entscheidung
zu treffen«. Walzer erklärt an keiner Stelle, warum er seine Verurteilungen von Terroranschlägen gegen Israel nicht ähnlich differenziert
abstuft. Im März 1954 wurden beispielsweise elf Israelis in einem Bus
im Negev ermordet; es war der schlimmste arabische Anschlag seit
der Staatsgründung. Als Reaktion griff die israelische Armee das
jordanische Dorf Nahhalin an (das in keiner Weise beteiligt war)
und tötete neun Dorfbewohner. Für Walzer ist die israelische Vergeltung lediglich »fragwürdig«. Warum aber war der vorhergehende
arabische Anschlag nicht ebenso bloß »fragwürdig«? Und warum
werden die Angehörigen der israelischen Kommandotrupps nicht als
»Verbrecher und Fanatiker« bezeichnet, wie Walzer die arabischen
Terroristen nennt? (Der zitierte Artikel erschien in der *New Republic*.)
Bei dem Massaker an den Busreisenden waren die eigentlichen Täter
Angehörige eines Beduinenstammes, den die israelische Armee in die
Wüste vertrieben hatte, und das war damals auch bekannt. Von 1949
bis 1954, als Israel in die entmilitarisierten Zonen eindrang, wurden
mehr als siebentausend dieser Beduinen vertrieben. Walzer sollte
zugeben, dass es ebenso »schwierig ist, die richtige Entscheidung zu
treffen«, wenn Menschen aus ihren Wohnstätten, von ihrem traditionellen Weideland und ihren Wasserstellen vertrieben und mittellos
in der Wüste sich selbst überlassen werden. Ebenso schwierig ist es,
»die richtige Entscheidung zu treffen«, wenn in derselben Region
Tausende Bauern aus ihren Dörfern vertrieben, die Dörfer zerstört

und planiert werden, so wie es in den letzten Jahren geschehen ist; und diese Aktionen werden in dem Augenblick, da ich diese Zeilen schreibe, fortgesetzt, auch wenn die amerikanische Presse sich darüber ausschweigt.

Walzer erörtert den Terrorismus, doch seine Darstellung weist große Schwächen auf. Er bringt ein wichtiges Argument: Die Tendenz, den Begriff »Terrorismus« nur auf »revolutionäre Gewalt« anzuwenden, sei »ein kleiner Sieg für die Verfechter der Ordnung, denen der Einsatz von Terrormaßnahmen keineswegs fremd ist«. Es ist tatsächlich bemerkenswert zu beobachten, wie der Begriff in den letzten Jahren so eingeschränkt wurde, dass er staatlich organisierten Terrorismus nicht mehr inkludiert. Walzer behauptet, dass »moderne Terrorkampagnen sich meist auf Menschen konzentrieren, deren nationale Existenz äußerst prekär geworden ist: auf die Protestanten in Nordirland, die Juden in Israel, usw.«. In weiterer Folge entwickelt er folgende »eindeutige historische Schlussfolgerung: Terrorismus im engeren Sinne, die wahllose Ermordung unschuldiger Menschen als Strategie des revolutionären Kampfes, ist erst in der Zeit seit dem Zweiten Weltkrieg entstanden.«

Seine »eindeutige historische Schlussfolgerung« ist jedoch eindeutig falsch, wie schon ein kurzer Blick auf sein Lieblingsbeispiel zeigt. Im Juli 1938 ermordete der *Irgun Zva'i Le'umi*, der den Idealen von Menachem Begins Mentor Wladimir Se'ev Jabotinsky folgte und später von Begin selbst geführt wurde, bei Terroranschlägen auf arabischen Märkten und anderen öffentlichen Plätzen in nur drei Wochen 76 Araber. Vor dem Zweiten Weltkrieg gab es viele ähnliche Beispiele: Bombenanschläge auf arabische Kinos, Angriffe von Scharfschützen gegen arabische Viertel und Züge mit arabischen Reisenden etc. Die Propagandisten der jüdischen Terrorgruppen sonnten sich im Ruhm dieser Triumphe. Einer der Helden von *Cherut* – der Partei des derzeitigen Ministerpräsidenten von Israel – ist ein Mann, der auf einen arabischen Bus schoss und dafür von den Briten gehenkt wurde.

(Die wichtigste paramilitärische Kraft der Juden in Palästina wendete nicht systematisch wahllosen Terror an, lehnte den Terror aber auch nicht rundweg ab. Um nur ein Beispiel zu bringen: Die offizielle Geschichtsdarstellung der *Hagana* beschreibt, wie die Organisation im Jahr 1924 den orthodoxen jüdischen Dichter Dr. Jacob Israël de Haan ermordete, und auf derselben Seite beschreibt sie, wie die *Hagana* als Vergeltung für die Belästigung jüdischer Gläubiger durch arabische Jugendliche das Haus eines Arabers in der Nähe der Jerusalemer Klagemauer zerstörte; die Bombe forderte keine Opfer, »da die Bewohner des Hauses zufällig nicht da waren«.)[80]

Entgegen der Behauptungen von Walzer ist die wahllose Ermordung unschuldiger Menschen keine Erfindung der Provisional IRA oder der PLO nach dem Zweiten Weltkrieg. Seine Darstellung von »Menschen, deren nationale Existenz äußerst prekär geworden ist«, kommt gut an, aber sie trifft auf die Araber in Palästina nicht weniger zu als auf »die Juden in Israel«.

Die besondere Stellung Israels in Walzers »moralischer Welt« zeigt sich auch in seiner Erörterung der Kriegskonvention – jenen Prinzipien, die gelten, sobald ein Krieg im Gange ist. Er stellt die Befehle, die in Mỹ Lai gegeben wurden, jenen gegenüber, die den israelischen Truppen bei der Eroberung von Nablus im Junikrieg von 1967 gegeben wurden, und zitiert dabei aus einem Buch, das Gespräche unter israelischen Soldaten wiedergibt. Er geht offenbar davon aus, dass dieses Werk die objektivste Quelle für die humane Praxis der israelischen Armee ist, was nicht unbedingt auf der Hand liegt. Doch abgesehen davon hätte er aus diesem Buch durchaus andere Beispiele bringen können, beispielsweise das Dorf Latrun, das von der israelischen Armee zerstört und dessen Bewohner ins Exil vertrieben wurden. Er hätte auch noch einen Schritt weiter gehen und den Augenzeugenbericht des israelischen Journalisten Amos Kenan

---

80. Jehuda Slutzki יהודה סלוצקי: *Sefer toldot ha-Hagana* ספר תולדות ההגנה (Geschichte der Hagana). Ha-sifrija ha-zijonit הספריה הציונית, 1972.

zitieren können, der die Zerstörung von Latrun und der benachbarten Dörfer beschreibt und wie die kommandierenden Offiziere ihren Soldaten sagten: »Macht euch keine Gedanken über sie, das sind doch nur Araber.« Er hätte auch Kenans prophetischen Schluss zitieren können: »Vor unseren Augen verwandelten sie die Felder in Ödnis, und die Kinder, die an jenem Tag bitterlich weinend davonzogen, werden einst neunzehnjährige Fedayin sein.«

In einem anderen Abschnitt seines Buches kommt Walzer als Nachwort kurz auf die pazifistische Kritik an der Standarddoktrin zu sprechen und vertritt die verbreitete Ansicht, dass gewaltfreie Maßnahmen an die »Menschlichkeit des Feindes« appellieren, wie Abraham J. Muste schrieb, und daher von zweifelhafter Wirkung seien, wenn dieser Appell auf taube Ohren stößt. Ein guter Teil der pazifistischen Theorien beruht auf einer doppelten psychologischen Lehre: Gewaltfreiheit wird eine Reaktion auslösen, und gewaltsamer Widerstand wird den Charakter jener, die sich für ihn entscheiden, dahingehend formen, dass die Unterschiede zwischen Aggressor und Widerstandskämpfer aufgehoben werden. Muste schreibt: »Güte ruft Güte hervor«, und: »Das Problem nach einem Krieg [selbst nach einem gerechten Krieg] ist der Sieger, der denkt, dass er gerade bewiesen hat, dass sich Krieg und Gewalt auszahlen. Wer soll ihm jetzt eine Lektion erteilen?« Walzer befasst sich nicht direkt mit diesen theoretischen Grundannahmen des gewaltfreien Widerstandes. Meines Erachtens sind sie nicht von der Hand zu weisen, letzten Endes aber nicht haltbar. Damit habe ich mich an anderer Stelle befasst (*American Power and the New Mandarins*)[81] und werde diese Frage hier nicht weiter verfolgen.

Walzers Studie wirft noch viele andere schwierige und wichtige Fragen auf, und ein guter Teil seiner Erörterungen ist gut geschrieben und argumentiert. Die Beispiele, auf die ich mich hier konzentriert

81. Übersetzung von Anna Kamp: *Amerika und die neuen Mandarine. Politische und zeitgeschichtliche Essays.* Suhrkamp, 1969.

habe, zeigen jedoch einen entscheidenden moralischen und intellektuellen Mangel auf, der einen guten Teil seiner Schlussfolgerungen untergräbt. Walzer verleiht zweifellos einem breiten Konsens in der amerikanischen Gesellschaft Ausdruck, wenn er Israel eine besondere Stellung zumisst und die »moralische Welt« entsprechend konstruiert, doch das ist nur eine Widerspiegelung des Krankheitsbildes unserer Zeit. In einer früheren Periode waren ähnliche Ansichten über die Ausnahmestellung der Sowjetunion nicht ungewöhnlich. Konsens ist kein Maßstab für Wahrheit und Gerechtigkeit.

3. Die göttliche Lizenz zum Töten (1987)

Im Wesentlichen hat der amerikanische Liberalismus die ideologische Basis für den Aufbau und den Erhalt der Nachkriegsweltordnung geliefert. Zentrale Begriffe sind dabei Demokratie und Freiheit, und sie sind die beiden Hauptthemen dieser Aufsätze. Diese intellektuellen Strömungen sind angesichts ihres Pragmatismus und ihres Skeptizismus gegenüber übergeordneten Theorien am besten zu verstehen, wenn man ihre Anwendung auf bestimmte Fälle betrachtet, und nicht ihre Grundlagen. Es gibt jedoch einige Ausnahmen. Eine intellektuelle Gestalt ragt als Quelle der Weisheit in diesen Fragen besonders heraus: Reinhold Niebuhr, dem viele der einflussreichsten Gestalter der modernen Weltordnung Respekt oder sogar Verehrung entgegenbrachten. Schon aus diesem Grund verdient sein Denken genaue Betrachtung. Passend zu den Themen dieser Essays bietet es sich vor allem an, die Ursache für seinen großen Einfluss und für die hohe Wertschätzung seiner intellektuellen Beiträge und für sein moralisches Prestige zu erkunden. Das Erscheinen einer neuen Biografie und einer Sammlung seiner Essays ist eine gute Gelegenheit, diese Fragen anzugehen.[82]

---

82. Richard Wightman Fox:*Reinhold Niebuhr: A Biography*. Pantheon, 1985; Robert McAfee Brown (Hg.): *The Essential Reinhold Niebuhr: Selected Essays and Addresses.* Yale, 1986. Sämtliche Zitate stammen, wenn nicht anders angegeben, aus diesen Werken bzw. aus folgenden Besprechungen: David Brion Davis, *New York Review of Books*, 13. Februar; Christopher Lasch, *In These Times*, 26. März; Paul Roazen, *New Republic*, 31. März 1986. Bundy zit. nach Davis; Arthur Schlesinger jun.: »Reinhold Niebuhr's Role in Political Thought« in Charles W. Kegley, Robert W. Bretall (Hg.): *Reinhold Niebuhr.* Macmillan, 1956; Kenneth W. Thompson: *Words and Deeds in Foreign Policy*

Niebuhr gilt als »einer der führenden gesellschaftskritischen Intellektuellen unseres Jahrhunderts« (David Brion Davis), als »der wahrscheinlich einflussreichste Kopf in der Geschichte amerikanischer Vorstellungen, die moralische Absichten mit einem Sinn für die politische Realität verbinden« (McGeorge Bundy). Er ist »einer der Heiligen des modernen amerikanischen Liberalismus«, der »von den Liberalen in Amerika verehrt wird« (Paul Roazen), »ein Mann mit gewaltigen geistigen Fähigkeiten« (Christopher Lasch), »eine herausragende Figur unter den amerikanischen Intellektuellen und eine wichtige bestimmende Kraft für den Liberalismus in der Theologie und in der Politik« (Alan Brinkley). Hans Morgenthau soll ihn für den »wichtigsten politischen Denker in Amerika seit Calhoun« gehalten haben (Kenneth W. Thompson).

Nach Arthur Schlesinger war Niebuhr »einer der scharfsinnigsten und interessantesten Köpfe des 20. Jahrhunderts«, ein »scharfsinniger Kritiker des *Social Gospel* und des Pragmatismus«, der »letztlich gewissermaßen zu einem großen Neuinterpreten und Verfechter beider Strömungen« wurde. Seine »bemerkenswerte Analyse ... griff die wertvollsten Elemente beider Strömungen auf und befreite sie beide, indem er die Grenzen ihrer Gültigkeit aufzeigte und ihren wesentlichen Zielen schließlich neue Kraft und Bedeutung gab«. Er war und ist »der große Aufklärer der finsteren Rätsel der menschlichen Natur, der Geschichte und der Politik.« Seine Schriften und sein Wirken »verhalfen im amerikanischen liberalen politischen Denken in einer einzigen Generation einer Revolution zum Durchbruch« mit seinem »suchenden Realismus«, der »der liberalen Demokratie in Amerika neue Kraft verlieh, oder vielmehr neue Quellen der Kraft, die seit der Amerikanischen Revolution über Generationen allzu oft vernachlässigt worden waren«.

(Fifth Morgenthau Memorial Lecture on Morality & Foreign Policy). Council on Religion and International Affairs, 1986.

Vom Zweiten Weltkrieg bis über die Kennedy-Jahre war Niebuhr »der offizielle Theologe des Establishments« (Richard Rovers). Er war in den Schlagzeilen von *Time, Look, Readers Digest* und der *Saturday Evening Post*, er war eine der Öffentlichkeit, den Politikern und den Intellektuellen weithin bekannte Persönlichkeit; alle brachten ihm großen Respekt, wenn nicht Ehrfurcht entgegen, wie diese wenigen Zitate belegen.

Richard Fox hat, wie Roazen schreibt, »eine ausgezeichnete Biografie von Niebuhr als Intellektuellem« verfasst, doch der Leser – zumindest der Autor dieser Zeilen – fragt sich, warum Niebuhrs Werk offenbar solchen Einfluss hatte. Fox führt den Inhalt seiner Arbeiten nicht sehr detailliert aus. David Brion Davis formuliert es so: Fox »gelingt es nicht so gut, die Kraft und den Tiefgang der wichtigsten Schriften von Niebuhr darzustellen, vor allem von ›Wesen und Schicksal des Menschen‹; er widmet dem eigentlichen Inhalt dieses hoch gelobten zweibändigen Werkes – einer erweiterten Bearbeitung seiner Gifford-Vorlesungen aus dem Jahr 1938 – nur wenige Seiten. Darin, meint Davis, »brachte Niebuhr überzeugende Argumente für die Doktrin der Erbsünde und entwarf eine Vorstellung vom Verhältnis des Lebens zur Ewigkeit vor, ohne in Mystik oder in einen Glauben an übernatürliche Erlösung zu verfallen.« Nach diesem Vorgeschmack kann man sich also gespannt dem Text selbst zuwenden. Da findet man jedoch keine überzeugenden Argumente für irgendetwas; wenn man als Leser überzeugt wird, dann nicht durch die Kraft von Argumenten oder die beeindruckende Aufzählung von Tatsachen, denn diese fehlen darin.

Was Niebuhr da präsentiert, wird kaum jemanden überzeugen, der vom »Verhältnis des Lebens zur Ewigkeit« oder von Niebuhrs zentralem Thema – dem »Doppelaspekt der Gnade, der zweifachen Betonung der Verpflichtung, die Möglichkeiten des Lebens auszuschöpfen und der Beschränkungen und der Fäulnis in all ihren historischen Ausformungen« (*Nature and Destiny* II, 211)[83] – nicht besonders beeindruckt ist. Mag sein, dass es »keine soziale oder moralische Verpflichtung gibt, die uns nicht einerseits dazu anhält, höher stehende Möglichkeiten des Guten zu verwirklichen, und andererseits die historischen Grenzen des Guten aufzeigt«, wie Niebuhr meint. Die nicht-religiösen »Rationalisten« (wie Niebuhr sie manchmal nennt), an die diese Worte gerichtet sind, werden sie banal finden. Sie werden sich kaum von der Behauptung – die Niebuhr nicht mit Argumenten untermauert – beeindrucken lassen, dass »der menschliche Geist in der göttlichen Transzendenz ein Heim findet, in der er die Größe der Freiheit« sowie »die Grenzen seiner Freiheit« ermessen kann, dass »Gottes Erschaffung der Welt und sein Verhältnis zu ihr … beweisen, dass die Endlichkeit und die Beteiligung des Menschen an ihrem Wandel im Grunde gut und nicht böse sind« (I, 126f.). Für sie ist die »Endlichkeit des Menschen« wohl offensichtlich, ebenso wie seine »Beteiligung am Wandel« der Welt als moralische Verpflichtung. Sie werden aber nicht nach »Beweisen« dafür suchen, dass diese Endlichkeit und Beteiligung »im Grunde gut« sind – denn sie sind es nicht –, und Niebuhrs »Beweis« wird sie nicht mehr überzeugen als andere *obiter dicta*, die er in seinem ganzen Werk in erhabener und teils denkwürdiger Rhetorik darlegt.

»Durch die Gnade und durch die Macht Gottes«, erzählt uns Niebuhr, »wird der Mensch als Geschöpf, das in den Prozess der Natur und der Zeit involviert ist, aus seiner Bedeutungslosigkeit in die Bedeutsamkeit erhoben.« Die »Ursünde« – oder »Erbsünde« – des Menschen ist die »Neigung, seine Freiheit zu missbrauchen, seine Macht und seine Bedeutung zu überschätzen und sich für alles zu halten«. »Ohne die Grundannahmen des christlichen Glaubens ist das Individuum entweder nichts oder es wird alles.« (I, 92) Ein nicht-religiöses Gegenüber wird Niebuhrs Entdeckung des »Missbrauchs

83. Im Folgenden beziehen sich die Angaben mit römisch I und II auf die beiden Bände dieses Werkes.

der Freiheit« oder die Versuchung, zu glauben, dass »das Individuum entweder nichts oder alles« ist, wenig überraschen, so dass der Appell an den christlichen Glauben als Lösung für diese Probleme bestenfalls unbegründet erscheint.

Niebuhr insistiert, dass »der Makel der Sünde, der allen historischen Errungenschaften anhaftet, nicht die Möglichkeit solcher Errungenschaften zunichte macht, und ebenso wenig die Verpflichtung, in der Geschichte Wahrheit und Gutes zu schaffen.« Dies ist »das Paradox der Gnade«, das Niebuhrs Leitgedanke und seine wohl einflussreichste Vorstellung ist. Dieses Paradox haftet aller menschlichen Aktivität an, und »die Erfüllung geschichtlicher Bedeutung wird je weniger befleckt sein, desto weniger man vorzeitig ihre Reinheit behauptet.«

Sowohl die Suche nach Wahrheit als auch der Kampf für Gerechtigkeit unterliegen diesem »Paradox der Gnade«. Die Suche nach Wahrheit ist »ausnahmslos mit einem ›ideologischen‹ Makel befleckt, der unsere Einsicht in die Wahrheit auf *unsere* Wahrheit beschränkt anstelle von Wissen um *die* Wahrheit.« (11, 213f.) Wie Niebuhr später genauer ausführt, können die Gesellschafts- und Geschichtswissenschaften »Muster der historischen Entwicklung« erkennen, doch die Zuschreibung von Ursachen ist »gefährlich, nicht nur aufgrund der Komplexität von kausalen Verkettungen, sondern da die menschlichen Akteure selbst kausal in dem kausalen Nexus wirken.« Außerdem gebe es keinen festen Boden von Objektivität. Geschichte werde vom »Selbst, und nicht vom Verstand« interpretiert, und »keine wissenschaftliche Methode kann das Selbst dazu zwingen, nicht irgendwelche Interessen zu rationalisieren, die ihm eben plausibel erscheinen mögen«. Man muss nach Wahrheit suchen, aber Fehler erwarten, und stets eine Toleranz für andere Wahrnehmungen und Schlussfolgerungen bewahren. Man darf »niemals die Hoffnung aufgeben, dass eine angemessene wissenschaftliche Methode gefunden wird, die historische ideologische Konflikte mindert, aber man muss andererseits die Grenzen ihrer Möglichkeiten erkennen« (Ideology and the Scientific Method. 1953; II, 220 f.)

Das gilt auch für den »Kampf für Gerechtigkeit«, der eine »so tiefgründige Offenbarung von Möglichkeiten und Grenzen der geschichtlichen Existenz ist wie die Suche nach Wahrheit«. Auch hier lehre uns der christliche Glaube, dass »Geschichte sich niemals in Richtung der Verwirklichung des Reiches [Gottes] bewegt, dass Gottes Urteil jedoch jeder neuen Verwirklichung bevorsteht«, auch »dem Bösen, dessen Makel jeder [menschlichen] Errungenschaft anhaftet« (II, 244, 286). Man müsse sowohl die Möglichkeiten als auch die Endlichkeit des Menschen erkennen. Erstere zu ignorieren führe zu Skeptizismus (»in der Sphäre der Kultur«) und zu einer unmoralischen Verweigerung von Engagement (in der Sphäre der Gesellschaft); letztere zu ignorieren führe zu »Fanatismus«, den Niebuhr in den »Anmaßungen« der Gesellschaftswissenschaften und im »religiösen Glauben« an Liberalismus oder Marxismus ausmacht, die als These und Antithese den roten Faden in seinem Werk bilden und die durch eine Synthese, und zwar durch die »Synthese aus Reformation und Renaissance« überwunden werden müssen, die der christliche Glauben biete, in Gestalt der Lehre von der Erbsünde und der Sühne, die er entwickelt.

Niebuhr zeigt weiter, wie diese vielfach plausiblen Behauptungen über die Möglichkeiten und Grenzen des Menschen in eine Version des christlichen Glaubens integriert werden können. Ob dieser intellektuelle Apparat einem Verständnis der Probleme dienlich sein kann oder ob er die Schlussfolgerungen festigen soll, ist eine andere Frage. Dass seine Schlussfolgerungen ausschließlich auf dieser Grundlage verstanden werden können, ist reine Einbildung. Dass er auch nur irgendetwas davon »bewiesen« habe, wie er oft behauptet, ist – um den polemischen Begriff zu verwenden, den er am meisten schätzt – »absurd«.

Seine Erörterungen sind voll mit Wörtern wie »beweisen« und »folglich«, um zu suggerieren, dass er Argumente und Schlussfolgerungen liefere. So liest man in einer Kritik des Naturalismus: »Wenn die Ewigkeit, in der das Individuum Zuflucht sucht, jedoch ein undifferenziertes Reich des Seins ist, das die ganze Geschichte verneint und ihre Bedeutung leugnet, dann verschluckt diese Verneinung das Individuum selbst, wie die Logik der Mystik sattsam *beweist. Folglich* kann die individuelle Existenz nur in einer prophetischen Religion wie dem Christentum erhalten werden.« (1, 69) Der »Stolz und die Macht des Menschen, der sich mit seinem Einfluss auf die Geschichte und der Macht seines Handelns über die Natur selbst überrascht, [und] der sich als Schöpfer entdeckt«, ist eine »irdische Version« der »christlichen Vorstellung von der Bedeutung jedes einzelnen Menschen im Angesicht Gottes«, wie »die Tatsache *beweist*, dass weder die nicht-christlichen Nationen noch die katholischen Nationen, in deren Kulturkreis das Christentum vom klassischen Altertum abgewandelt wurde, in nennenswertem Ausmaß an der Dynamik der modernen Industrie- und Handelskultur beteiligt waren«. (1, 66) Da Gottes Erschaffung der Welt und sein Verhältnis zu ihr »*beweisen*, dass die Endlichkeit und die Beteiligung des Menschen an ihrem Wandel im Grunde gut und nicht böse sind«, folgt, dass »*daher nur* eine Offenbarungsreligion sowohl der Freiheit als auch der Endlichkeit des Menschen gerecht wird und das Wesen des Bösen in ihm verstehen kann«. (1, 127; alle Hervorhebungen Noam Chomsky)

Was auch immer der Sinn oder Wert solcher Äußerungen sein mag – man findet in diesen Ausführungen kaum etwas, das Begriffen wie »beweisen« oder »folglich« gerecht wird. Die Zitate zeugen auch von Niebuhrs recht saloppem Umgang mit Geschichte. Richard Fox zeigt in seiner Biografie Niebuhrs saloppen Umgang mit den Theorien seiner Widersacher, die ihr eigenes Werk kaum wiedererkennen würden, und zwar nicht nur in kurzen Artikeln, in denen Vereinfachungen zu erwarten sind, sondern auch in langen Abhandlungen. Niebuhr ist, schreibt Fox, ein »Apologet des Christentums«, der jedes seiner Werke damit beginnt, »Alternativen zum christlichen Glauben zu entwerfen, die unannehmbar sind«, um deren Standpunkt daraufhin nach Art »des klassischen Tricks der Debatte, die Position des Gegners vereinfacht darzustellen, um sie sofort danach als ›vereinfachend‹ abzulehnen«. Seine Bücher und Artikel zu historischen und zeitgeschichtlichen Themen gehen auch sparsam mit Sachbezügen um.

Offenbar finden viele seine intellektuellen Beiträge äußerst überzeugend, doch diese Wirkung lässt sich nicht auf ihren sachlichen Inhalt, Belege oder aufschlussreiche Auswahl und Präsentation von Tatsachenmaterial zurückführen, oder auf eine stringente rationale Argumentationsweise, die nur selten zu erkennen ist. Die Ursache muss anderswo zu finden sein. Die interessante Frage ist also: Wo?

Niebuhrs Methoden ziehen sich durch sein gesamtes Œuvre. Er betont also immer wieder, dass die »Thesen« und »Antithesen«, die er bekämpft, in Wirklichkeit Religionen seien, wenn auch mangelhafte:

> Streng genommen gibt es so etwas wie Säkularismus gar nicht. Die explizite Leugnung des Heiligen enthält stets eine implizite Bejahung einer Sphäre des Heiligen. *Jede Erklärung der Bedeutung der menschlichen Existenz macht von irgendeinem Erklärungsprinzip Gebrauch, das nicht erklärbar ist. Jede Einschätzung eines Wertes impliziert irgendein Wertkriterium, das nicht empirisch zu ermitteln ist.* Folglich stellt sich auch die dezidiert nicht-religiöse Kultur von heute bei genauerer Betrachtung entweder als pantheistische Religion heraus, die Existenz in ihrer Totalität mit Heiligkeit gleichsetzt, oder als rationalistischer Humanismus, für den die menschliche Vernunft im Grunde Gott ist, oder ein vitalistischer Humanismus, der irgendeine einzigartige oder bestimmte lebendige Kraft, die dem Individuum oder der Gesellschaft eigen ist, als Gott verehrt, d. h. als Gegenstand einer bedingungslosen Verehrung.[84]

84. *The Christian Church in a Secular Age.* S. 137. Hervorhebung Noam Chomsky.

Die Aussagen, die ich hervorgehoben habe, sind bei wohlwollender Lektüre plausibel, werden jedoch ganz typisch nicht mit Argumenten untermauert. Beide Sphären der menschlichen Tätigkeit, die er umreißt – die Suche nach Wahrheit und der Kampf für Gerechtigkeit – beruhen auf Erklärungsprinzipien und Wertkriterien, die – vielleicht unvermeidlich – keineswegs ausschließlich auf Tatsachen oder Vernunft gründen. Die Anerkennung einer solchen »Endlichkeit des Menschen« stellt wohl kaum eine neue Erkenntnis dar und zieht keine der Folgen nach sich, die er formuliert; diese nicht erklärten Prinzipien und Kriterien muss man auch nicht »als Sphäre des Heiligen bejahen«. Anhänger von Dewey und andere, die Niebuhr kritisieren, betrachten sie entweder als provisorisch und meinen, dass sie im Verlauf der Suche nach Wahrheit und des Kampfes für Gerechtigkeit noch zu präzisieren seien, oder als inhärente Elemente unseres Wesens, die einen Rahmen für unser Denken, Handeln, für unsere Ziele und unser Verständnis bilden. Eine solche Leugnung »des Heiligen« führt nicht zu einer neuen Form der religiösen Verehrung. Soweit diese Vorstellungen vernünftig sind, kann man sie quasi als Gemeinplätze betrachten, die sich aus den Antworten auf die Skeptische Krise im 17. Jahrhundert und aus der Aufklärung im 18. Jahrhundert herleiten.[85]

Zu Beginn seiner Gifford-Vorträge behauptete Niebuhr: »Der Konflikt zwischen Rationalisten und Romantikern mit all seinen religiösen und politischen Implikationen ist eines der wichtigsten Themen unserer Zeit.« Der »Rationalist« – ob »idealistisch« oder »naturalistisch« – sei mit »dem Protest der romantischen Naturalisten« konfrontiert, »die den Menschen in erster Linie als Lebenskraft begreifen und weder die blasse Vernunft noch die mechanische Natur als passenden Schlüssel zum wahren Wesen des Menschen ansehen.«

Der moderne Mensch kann sich, kurz gesagt, nicht entscheiden, ob er sich selbst vor allem aus Sicht der Einzigartigkeit

---

85. Genaueres in Kapitel 2, einführende Bemerkungen und Abschnitt 8.

seiner Vernunft oder aus Sicht seiner Verbundenheit mit der Natur verstehen soll; und im letzteren Fall, ob die harmlose Ordnung und der Friede der Natur oder vielmehr ihre Lebenskraft der wahre Schlüssel zu seinem Wesen ist. Daher stehen einige der Gewissheiten des modernen Menschen im Widerspruch zueinander, und man kann durchaus hinterfragen, ob dieser Widerspruch auf Basis der Annahmen, mit denen die moderne Kultur an dieses Problem herangeht, aufzulösen ist.

Niebuhr behauptet weiter, dass dies nicht nur fraglich, sondern falsch sei, und dass nur sein prophetischer christlicher Glaube eine Auflösung dieses angeblichen Widerspruches biete. »Tatsache ist, dass es nicht möglich ist, das Problem der Vitalität und der Form zu lösen, oder das Paradox der schöpferischen und der zerstörerischen Kraft des Menschen innerhalb jener Grenzen zu lösen, in denen die moderne Kultur, ob rationalistisch oder romantisch, dieses Problem betrachtet. Innerhalb dieser Grenzen ist die moderne Kultur gezwungen, sich für einen von vier gleichermaßen unhaltbaren Standpunkten zu entscheiden«: für den Weg des Faschismus, des Liberalismus, des Marxismus oder jener Verzweiflung, die »sich mit lindernden Mitteln zufrieden gibt, wie bei den Freudianern« (1, 20; 1, 53).

Auch hier werden Niebuhrs Gegner in seiner Erörterung bis zu einem gewissen Grad etwas Sinnvolles ausmachen, und diese Tendenzen, die er im modernen Denken sieht, existieren tatsächlich. Die Grundannahmen der modernen nicht-religiösen Kultur brauchen jedoch keine Gewissheiten und müssen zwischen der Einzigartigkeit der menschlichen Vernunft und der Erkenntnis, dass der Mensch Teil der Natur ist, nicht unbedingt einen Widerspruch sehen. Diese Kultur sieht Probleme, wo Niebuhr Paradoxa und Widersprüche sieht, und mag vorläufig sogar zu dem Schluss kommen, dass diese Probleme zum Teil über die geistigen Fähigkeiten des Menschen hinausgehen – was kaum eine überraschende Schlussfolgerung ist, wenn der Mensch wirklich Teil der Natur ist. Die Berufung auf den christlichen

Glauben mag jenen, die sich für Niebuhrs Weg entscheiden, geistige Nahrung bieten, doch mehr kann man dabei nicht geltend machen, und jemand, der sich nicht von willkürlichem Glauben an dies oder jenes – mehr hat Niebuhr nämlich nicht zu bieten – trösten lässt, wird seine Suche nach Wahrheit und Gerechtigkeit fortsetzen, in voller Anerkennung der Tatsache – ja der banalen Beobachtung –, dass vieles jenseits unserer Vorstellung liegt, und dass dieser Zustand die ganze Geschichte der Menschheit lang fortbestehen wird. Es ist allzu einfach, Obskurantismus für Tiefgang zu halten.

Niebuhr hat sich nicht nur als Denker, sondern auch als Teilnehmer an gesellschaftlichen und politischen Angelegenheiten einen Ruf gemacht, und er hat sich in der Tat sein ganzes Leben lang stets engagiert, mit seinen Schriften, seinen Predigten, Vorträgen und anderen Aktivitäten. Wendet man sich seinen Schriften in diesen Bereichen zu, findet man im Wesentlichen Dasselbe: Kein rationaler Mensch würde sich davon überzeugen lassen, denn die Belege sind spärlich und vielfach fragwürdig, die Argumentationslinien sind schwierig nachzuvollziehen, und er bleibt bei den Problemen, mit denen er sich befasst, meist an der Oberfläche.

Kein ernsthafter Marxist beispielsweise wäre von der Erkenntnis beeindruckt, dass »ein Optimismus, der von der Hoffnung auf eine vollständige Verwirklichung unserer höchsten Ideale in der Geschichte abhängt, zwangsläufig letztlich enttäuscht werden wird«, obwohl er wohl überrascht wäre zu hören, dass »der Marxianismus kurz gesagt eine andere Form des Utopismus« sei.[86] Marx hatte wenig zum Wesen des Kommunismus zu sagen und hatte – ob zu Recht oder nicht – für den »Utopismus«, einschließlich der Versuche, das Wesen einer kommunistischen Gesellschaft im Detail zu skizzieren, nur Verachtung übrig. In seinen *Reflexions on the End of an Era* (1934) schrieb Niebuhr:

---

86. »Optimism, Pessimism, and Religious Faith«, 1940.

Wenn die Stürme und der Fieberwahn dieser Ära ausgestanden sind und die moderne Zivilisation ein gesellschaftliches System zustande gebracht hat, das ein wenig grundlegende Gerechtigkeit bietet, soweit sie mit den Erfordernissen des Zeitalters der Technik vereinbar ist, werden die immer wiederkehrenden Probleme der Menschheit erneut auftreten.

Es ist kaum vorstellbar, dass er die ganz ähnlichen Vorstellungen der Anhänger von Dewey und Marx, die er verurteilt, nicht gut kannte; Sidney Hook beispielsweise hatte ein Jahr zuvor in seinem Buch *Towards the Understanding of Karl Marx*, in dem er Marx nach Dewey auslegt, geschrieben, dass Marx' »dialektische Methode … nicht den naiven Glauben gutheißt, dass wir jemals eine perfekte Gesellschaft, einen perfekten Menschen verwirklichen werden; aber ebenso wenig rechtfertigt sie den entgegengesetzten Fehler, dass es – weil Perfektion unerreichbar ist – unerheblich sei, was für Menschen oder Gesellschaften bestehen«.[87] (Das ist eine nicht-religiöse Version von Niebuhrs späterem »Paradox der Gnade«.) Mit einem Zitat von Marx, »angenommen, dass der Mensch grundsätzlich unvollkommen ist … können wir im Voraus annehmen, dass auch alle menschlichen Institutionen unvollkommen sind«, schreibt Hook weiter, dass

für Marx wie für Hegel kultureller Fortschritt darin besteht, Probleme auf höhere und umfassendere Ebenen zu heben. Dabei gibt es jedoch immer Schwierigkeiten. »Geschichte«, schreibt er, »kann alte Fragen nicht anders beantworten als dadurch, dass sie neue stellt.« Im Kommunismus leidet der Mensch nicht mehr wie ein Tier, sondern er leidet als Mensch. Er bewegt sich somit von der Ebene des Erbärmlichen auf die Ebene des Tragischen. Die Ähnlichkeit mit Niebuhrs späteren Ansichten ist deutlich zu erkennen, aber weder dieses Werk, das damals bekannt war, noch seine Vorläufer

87. Sidney Hook: *Towards the Understanding of Karl Marx*. John Day, 1933.

hinderten ihn daran, den Marxismus und Deweys Liberalismus als Ausformungen des »Utopismus« zu verurteilen, die mit seiner christlichen Synthese zu überwinden seien.

Für Fox ist Niebuhrs »entscheidender Beitrag zum geistigen Leben der 1940er Jahre«, als sein Einfluss sich dem Höhepunkt näherte, »die düstere Annahme inhärenter Grenzen für die Existenz des Menschen«. Wie in den Gifford-Vorträgen und an anderen Stellen erläutert, soll der Mensch Wahrheit und Gerechtigkeit suchen und beim Streben nach Gutem die Unvermeidlichkeit von Makeln in Form von Interessen und in Form des Bösen sowie die Unmöglichkeit einer »Erfüllung« in der Geschichte des Menschen erkennen. Auch dies sind halbwegs plausible Schlussfolgerungen, aber sie sind nichts Besonderes. Man wird in Niebuhrs Arbeiten aus dieser Zeit jedoch kaum etwas finden, das jemanden, der nicht schon von anderen Argumenten eingenommen wurde, überzeugen würde oder sollte.

Wenn Niebuhr sich wesentlichen politischen Fragen zuwendet, sind die Ergebnisse nicht gerade überwältigend. Seine hoch angesehene Verteidigung der Demokratie in *The Children of Light and the Children of Darkness* (1944) sind ein Beispiel dafür. Folgendem kann man noch zustimmen: »Eine freie Gesellschaft erfordert ein gewisses Vertrauen in die Fähigkeit der Menschen, ihre widersprechenden Interessen vorläufig zu einem tragbaren Ausgleich zu bringen und gewisse gemeinsame Vorstellungen von Gerechtigkeit zu erzielen, die über alle Einzel- und Sonderinteressen hinausgehen.« Seine Untersuchung der zeitgenössischen Demokratie oder der Demokratie als Ideal lassen es damit jedoch nicht bewenden und die groben Pinselstriche, die nun folgen, sind ihr nicht förderlich. Arthur Schlesinger stimmt Niebuhr zu und schreibt, dass seine Ausführungen dazu »viel eher nach der gemischten Wirtschaftsform und der offenen Gesellschaft des *New Deal* klingen als nach Sozialismus«. Schlesinger übertreibt »Roosevelts brillanten Appell an die Mittel der Demokratie gegen die Gefahren der Wirtschaftskrise und des Krieges.« Es war der Militärkeynesianismus der Kriegszeit, der die Wirtschaftskrise besiegte, sowie Roosevelts Schritte in Richtung Krieg, und nicht der *New Deal*; diese Schritte Richtung Krieg waren, wie auch immer man zu ihnen stehen mag, wohl kaum ein Vorbild an Demokratie, wie Charles Beard damals feststellte – und man diskreditierte Beard für diese Bemerkungen völlig, denn da ging es ans Eingemachte. Weder Schlesinger noch Niebuhr stellen sich den schwierigen Fragen, die sofort auftreten, wenn man über schöne Phrasen über die »Rettung der Demokratie« hinausgeht und entweder auf abstrakter oder auf konkreter Ebene fragt, wie die Demokratie denn den Ausgleich verschiedener »widersprechender Interessen« erzielen soll, wenn die Investitionsentscheidungen in privater Hand sind, mit sämtlichen Folgen, die diese Tatsache für die Politik nach sich zieht, ganz zu schweigen von der Kontrolle über den Staat und die ideologischen Institutionen.

Die wenigen historischen Anmerkungen von Niebuhr in diesem Zusammenhang sind – gelinde gesagt – ebenfalls überraschend, zum Beispiel seine Schlussfolgerung, dass »das geringe Maß an Ehrlichkeit ... der traditionellen Hochkulturen des Orients« und anderer nicht-industrialisierter Gesellschaften dort Demokratie unmöglich machen.[88] Er hat scheinbar nie von der beeindruckenden Geschichte der Korruption in der amerikanischen Demokratie gehört, die bis in die Tage der Gründerväter und noch weiter zurückreicht.[89] Fox merkt an, dass Niebuhr in seinem diffusen Jubel für die Demokratie Fragen und Erkenntnisse, die ihm in seinen früheren Jahren als Aktivist und Gesellschaftskritiker noch vertraut gewesen waren, einfach aufgab: »Der junge Niebuhr hatte stets darauf bestanden, dass die Vernunft immer eine Dienerin von Interessen in einer gesellschaftlichen Situation ist. Die Vernunft wird von Interessen gelenkt, wenn sie bestimmten Themen Aufmerksamkeit schenkt, andere jedoch auf

88. *The Irony of American History*, 1952, S. 115.
89. siehe Nathan Miller: *The Founding Finaglers*. David McKay, 1976.

den Kehricht wirft« – und dort landeten bei Niebuhr auch wichtige Fragen der Demokratie, als er sich zum Propheten des Establishments aufschwang.

Es ist nebenbei bemerkt höchste Ironie, dass gerade, als er über einen »tragbaren Ausgleich« usw. schrieb, die Wirtschaft zu einer großen Propagandaschlacht ausholte, die in den folgenden Jahren mit enormer Effizienz geführt wurde, um die Gewerkschaften und die an sich schon geringe Beteiligung der Bevölkerung an der Politik seit den 1930er Jahren noch weiter zu untergraben, und um die Politik dauerhaft dem »konservativen« Programm der Unternehmer unterzuordnen, wie es schon nach dem Ersten Weltkrieg der Fall gewesen war und wie es jetzt als Antwort auf die »Krise der Demokratie« – d. h. die drohenden Schritte in Richtung Demokratie – in den 1960er Jahren sein sollte.

Niebuhrs spätere Schriften, als er durch eine schwere körperliche Behinderung beeinträchtigt war, liefern kaum weiter Erhellendes. In *Irony of American History* spielt er viel mit Paradoxa, bringt aber wenig Einblick in die amerikanische Geschichte. Die »Ironie« ist ein Missverhältnis zwischen den erwünschten Zielen und den erzielten Ergebnissen; um »Ironie« handelt es sich, weil dieses Missverhältnis nicht bloß ein »Zufall« ist, sondern vielmehr der Verantwortung der Akteure geschuldet ist, im Unterschied zu dem »tragischen Element« der »bewussten Entscheidungen für das Böse zum Zwecke des Guten«.

Niebuhr bejaht stets die Plattitüden seiner Epoche. Gleich zu Beginn erklärt er: »Jeder versteht die offensichtliche Bedeutung des weltweiten Kampfes, an dem wir nun beteiligt sind. Wir verteidigen die Freiheit gegen die Gewaltherrschaft und suchen die Gerechtigkeit zu schützen« vor der Verwüstung durch das Reich des Bösen. Es war damals so offensichtlich wie heute, dass die Realität nicht ganz so einfach war. Nur ein Jahr vorher hatte Hans Morgenthau geschrieben, dass unser »heiliger Kreuzzug zur Ausrottung des Übel des Bolschewismus« einen Feldzug kaschieren soll, der »sämtliche

Volksbewegungen für gesellschaftliche Reformen moralisch für vogelfrei erklären und gesetzlich verbieten soll, und zwar um den Status quo absolut unempfänglich für Veränderungen zu machen«[90] – einen Status quo, der den Interessen der Besitzenden, der Unternehmer und Manager in der amerikanischen Gesellschaft sowie ihrem intellektuellen Gefolge äußerst zuträglich war. In Niebuhrs nebelhafter und abstrakter Darstellung findet man kaum einen Schimmer der sich verändernden Realität und ebenso kaum mehr als eine Andeutung, dass unsere historische »Unschuld« auch nur mit einem geringen Makel behaftet sein könnte.

Er schreibt: »[V]or einem halben Jahrhundert [waren wir] unschuldig, mit der Unschuld der Verantwortungslosigkeit«. Und: »Unsere Kultur kennt den Einsatz von Gewalt und den Missbrauch von Macht kaum.« 1902, genau »ein halbes Jahrhundert« zuvor, war das Jahr, in dem das Abschlachten der Filipinos seinen grauenhaften Höhepunkt erreichte, und das Schicksal der einheimischen Bevölkerung der Philippinen ist mit diesem einzigen Satz, der sich dreißig Seiten weiter findet, nicht hinreichend beschrieben: »Die Woge unserer kindlichen Stärke, die über den [asiatischen] Kontinent ging … war nicht unschuldig.« (4–5, 35) Schwarze, Arbeiter, Frauen und andere hätten vielleicht auch das eine oder andere Wort über »unsere Unschuld« zu sagen, oder auch die Opfer in »unserem Hinterhof«, ganz in unserer Nähe, durften hautnah miterleben, wie wir vor dem »Einsatz von Gewalt und dem Missbrauch von Macht« zurückschrecken.

Niebuhr lässt in ganz konventionellen Begriffen unsere »messianischen Träume« Revue passieren, die »glücklicherweise nicht von Machtgier korrumpiert« seien, wenn auch »natürlich nicht frei von moralischer Überheblichkeit, die eine Gefahr für deren Verwirklichung darstellt«. (71) Von jenen, die uns im Weg standen, ist da nicht die Rede, so wie die »messianischen Träume« nicht von den wahren

90. *In Defense of the National Interest*. Knopf, 1951.

Gedanken jener besudelt sind, die sie zum Ausdruck brachten, wie Woodrow Wilson, der forderte, dass die Macht des Staates einzusetzen sei, um »die Welt zu einem Markt« für Händler und Hersteller zu machen: »Tore zu Ländern, die verschlossen sind, müssen eingeschlagen werden …, selbst wenn die Souveränität unwilliger Nationen dabei mit Füßen getreten wird.« (1907) Für Niebuhr sind solche Vorstellungen höchstens Ausdruck »moralischer Überheblichkeit«.

Im Jahr 1952 meinte Niebuhr, dass Amerika nun, nach Jahrhunderten relativer Unschuld, vor dem »unlösbaren Widerspruch« zwischen »Wohlstand und Tugend« stünde. »Durch die Erkenntnis dieser Widersprüche droht unserer Kultur Verzweiflung.« »Daher stellt sich erstmals in unserem Leben« die Frage, »ob es einen einfachen Zusammenhang zwischen Tugend und Wohlstand gibt«. (45f.) Es ist schwer zu sagen, was man von einer Studie der amerikanischen Geschichte halten soll – noch dazu von der »Ironie« dieser Geschichte –, in der sich solche Worte finden, ganz abgesehen von der Realität, die sich damals bot, als die Vereinigten Staaten sich weltweit unbeirrbar der Verteidigung der »Freiheit« und der »Gerechtigkeit« widmeten.

Die Vereinigten Staaten sind »moralischen Risiken« ausgesetzt, schreibt Niebuhr weiter, doch es handelt sich »nicht um jene des bewussten Vorsatzes oder der unverhohlenen Machtgier«; vielmehr handelt es sich um »die ironische Tendenz, dass sich Tugenden in Laster verwandeln, wenn man sich allzu selbstgefällig auf sie verlässt«. (133) Das ist die Lehre aus der Geschichte Amerikas und der Welt seit dem Krieg. Die Vereinten Nationen, meint er, könnten »als Organ, in dem selbst die mächtigsten demokratischen Länder ihre Politik dem prüfenden Blick der Weltöffentlichkeit unterbreiten müssen«, dazu beitragen, die Exzesse unseres Streben nach Tugend zu mildern (136) – eine bequeme Haltung, als die Macht Amerikas ausreichte, um die Disziplin in den internationalen Organisationen zu gewährleisten. Man kann Niebuhr natürlich nicht vorwerfen, dass er die allgemeine Zustimmung zur verächtlichen Zurückweisung des

Völkerrechts und internationaler Organisationen durch die USA, als diese ihrer Kontrolle entglitten, nicht voraussah, zum Beispiel die nahezu einhellige Zustimmung seiner Anhänger – und der intellektuellen Kreise insgesamt – zur Weigerung der Vereinigten Staaten, der Forderung des Internationalen Gerichtshofes zuzustimmen und den »rechtswidrigen Einsatz von Gewalt« gegen Nikaragua zu unterlassen. Jemand, der die Ironie der amerikanischen Geschichte studiert hat, hätte vielleicht bemerkt, dass unter Woodrow Wilson ganz ähnliches geschah, als die Vereinigten Staaten letztlich den Zentralamerikanischen Gerichtshof demontierten, den sie selbst gegründet hatten, als dieser in der Frage um Nikaragua die USA verurteilte. Auch das ist mehr als »ironisch«, und allein dieser Fall könnte so wie vieles andere einige Zweifel an unserer Bereitschaft aufkommen lassen, uns »der Weltöffentlichkeit« zu stellen, wenn diese sich nicht der Macht der USA unterwirft.

Sein ganzes Bild von der amerikanischen Vergangenheit und Gegenwart ist reinste Gefühlsduselei, von Tatsachen ungetrübt, blind gegenüber der gesellschaftlichen und historischen Wirklichkeit.

Niebuhr kritisiert Meinungen aus Europa, die »unsere halboffizielle Ideologie besser kennt als unsere praktische Gerechtigkeit«. (101) Aber auch er interpretiert Geschichte konsequent nicht aufgrund von Tatsachen oder Dokumenten, sondern aufgrund von verkündeten Idealen. Dieser Mangel verdirbt nicht nur seine Darstellung der Geschichte, Politik und Gesellschaft der Vereinigten Staaten, sondern auch seine Darstellung unseres »skrupellosen Feindes, der ironischer Weise umso hartnäckiger und skrupellos ist, da sein Wille vom unmöglichen Traum geprägt ist, allen Menschen Glück zu bringen«. (75) Wie man Lenin und Trotzki – von Stalin ganz zu schweigen – solche Träume zuschreiben kann, entzieht sich jeglichem Verständnis. Niebuhrs Beschreibung des sowjetischen Systems der Gewaltherrschaft und Unterdrückung ist tatsächlich nicht weniger mystisch und abstrakt als seine Erörterung der amerikanischen Geschichte anhand ihrer »Träume« und ihrer »messianischen Vision«, ihrer »Unschuld« und »Tugend« – die »ironischer« Weise stets von dem Bösen befleckt ist, das der »Endlichkeit des Menschen« entspringt.

Niebuhr liefert in Wirklichkeit keine durchgängigen Argumente oder überzeugende Erörterung anhand von Tatsachen, sondern moralische Vorschriften. Man könnte durchaus argumentieren, dass solche Gebote notwendiger Weise inhaltlich banal sind, wie elegant auch immer man sie ausdrückt, und dass sie manchen Menschen als Trost oder gar Inspiration dienen mögen, als Hilfestellung für das Handeln und Hinterfragen. Wie dem auch sei – sie sind keineswegs rationale Analysen oder Argumente. Fox bemerkt, dass er in seinen Werken der frühen 1930er Jahre, seiner quasi-marxistischen Phase, »die vorherrschende Annahme der amerikanischen Linken der 1930er Jahre unterstützte, dass die gesellschaftliche Auseinandersetzung von der überzeugendsten Propaganda entschieden würde, was nicht besonders überzeugend war« (das war die »vorherrschende Annahme«, die unter anderem Harold Lasswell in seiner damaligen Unterstützung von »Propaganda« betonte). Das gilt für all seine Schriften.

Es heißt vielfach, dass Niebuhr immer ein Prediger geblieben ist. In dem Maße, in dem dies zutrifft – und das ist weitgehend der Fall – ist die Überzeugungskraft seiner Beiträge nicht daran zu messen oder dadurch zu erklären, wie er Tatsachen und Dokumente als Belege heranzieht, wie er den Kern der Positionen seiner Gegner trifft oder wie er stimmige Argumente für seine Schlussfolgerungen liefert. Vielmehr sind seine Schriften Mahnrufe, die uns bestenfalls auf Vorstellungen und Wahrnehmungen aufmerksam machen, die wir dann aufgrund unserer eigenen Erfahrung als korrekt oder interessant beurteilen können, und die uns ohne diese Denkanstöße vielleicht entgangen wären; schlimmstenfalls sind sie Rationalisierungen jener Interessen, wie er sie betont, aber häufig nicht erkannt hat. Das ist weniger eine Kritik als vielmehr eine Kategorisierung; es geht dabei nicht darum, die Glaubwürdigkeit seiner Vorstellungen und Schlussfolgerungen in

Frage zu stellen, von denen einige – vor allem die allgemeineren und abstrakteren – recht sinnvoll scheinen, wenn auch nicht besonders überraschend, neuartig oder aufschlussreich. Es bleibt allerdings die Frage, warum er derart immensen Einfluss hatte und hat, wie viele seiner Mitstreiter und Kommentatoren zu Recht festhalten.

Niebuhr bezog während seines langen und aktiven Lebens Position zu vielen wichtigen Fragen. In den 1920er Jahren schloss er sich in Detroit der christlichen Linken an und vertrat die Ansicht, dass »das Ziel, auf das unser gesamtes politisches und gesellschaftliches Leben letztendlich hinstrebt, eine Art Demokratisierung der Wirtschaft und ein gewisses Maß an Vergesellschaftlichung von Eigentum« sei. Er kritisierte die menschlichen Kosten des Industriesystems und verurteilte »die enorme Konzentration von Reichtum und Macht in den Händen einiger weniger«. Ebenso kritisierte er den Zynismus jener »moralischen Idealisten«, die pazifistische Werte bekunden im Einklang mit der »Tendenz jener, welche die Tugenden von Ruhe und Ordnung preisen müssen«. Zu Rassenfragen, die in Detroit ebenso wichtig waren wie anderswo, äußerte er sich nicht näher, wie Fox festhält. In den 1930er Jahren vollzog er einen Übergang von einer Spielart des Marx'schen Sozialismus, der unter Intellektuellen verbreitet war, hin zur modischen Ansicht, dass es aufgrund der »Dummheit des Durchschnittsmenschen« die Rolle der Intellektuellen sei, dem »Proletarier« die »notwendigen Illusionen« zu verschaffen.

Niebuhrs Aufstieg zum »offiziellen Theologen des Establishments« erfolgte erst nach seiner Rückkehr zum orthodoxen Liberalismus, der nun mit der Lehre von der Unvermeidlichkeit der Sünde gewürzt war. Im Zweiten Weltkrieg schrieb er in *The Nation* über das »größere Maß an Zwang«, das während eines nationalen Notstandes nötig sei. Er duldete Verletzungen der »Freiheit von Organisationen, subversive Propaganda zu verbreiten« sowie Aktionen, »um aufmüpfige oder gar verräterische Elemente auszuschalten«, was zu jener Zeit eine recht konventionelle Position unter Liberalen war. Ähnlich hatte er im Ersten Weltkrieg »absolute Loyalität« gefordert und selbst vorsichtige Kritik an den Zensurmaßnahmen der Regierung verurteilt: »Ich denke tatsächlich, dass eine neue Nation das Recht hat, ziemlich empfindlich zu sein, was ihre Einheit betrifft.« Die Vereinigten Staaten waren natürlich nicht dem Angriff einer Supermacht ausgesetzt; ihr Territorium war seit dem Krieg 1812 nicht mehr bedroht worden. Wer die »Ironie« schätzt, mag sich an den neokonservativen bis liberalen Darbietungen der Niebuhr-Anhänger unserer Tage ergötzen, wenn es um Zwangsmaßnahmen seitens gegenwärtiger Staatsfeinde unter viel schlimmeren Umständen geht, für welche die wütenden Kritiker direkt mitverantwortlich sind.

Niebuhr war im März 1948 »sicher«, dass »die strategischen Maßnahmen, die wir in Griechenland und in der Türkei setzen, … absolut notwendig« seien; er bezog sich auf den mörderischen Feldzug zur Aufstandsbekämpfung, um in Griechenland unter dem betrügerischen Vorwand, das Land gegen eine sowjetische Aggression zu »verteidigen«, unter anderem mit Hilfe von Nazikollaborateuren die alte Ordnung wieder herzustellen. Er befürwortete dezidiert die »großartigen« Maßnahmen des Senatsausschusses für Innere Sicherheit unter McCarran und Jenner – »die Kommunisten werden endlich aufgestöbert« –, im Gegensatz zu Joseph McCarthy, der laut Fox Niebuhrs Kollegen bei den *Americans for Democratic Action* (ADA) genauso diffamierte wie Kommunisten. Im Jahr 1956 verurteilte er die kritische Haltung von Eisenhower gegenüber dem israelisch-französisch-britischen Angriff auf Ägypten, die mit ihrem illusorischen Motiv des »Friedens in unserer Zeit« den Verlust »strategischer Festungen« wie Israel riskiere. Er hielt an seiner Zustimmung zur israelischen Aggression von 1956 fest und bemerkte im Juni 1967: »Nun, da die Israelis Nasser und den arabischen Stämmen [sic] eine dritte vernichtende Niederlage beigebracht haben«, möchte er »Gott für das kleine Volk danken, das einen historischen Glauben mit Überlegenheit in der Kunst des Krieges vereint«. Es ist leicht nachvollziehbar, warum er sich mit seinen Positionen unter den Intellektuellen der Nachkriegszeit allgemein beliebt machte.

Niebuhr konnte Tatsachen und Argumente vermeiden und würde dafür auch noch gelobt – ein Luxus, den jeder genießen kann, der sich strikt innerhalb der konventionellen Orthodoxie bewegt und sich an die Spielregeln hält. Jene, die lieber nicht im Gleichschritt mitmarschieren, werden an anspruchsvolleren Maßstäben gemessen – was ihnen in gewisser Weise durchaus gut tut. Die Ehrfurcht und der Respekt, den man seinen Worten schenkt, spiegelt zum Teil den seichten und oberflächlichen Charakter der herrschenden geistigen Kultur wider, was vielleicht ein Merkmal aller Zeiten und Orte ist. Um seine Stellung als »offizieller Theologe des Establishments« zu erklären, muss man aber auch die Lehren betrachten, die aus seinen Aufrufen gezogen wurden.

Fox bemerkt, dass die Liberalen um Kennedy Niebuhrs Namen weniger »benutzten«, als dass sie für seine Perspektive dankbar waren. Er half ihnen, ihren Glauben an sich selbst als politische Akteure in einer schwierigen – oder wie er es nannte: sündhaften – Welt zu bewahren. Die Einsätze waren hoch, die Feinde waren schlau, und Verantwortung bedeutete, Risiken einzugehen; Niebuhr lehrte, dass moralische Männer mit harten Bandagen kämpfen mussten.

Hier ist eine der nützlichen Lektionen, die Niebuhr auch in früheren Jahren gelehrt hatte. Während seines triumphalen Besuches in Großbritannien im Jahr 1939 wurde »überall ein genialer Limerick ... erzählt«, schreibt Fox: *"At Swanwick, when Niebuhr had quit it / A young man exclaimed 'I have hit it! / Since I cannot do right / I must find out, tonight / The right sin to commit – and commit it.'"*[91]

Der unvermeidliche »Makel der Sünde, der allen historischen Errungenschaften anhaftet«, die Notwendigkeit, »zum Zwecke des

---

91. »Als Niebuhr in Swanwick seinen Vortrag beendete, rief ein junger Mann: ›Ich hab's! Da ich nicht das Richtige tun kann, muss ich noch heute Abend die richtige Sünde herausfinden – und sie begehen.‹«

Guten bewusste Entscheidungen für das Böse« zu treffen – das sind tröstliche Lehren für jene, die »sich der Verantwortung der Macht stellen«, oder im Klartext: für jene, die sich auf ein Leben des Verbrechens einlassen, um »mit harten Bandagen zu kämpfen« bei ihren Bemühungen, »diese ungleiche Position zu erhalten« zwischen unserem unermesslichen Reichtum und der Armut der anderen, um »idealistische Parolen« aufzugeben und bereit zu sein, »mit klaren Machtvorstellungen zu operieren«, wie George Kennan es 1948 in einem Geheimdokument pointiert formulierte. Darin liegt das Geheimnis von Niebuhrs enormem Einfluss und Erfolg.

4. Konsens ohne Zustimmung (1996)

Über Theorie und Praxis der Demokratie

Heute ist eine gute Gelegenheit, einige Überlegungen über Kernfragen der amerikanischen Demokratie anzustellen. Die Saison der Vorwahlen 1996 ist vorbei und die beiden mutmaßlichen Kandidaten gehen zum eigentlichen Wahlkampf über. Die Medien berichteten wie immer ausführlich über die Vorwahlen. Die Geldflüsse waren diesmal beispiellos, viel umfangreicher als im Jahr 1992, obwohl nur einer der Kandidaten zu bestimmen war. Einige Punkte wurden jedoch ausgeklammert, und das waren vielleicht die aufschlussreichsten Aspekte der Vorwahlzeit.

Die erste bemerkenswerte Lücke waren die Wähler. Abgesehen von New Hampshire, wo ein Viertel der Wahlberechtigten zur Urne gingen, lag die Beteiligung an der Vorwahl, aus der Robert Dole mit rund einer Million Stimmen als Sieger hervorging, bei 3 bis 11 Prozent. Die spärliche Wahlbeteiligung ging darauf zurück, dass die Wahlen »in großer Eile und mit wenig Überlegung« durchgeführt wurden, wie Richard Berke, der Wahlberichterstatter der *New York Times* meldete; und wie immer waren die Abstimmungen zugunsten der Reichen verzerrt. Was auch immer sich da abspielte, erschien der breiten Bevölkerung nicht besonders interessant.

Was ebenfalls fehlte, waren größere Unterschiede zwischen den beiden Präsidentschaftskandidaten. Beide sind (eigentlich) gemäßigte Republikaner und langjährige Regierungsinsider, im Grunde Kandidaten der Geschäftswelt. Einige Monate nach dem Amtsantritt von Bill Clinton berichtete die Titelgeschichte im *Wall Street Journal* wohlwollend, dass der Präsident »die großen Unternehmer hofiert und meist auch zufriedenstellt«. Der Titel der Geschichte lautete »Seltsame Verbündete«, doch das ist nicht auf Clintons politische Vorgeschichte oder auf seine Wahlkampfpropaganda zurückzuführen, wie die Reportage stillschweigend anerkannte. Das *Wall Street Journal* freute sich, dass »Herr Clinton sich mit seiner Regierung bei einer Frage nach der anderen auf dieselbe Seite gestellt hat wie die amerikanischen Konzerne«, was auch bei den Spitzenmanagern der wichtigsten Großkonzerne Beifall auslöste; diese waren hoch erfreut, dass »wir mit dieser Regierung viel besser auskommen als mit den vorhergegangenen«, wie einer formulierte.

Ein Jahr später war die Begeisterung der Zeitschrift ungebrochen. »Clinton ist bisher erstaunlich unternehmerfreundlich – und steht politisch in der Mitte«, schrieb sie mit überflüssigem Erstaunen. Mit Hilfe der Republikaner im Kongress sei es den Interessengruppen gelungen, ihn zur Zufriedenheit der Handelskammer der USA, der Unternehmenslobbyisten, der Versicherungsgesellschaften u. ä. »zu brechen«. Obwohl die Demokraten sowohl den Präsidenten stellen als auch die Mehrheit im Kongress haben, »sind nur einige wenige Interessengruppen ins Hintertreffen geraten«: die Gewerkschaften, die »zwei sehr magere Jahre« gehabt haben, wie die *Washington Post* berichtet, während die Unternehmen »reiche Beute« machten und einerseits praktisch alle ihre Ziele durchsetzten und andererseits Gewerkschaften und Linke bei jeder Gelegenheit blockierten.[92]

Mit dem knappen Wahlsieg der Republikaner unter Newt Gingrich im November 1994 stiegen die Erwartungen um einiges. Ein Jahr später berichtete die *Business Week*: »Für die meisten Vorstandsvorsitzenden ist der 104. Kongress ein Meilenstein für die

92. Jeffrey H. Birnbaum: »As Clinton Is Derided as Flaming Liberal by GOP, His Achievements Look Centrist and Pro-Business«, *Wall Street Journal*, 7. Oktober 1994, S. A12; Rick Wartzman: »Special Interests, With Backing of GOP, Defeat Numerous White House Efforts«, *Wall Street Journal*, 7. Oktober 1994, S. A12. David Broder, Michael Weiskopf: »Finding New Friends on the Hill«, *Washington Post National Weekly*, 3.–9. Oktober 1994.

Unternehmenswelt: Noch nie zuvor war ein solches Füllhorn an Geschenken über Amerikas Unternehmen ausgeschüttet worden.« Die Schlagzeile lautete: »Zurück an die Front« – der Appetit ist unvermindert, und es folgt eine interessante Wunschliste.[93] Die wurde den Konzernlobbyisten in Washington zugestellt, deren Zahl innerhalb von 365 Mitte der 1960er Jahre auf 23 000 Ende der 1980er Jahre angewachsen war. Die Zahl der Firmenanwälte nahm gleichermaßen zu, parallel zu einer gewaltigen Zunahme anderer Programme für die Überwindung der »Krise der Demokratie«, die in den 1960er Jahren ausgebrochen war, als Bevölkerungsgruppen, von denen Passivität und Gehorsam erwartet wird, nach Teilnahme am öffentlichen Leben strebten. Angesichts dieser Verbündeten mussten sich die Unternehmer nicht mit dem Rückhalt von Clinton und Konsorten abgeben. Als im April 1996 Ron Brown bei einem Flugzeugabsturz starb, schrieb das *Wall Street Journal*: »Die amerikanischen Konzerne haben ihren unermüdlichsten und dreistesten Fürsprecher in der Regierung verloren, der das Eintreten für Firmen zu seiner höchsten Mission gemacht hatte.« Doch obwohl er sich »unermüdlich für die amerikanische Industrie« einsetzte, wie die Überschrift lautete, genoss Brown »im Gegenzug kaum Unterstützung vonseiten der Unternehmen«. Angesichts der verfügbaren Alternativen im politischen System ist das keine Überraschung.[94]

Im Jahr 1993 war jemand, der sich immer wieder auf ihre Seite stellte, das Beste, was den Unternehmern passieren konnte. 1993 mussten sie sich mit Kandidaten begnügen, die irgendwo zwischen einer Verbesserung gegenüber Reagan und Bush und einem noch loyalerem Dienst an den amerikanischen Konzernen standen. Der Artikel des *Wall Street Journal* vom November 1993 über Clintons erstaunlich braves Benehmen war nuancenreicher als eben angedeutet.

93. »Back to the Trenches«, *Business Week*, 18. September 1995, S. 42.
94. Helene Cooper, »Ron Brown Worked Tirelessly for U.S. Industry But Got Little Support from Business in Return«, *Wall Street Journal*, 5. April 1996, S. A10.

Es hieß darin, dass Clinton – so wie demokratische Präsidenten ganz allgemein – »mehr die Großkonzerne anspricht als die zahllosen kleinen Unternehmer«. Damit sprach er eine Bruchlinie an, die sich seit vielen Jahren durch das politische System der USA zieht und die kapitalintensiveren, High-Tech- und international ausgerichteten Unternehmen von den anderen Sektoren trennt. Das entspricht im Wesentlichen der Trennlinie zwischen dem *Business Council* sowie dem *Business Roundtable* auf der einen Seite und der US *Chamber of Commerce* sowie der *National Association of Manufacturers* auf der anderen Seite. Die »kleinen« Unternehmen sind oft gar nicht so klein, haben aber einen etwas anderen Charakter. Der breite Konsens aller Unternehmer legt seit langem den allgemeinen Rahmen des politischen Systems fest, aber es gibt innere Spaltungen, und das ist eine davon, wie Thomas Ferguson in seinem wichtigen Buch herausarbeitet.[95]

Aber nun zurück zu den Vorwahlen im Jahr 1996: Geld und Presse waren im Überfluss vorhanden, im Gegensatz zu Wählern, oder einem großen Unterschied im Ergebnis. Die öffentliche Meinung ist aufschlussreich für die Funktionsweise des demokratischen Systems. Mehr als 80 Prozent der Bevölkerung sind der Meinung, dass die Regierung »im Sinne einer Minderheit und im Sinne von Interessengruppen arbeitet«; in den Jahren zuvor hatten nur 50 Prozent ähnlich formulierte Fragen so beantwortet. Mehr als 80 Prozent glauben, dass das Wirtschaftssystem »schon an sich unfair« ist und dass werktätige Menschen wenig dabei mitzureden haben, was im Lande vor sich geht. Mehr als 70 Prozent sind der Meinung, dass »die Unternehmer in Amerika jetzt zu viel Macht über zu viele Lebensbereiche haben« und »von der Liberalisierungspolitik der Regierung viel stärker profitiert haben als die Verbraucher«. Zwei Drittel sagen, dass der »amerikanische Traum ... schwieriger zu erreichen« sei als in den

95. Thomas Ferguson: *Golden Rule: The Investment Theory of Party Competition and the Logic of Money-Driven Political Systems.* University of Chicago Press, 1995.

1980er Jahren. Und eine »sensationelle Mehrheit von 95 Prozent« der Öffentlichkeit, wie die *Business Week* schreibt, ist der Ansicht, dass Konzerne »manchmal auf einen Teil ihres Profites verzichten sollten, um die Lage ihrer Arbeiter und in ihrem Umfeld zu verbessern«.[96] Diese Zahlen wirken sich selten bei den Wahlen aus.

In wichtigen Fragen ist die öffentliche Meinung hartnäckig sozialdemokratisch, wie seit der Zeit des *New Deal*.[97] Am Vorabend der Wahl zum Kongress 1994 waren 60 Prozent der Bevölkerung für eine Erhöhung der Sozialausgaben.[98] Ein Jahr später meinten 80 Prozent: »Die Bundesregierung muss die Schwächsten in der Gesellschaft schützen, vor allem arme und alte Menschen, indem sie einen Mindestlebensstandard garantiert und Sozialleistungen anbietet.« 80 bis 90 Prozent der Amerikaner unterstützen eine auf Bundesebene garantierte öffentliche Unterstützung für Arbeitsunfähige, für Arbeitslosenversicherung, subventionierte Medikamente und Pflegeheime für alte Menschen, ein Mindestmaß an Gesundheitsversorgung und für Sozialversicherungsrenten. Drei Viertel sind für eine auf Bundesebene garantierte Kinderbetreuung für berufstätige Mütter mit niedrigem Einkommen. Fast zwei Drittel sind der Meinung, dass die von den Republikanern vorgeschlagenen Steuersenkungen »Leuten

---

96. Everett Carl Ladd: »The 1994 Congressional Elections: The Postindustrial Realignment Continues«, *Political Sociology Quarterly*, Spring 1995; John Dillin: »Brown Refuses to Endorse Clinton«, *Christian Science Monitor*, 14. Juli 1992, hier S. 2; Deer, Margolis, Mitchell, Bums & Associates: *Being Heard: Strategic Communications Report and Recommendation*, für die AFLCIO, 21. März 1994; »America, Land of the Shaken«, *Business Weekly*, 11. März 1996, hier S. 64.

97. Über die erste Zeit nach dem Krieg siehe Elizabeth Fones-Wolf: *Selling Free Enterprise. The Business Assault on Labor and Liberalism, 1945–1960*. University of Illinois Press, 1994; über die Mitte der 1980er Jahre, siehe Vicente Navarro: »The 1984 Election and the New Deal«, *Social Policy*, Frühjahr 1985; Thomas Ferguson, Joel Rogers: »The Myth of America's Turn to the Right«, *Atlantic*, Mai 1986, sowie von denselben Autoren: *Right Turn*. Hill & Wang, 1986.

98. *Los Angeles Times*, 20. November 1994, zit. nach Doug Henwood: »The Raw Deal«, *Nation*, 12. Dezember 1994, auf S. 711.

zugute kommen, die diese nicht notwendig haben«.[99] Dass sich diese Meinungen halten, ist besonders erstaunlich angesichts dessen, was die Menschen ständig zu hören bekommen und was maßgebliche Autoritäten ihnen ständig über sie selbst erzählen.

Die Übereinstimmung zwischen der öffentlichen Meinung und dem, was sich bei den Vorwahlen abspielt, legt nicht zum ersten Mal bestimmte Schlussfolgerungen nahe. Es sind aber nicht die Schlussfolgerungen, die zum Beispiel von der Zeitschrift, die 1992 berichtete, das 83 Prozent der Bevölkerung glauben, dass die Reichen reicher und die Armen ärmer werden, und dass »das Wirtschaftssystem an sich schon unfair ist«, normalerweise gezogen werden. Die Schlussfolgerung jener Zeitschrift war, dass die Menschen wütend auf »ihre gut bezahlten Politiker« sind und mehr Macht für das Volk, nicht mehr Macht für die Regierung wollten. Diese Auslegung der Unzufriedenheit der Bevölkerung mit dem Wirtschaftssystem spiegelt zwei wesentliche Prinzipien wider, welche die Indoktrinierungsinstitutionen in die Köpfe der Menschen einpflanzen wollen: Erstens, dass es keine »Regierung des Volkes, durch das Volk und für das Volk« geben darf, die auf die Interessen des Volkes reagiert und seinem Willen und Einfluss unterliegt; das Volk ist vielmehr ihr Gegner. Zweitens, dass individuelle, private Macht nicht existiert, obwohl die *Fortune-500* fast zwei Drittel der heimischen Wirtschaft und einen guten Teil der Weltwirtschaft kontrollieren, mit allem, was dazugehört.

Kurz gesagt gibt es einen Konflikt zwischen der Regierung – dem Feind – und dem Volk, die zusammen den amerikanischen Traum leben: der einfache Arbeiter, seine treue Gattin (die heute vielleicht auch einen Job hat), der hart arbeitende Manager, der sich für das Allgemeinwohl abrackert, der freundliche Bankangestellte, der Geld verleiht, wenn nötig – ein Vorbild an Harmonie; ihr glückliches Leben wird nur von »Außenseitern«, von diversen »unamerikanischen« Elementen wie Gewerkschaftsaktivisten und ähnlichem Gesindel gestört.

99. »Portrait of a Skeptical Public«, *Business Weekly*, 20. November 1995, hier S. 138.

Das ist das Bild, das von der PR-Branche sorgfältig zusammengezimmert wurde; nachdem das Wachstum der Massenbewegungen in den 1930er Jahren schockierender Weise die Überzeugung zunichte machte, das Ende der Geschichte sei in Form einer Utopie der Herrschenden erreicht, wurde die PR-Industrie gewaltig vergrößert. Das Bild hat sich mit einigen Varianten in der Unternehmenspropaganda, in der Unterhaltungsbranche und in einem guten Teil der Populärkultur und des intellektuellen Lebens gehalten.

Angesichts eines so verbreiteten Bildes könnte man die Tatsache, dass die überwältigende Mehrheit der Bevölkerung das *Wirtschafts-system* für an sich unfair hält, so verstehen, dass die Menschen wütend auf die reichen Politiker sind und wollen, dass die Regierung sie in Ruhe lässt, damit »das Volk« – und nicht sein Feind – »die Macht« hat. Bei all der Propaganda der letzten Jahre, die ein Ausmaß hat, dessen man sich selten bewusst ist, ist diese Schlussfolgerung nicht völlig falsch. Die Schlussfolgerung ist sogar fast richtig, wenn man die folgenden Voraussetzungen stillschweigend akzeptiert: Eine demokratische Regierung, die den Interessen der Bevölkerung dient, ist unmöglich (aber die Regierungen einzelner Bundesstaaten sind erträglich, weil sie viel leichter von privaten Interessen zu beherrschen sind); und im Gegensatz zu den Ansichten über Klassenkonflikte – die für Adam Smith und viele andere seit jener Zeit offensichtlich waren und eine absolut fixe Idee der amerikanischen Unternehmer sind, die ein Beispiel ungewöhnlich hohen Klassenbewusstseins und großer Hingabe für den Klassenkampf sind, wie die führenden Unternehmer auch offen sagen – lebt das Volk in Harmonie. Die Unternehmer haben schon lange vor der »Gefahr für die Industriellen« gewarnt, welche »die neue politische Macht der Massen« darstellt, und dass sie »den ewigen Kampf um die Köpfe der Menschen« führen und gewinnen, die »Bürger mit der Geschichte vom Kapitalismus indoktrinieren« müssen, bis diese »die Geschichte mit erstaunlicher Genauigkeit wiedergeben können«, und so weiter und so fort – ein

beeindruckender Schwall, der von noch beeindruckenderen Maßnahmen begleitet wird und gewiss eines der zentralen Themen der
neuen Geschichte ist.[100]

Es ist eine Hommage an die Fähigkeiten der Krieger des ewigen
Kampfes, dass man ehrlich überrascht und besorgt über den Appell
eines populistisch gewandeten Demagogen an Klassenlinien war, als
der Damm während der Vorwahlen im Jahr 1996 schließlich barst.
Pat Buchanan »eröffnete eine zweite Front« im »Klassenkampf«,
schrieb der *New-York-Times*-Kolumnist Jason DeParle. Zuvor hatten
Unzufriedene ihrem Ärger und Frust mit Angriffen auf »Sozialhilfe-
empfänger, Ausländer und Profiteure von Quotenregelungen« Luft
machten. Aber jetzt entdeckte man Chefs, Manager, Investoren, Spe-
kulanten und sogar Klassenkonflikte – Elemente unserer harmoni-
schen Gesellschaft, die bisher irgendwie übersehen worden waren.[101]

Ohren, die auf einen anderen Bereich des Spektrums abgestimmt
sind, hätten diese Entdeckungen vielleicht einige Jahre früher gemacht:
zum Beispiel 1978, als Doug Fraser, der Vorsitzende der *United Auto
Workers* die Wirtschaftsführer dafür verurteilte, dass sie »sich für
einen einseitigen Klassenkampf in unserem Land entschieden haben,
für einen Krieg gegen die Werktätigen, die Arbeitslosen, die Armen,
die Minderheiten, Kinder und alte Menschen und selbst gegen viele,
die zur Mittelklasse unserer Gesellschaft zählen«, und dafür, dass
sie »den zerbrechlichen, ungeschriebenen Pakt, der bislang in einer
Zeit des Wachstums und des Fortschrittes bestand, gebrochen und
ad acta gelegt haben«;[102] oder zwanzig Jahre vorher, als die Presse
der Arbeiterbewegung, die damals noch in erheblichem Umfang
existierte und – nach eigenen Worten – versuchte, die Offensive der

100. Alex Carey: *Taming the Risk Out of Democracy: Corporate Propaganda vs Freedom
and Liberty*. University of Illinois Press 1995; Fones-Wolf, op. cit., hier S. 52 und 177.
101. Jason DeParle: »Class is No Longer a Fourletter Word«, *New York Times Magazine*,
17. März 1996, hier S. 40.
102. Kim Moody: *An Injury to All*. Verso, 1988, S. 147

Konzerne zu bekämpfen, »das amerikanische Volk für die Vorzüge der Großunternehmen zu begeistern« und »ein Gegengift für die schlimmsten Gifte der gekauften Presse«, die kommerziellen Medien, anzubieten, deren Aufgabe ist, »die Arbeiterbewegung bei jeder Gelegenheit zu verdammen, die Verbrechen der Bank- und Industriemagnaten, die in Wirklichkeit unser Land kontrollieren, geflissentlich unter den Teppich zu kehren«;[103] oder noch viel länger vorher, in der Anfangszeit der industriellen Revolution.

Meg Greenfield warnte in *Newsweek*, dass vielleicht eine neue »Periode der Schuldzuweisungen« mit einem »Übergang von einer breiten Palette verschiedener organisierter Beschwerden und Konflikte zur Herausbildung des Themas eines wirtschaftlichen Klassenkampfes« beginne. Es gebe immer stärkere »Feindseligkeit gegenüber den Bonzen – den Konzernchefs, leitenden Managern, Investmentbankern und anderen Machern in der expandierenden neuen Geschäftswelt«, wo »viele Dinge passieren, ... die nur Experten durchschauen.« Wer nicht den Durchblick hat, suche »einen neuen Schurken im Land«, den er für seine Schwierigkeiten verantwortlich machen kann. Das sei bedauerlich, aber verständlich, erklärt Greenfield: Irregeleitete Menschen suchen immer »nach bösen Mächten ... als Erklärung für ihre eigenen Fehler und Strapazen«, einst »Katholiken, Juden und Ausländer« und heute die »Macher«, die uns in eine neue Welt führen. »Bisher haben die meisten Amerikaner die übermächtige Regierung für ihre wirtschaftlichen Probleme verantwortlich gemacht«, schreiben die Redakteure der *Business Week* weiter, »aber jetzt könnte sich ihre Wut gegen die übermächtigen Konzerne richten.« Viele stellen sogar »die Rolle des Unternehmens in der Gesellschaft« in Frage. »Es wäre töricht, diese Vorzeichen zu ignorieren«, und die Unternehmen müssen sich überlegen, »verantwortungsvollere Mitglieder der Gesellschaft zu sein«, wenn sie der »wieder erwachenden Linken« das Wasser abgraben wollen. »Der Hauptgrund, warum die

103. Fones-Wolf, op. cit., Fußnote 7 auf S. 44f., 117.

Anleihe- und Aktienmärkte in den letzten fünfzehn Jahren einen so berauschenden Höhenflug erlebt haben, ist, dass es dem Kapital gelungen ist, sich die Arbeit klar zu unterwerfen«, schreibt John Liscio in *Barron's*, aber die zunehmend »aggressive Kampagne« der Arbeiter für »ein sogenanntes ›Existenzminimum‹ (*living wage*)« und ihre gelegentlichen Erfolge bei diesem »plötzlichen Druck von der Basis her für ein garantiert größeres Stück vom Kuchen« seien nicht mehr zu ignorieren.[104]

Als herauskam, dass die Öffentlichkeit fast zwanzig zu eins der Ansicht ist, dass die Herren der Wirtschaft ihrer Verantwortung gegenüber den Arbeitern und der Gesellschaft nicht nachkommen, waren der Schrecken und die Sorge noch größer. Diese Reaktion verdient unsere Aufmerksamkeit

Man sollte die Bandbreite der Möglichkeiten des öffentlichen Diskurses, die nun erlaubt sind, da die Harmonie der Vergangenheit von einer verwirrten und irregeleiteten Öffentlichkeit sowie zynischen Politikern gestört wurde, genau beachten. Am einen Ende des nunmehr erweiterten Spektrums der verantwortungsvollen Debatte heißt es, dass jene, die in der Privatwirtschaft das Sagen haben, rücksichtslos nach Profit streben sollen; am anderen Ende heißt es, dass sie gütigere Autokraten sein sollen.

Andere mögliche Optionen fallen aus dem Spektrum heraus, zum Beispiel die Vorstellungen von Thomas Jefferson, der vor dem Aufstieg einer »einheitlichen, prachtvollen Regierung einer Aristokratie der Banken und der begüterten Unternehmen« warnte, die es einigen wenigen ermöglichen würde, »sich zur Herrschaft über die den ausgebeuteten Pflüger und den ruinierten Freibauern aufzuschwingen«, die Demokratie zu zerstören und eine Form des Absolutismus wiederherzustellen, wenn man ihnen freie Hand

---

104. Greenfield: »Back to Class War«, *Newsweek*, 12. Februar 1996, S. 84; »The Backlash Building Against Business«, *Business Weekly*, 19. Februar 1996, S. 102; Liscio: »Is Inflation Tamed?«, *Baron's*, 15. April 1996, S. 10f.

ließe – was auch geschah und seine schlimmsten Alpträume übertraf. Oder Alexis de Tocqueville, der so wie Thomas Jefferson und Adam Smith die Gleichheit der Voraussetzungen für ein wichtiges Merkmal einer freien und gerechten Gesellschaft hielt. Er sah die Gefahren von »dauerhaft ungleichen Voraussetzungen« und fürchtete ein Ende der Demokratie, falls »die Produktionsaristokratie, die unter unseren Augen anwächst«, »eine der brutalsten, die jemals auf der Welt existierten«, ihre Schranken durchbrechen sollte. Oder Amerikas führenden Sozialphilosophen des 20. Jahrhunderts, John Dewey, der meinte, dass man unter der Herrschaft privater Interessen nicht ernsthaft über Demokratie sprechen könne. »Die Macht wohnt heute der Kontrolle der Produktions-, Austausch-, Werbe-, Transport- und Kommunikationsmittel inne«, schrieb er. »Wer sie besitzt, beherrscht das Leben des ganzen Landes«, und Politik sei wenig mehr als »der Schatten, den die großen Unternehmen auf die Gesellschaft werfen«, solange das Land »vom Geschäft für privaten Profit, mittels privater Kontrolle über die Banken, Grund und Boden sowie die Industrie, verstärkt durch die Verfügungsgewalt über die Presse, Presseagenten und andere Werbe- und Propagandamittel« beherrscht werde. Um diesem grundsätzlichen Missbrauch von Freiheit und Demokratie abzuhelfen, müssen die Arbeiter »Herren ihres eigenen Schicksals in der Industrie« und nicht bloß vom Arbeitgeber angemietete Werkzeuge sein – eine Auffassung, die auf die Ursprünge des klassischen Liberalismus zurückgeht. Solange die Industrie nicht »von einer feudalen in eine demokratische Ordnung übergeführt wird«, die auf Arbeiterkontrolle beruht, sind Formen der Demokratie möglich, aber von eingeschränkter Substanz.[105]

105. vgl. Charles Sellers: *The Market Revolution: Jacksonian America, 1815–1846*. Oxford University Press, 1991, S. 106; de Tocqueville: *Democracy in America*. Henry Steele Commager, 1945, Bd. II, Kap. 20, S. 161. Zu Dewey siehe vor allem Robert Westbrook: *John Dewey and American Democracy*. Cornell University Press, 1991.

Solche Ideen waren auch in der Presse der Arbeiterbewegung im Frühstadium der Industrialisierung der Vereinigten Staaten verbreite, als Handwerker, »Fabrikmädchen« und andere Werktätige ihrem Kampf gegen »den neuen Zeitgeist: werde reich und denke nur an dich selbst« eloquent Ausdruck gaben. Sie kämpften zur Verteidigung ihrer Würde, Freiheit und Kultur gegen die Angriffe der »brutalen Produktionsaristokratie«. Sie flehten die Aristokratie nicht an, gütiger zu sein, sondern erklärten sie für unrechtmäßig; sie sprachen ihnen das Recht ab, brutal oder gütig zu sein. Sie sprachen ihnen das Recht ab, zu bestimmen, was im Bereich der Wirtschaft, der Gesellschaft und der Politik geschieht. So wie Dewey viele Jahre später bestanden sie darauf, dass »wer in der Fabrik arbeitet, soll diese auch besitzen«, damit eine echte Demokratie vorstellbar wird.[106]

All das ist uramerikanisch, ohne den zweifelhaften Nutzen radikaler Intellektueller, und ein wichtiger Teil der authentischen Geschichte der Vereinigten Staaten. Aber all das fehlt, obwohl die Bandbreite der Debatte so weit ausgedehnt wurde, dass die Vorstellung gestattet ist, dass die *Fortune-500* ihre Untergebenen gütiger behandeln sollen, und dass man sie vielleicht mit besonderen Steuervergünstigungen locken sollte, um »die Gier der Konzerne« zu bändigen, wie besonders Aberwitzige vorschlagen.

Abgesehen von ihrer inhärenten Unrechtmäßigkeit stellt eine gütige Aristokratie auch praktische Probleme dar. Diejenigen, die bei dem Spiel das Sagen haben, können dieses auch jederzeit abbrechen und nach Lust und Laune wieder brutal werden. Der »soziale Kapitalismus« hat eine interessante Geschichte. Er wurde von den Herren erfunden, um die Gefahr der Demokratie abzuwehren; als er nicht mehr praktisch oder notwendig erschien, wurde er wieder abgeschafft, so wie heute wieder einmal. Die Lehre daraus sollte heute genauso offensichtlich sein wie für die Textilarbeiter im Osten von Massachusetts vor 150 Jahren.

106. Norman Ware: *The Industrial Worker, 1840–1860.* Ivan R. Dee, 1990.

Kommen wir zu den Vorwahlen zurück und sehen wir uns genauer an, wovon nicht die Rede war.

Ein Element, von dem nicht die Rede war, ist Senator Phil Gramm, dessen »gut finanzierter Wahlkampf« der erste war, dem die Luft ausging, wie der politische Kolumnist James Perry im *Wall Street Journal* berichtete.[107] Das Verschwinden von Gramm war besonders bemerkenswert, wie Perry erkannte, da er »in dieser Vorwahl der einzige Vorkämpfer der Konservativen« war, deren »historische Machtergreifung« im Jahr 1994 die politische Landschaft eigentlich langfristig verändern sollte, den verhassten Gesellschaftsvertrag aufkündigen und die ruhmreichen Tage der fröhlichen 1990er und der wilden 1920er Jahre wiederherstellen, als »die Arbeit dem Kapital klar unterworfen« war, und zwar scheinbar für immer, und mit Methoden, »aus denen nichts werden konnte, das auch nur im Geringsten einer Demokratie ähnelt«, wie Thomas Ferguson bemerkt.[108]

Der Zusammenbruch der republikanischen Mehrheit im Kongress ist »die grausamste Ironie« des Wahlkampfes, setzt Perry fort. Er hat zu Recht auf diese interessanten Tatsachen hingewiesen, doch wenn man die Meinungsumfragen verfolgte, stellten sie eigentlich keine Überraschung da, denn die haben eine konstante Opposition gegen die Pläne der Republikaner unter Gingrich gezeigt.

Einige Tage später bemerkte Albert Hunt in einem politischen Kommentar im *Wall Street Journal*, dass »Newt Gingrich und sein ›Vertrag mit Amerika‹« sowie andere Steckenpferde der konservativen Wirtschaftspolitiker aus Washington während den Vorwahlen in New Hampshire »kaum erwähnt wurden«.[109] Das ist richtig und ebenfalls keine Überraschung. Im November 1994 hatten nur wenige Wähler auch nur von dem »Vertrag« gehört, und jene, die etwas über

---

107. Perry: »Notes From the Field«, *Wall Street Journal*, 26. Februar 1996, S. A20.
108. Ferguson, Fn. 5, S. 72.
109. Albert R. Hunt: »Politics & People: The Republicans' Claiming High Ground«, *Wall Street Journal*, 22. Februar 1996, S. A15.

seinen Inhalt erfuhren, lehnten ihn zum Großteil ab. Es ist nicht überraschend, dass Politiker, wenn sie sich der Öffentlichkeit stellen müssen, ihr Programm fallen lassen wie eine heiße Kartoffel, oder genauer gesagt, ihr Programm nicht mehr erwähnen. Das ist keine grausame Ironie, sondern bloß Realitätssinn, und das Programm wird unverändert durchgezogen, ganz gleich, was die Bevölkerung wünscht, so lange das »große Untier« – wie Alexander Hamilton das »Volk«, das Demokraten so bewundern, wütend nannte – friedlich in seinem Käfig bleibt.[110]

Das drastischste Beispiel für Elemente, die bei den Vorwahlen fehlten, waren die Staatsschuld und das Budgetdefizit auf Bundesebene. »Niemand spricht mehr von einem ausgeglichenen Budget«, berichtet Perry, obwohl das einige Wochen zuvor noch die wichtigste Frage gewesen war, welche die Regierung immer wieder lähmte, während die beiden Parteien darüber stritten, ob das Budget in sieben Jahren oder ein bisschen später ausgeglichen werden soll. Alle stimmten dem Präsidenten zu, als er verkündete: »Ich sage es ganz deutlich: Natürlich müssen wir das Budget ausgleichen.«[111] Aber sobald man die Öffentlichkeit nicht mehr völlig ignorieren konnte, verschwand das Thema von der Bildfläche. Oder, wie das *Wall Street Journal* zu formulieren beliebte: Die Wähler »haben ihren ›Fimmel‹ eines ausgeglichenen Budgets aufgegeben« – soll heißen: sobald die Wähler über die Folgen eines Budgetausgleichs informiert wurden, war eine große Mehrheit dagegen, wie die Umfragen regelmäßig zeigten.[112]

Genauer gesagt hatte ein Teil der Öffentlichkeit den gleichen »Fimmel« wie die Parteien, was den Budgetausgleich betraf. Im August 1995 war das Defizit für 5 Prozent der Bevölkerung das wichtigste

---

110. Henry Adams: *History of the United States of American During the Administrations of Thomas Jefferson.* Literary Classics of the United States, 1986, S. 61.
111. »Clinton Warns of Medicaid Plan«, *Boston Globe*, 1. Oktober 1995, S. 12.
112. Alan Murray: »The Outlook: Deficit Politics: Is the Era Over?«, *Wall Street Journal*, 4. März 1996, S. A1.

Problem des Landes, gleichauf mit der Obdachlosigkeit.[113] Aber unter den 5 Prozent mit dem Budgetfimmel waren zufällig Menschen, die wichtig sind. »Die amerikanische Geschäftswelt hat gesprochen: der Bundeshaushalt ist auszugleichen«, verkündete die *Business Week* nach einer Umfrage unter Führungskräften.[114] Und wenn die Geschäftswelt spricht, dann tun es ihr die politische Klasse und die Medien gleich, und sie informierten die Öffentlichkeit, dass »die Amerikaner für einen Haushaltsausgleich stimmten«, mit einer genauen Auflistung, welche Sozialausgaben entsprechend dem Willen der Öffentlichkeit (und gegen den Willen der Öffentlichkeit, die vor und nach den Wahlen nach Umfrageergebnissen konstant dagegen war) zu kürzen sind.[115]

Kein Wunder, dass das Thema sofort vom Tisch war, als die Politiker sich dem großen Untier stellen mussten, und kein wunder, dass das Thema weiter umgesetzt wird, auf seine interessante und zweischneidige Art und Weise, mit unpopulären Kürzungen bei den Sozialausgaben und gleichzeitigen Aufstockungen des Pentagon-Budgets; für letztere ist nur jeder sechste der Bevölkerung; die Wirtschaft unterstützt beide Maßnahmen nach Kräften. Die Gründe dafür sind leicht zu verstehen, vor allem wenn man bedenkt, welche Rolle das Pentagon-System spielt: öffentliche Mittel fließen in die hoch entwickelten Industriebranchen, so dass die großen Geldgeber von Gingrich beispielsweise mehr Bundessubventionen bekommen als ganze Stadtbezirke, und dazu sind sie vor den Härten des Marktes geschützt, während ihr Anführer gegen den überfürsorglichen Staat wettert und die Werte des Unternehmertums sowie kernigen Individualismus preist.

Die herkömmliche Version der Ereignisse im November 1994 ist, dass die Anhänger des freien Marktes um Ginrich den »Vertrag mit

113. New York Times/CBS News Poll, *New York Times*, 1. Oktober 1995, S. 4.
114. Business Week/Harris Executive Poll, *Business Weekly*, 5. Juni 1995, S. 34.
115. All Things Considered. Sendung des *National Public Radio*, 12. Mai 1995.

Amerika« verwirklichen wollten, der den Ergebnissen der Meinungs-umfragen entsprach. Es war von Anfang an klar, dass das unwahr ist, und mittlerweile gibt man den Betrug zum Teil auch zu. Frank Luntz, der Umfrageexperte der Republikaner unter Gingrich, erklärte bei einer Pressekonferenz: Als er vor Journalisten behauptet hatte, dass eine Mehrheit der Amerikaner jeden einzelnen der zehn Teile des »Ver-trages« unterstützt, meinte er, dass den Menschen die Slogans gefielen, die als Verpackung dienten. Ein Beispiel: Fokusgruppenstudien zeigten, dass die Öffentlichkeit gegen den Abbau des Gesundheitswesens ist, aber dass sie es »für die kommende Generation erhalten, schützen und stärken« möchte. Also wird der Abbau als »eine Lösung, die *Medi-care* für alte Menschen erhält und der Babyboom-Generation den Weg freimacht« (Gingrich) verkauft. Die Republikaner würden das Gesundheitswesen »erhalten und schützen«, fügte Robert Dole hinzu.[116]

Das ist alles ganz normal in einer Gesellschaft, die in einem unge-wöhnlichen Ausmaß von Unternehmern geleitet wird, mit gewaltigen Werbeausgaben – nach einer neueren wissenschaftlichen Studie einer Billion Dollar pro Jahr, das ist ein Sechstel des Bruttoinlandsprodukt von 1992, und dieser Betrag ist zum Großteil steuerlich absetzbar, das heißt dass die Menschen für das Privileg, in ihren Meinungen und in ihrem Verhalten manipuliert zu werden, auch noch bezahlen.[117] Das ist einer der vielen Mechanismen, die geschaffen wurden, um künstliche Bedürfnisse zu schaffen, Meinungen zu lenken und »die öffentliche Meinung« zu kontrollieren.

Ein Handbuch der PR-Branche, verfasst von einer ihrer Leit-figuren, Edward Bernays, beginnt mit dieser Bemerkung: »Bewusste und intelligente Manipulation der organisierten Gewohnheiten und

116. Knight-Ridder: »GOP Pollster Never Measured Popularity of 'Contract,' Only Slogans«, *Chicago Tribune*, 12. November 1995, S. 11; Michael Weisskopf, David Mara-niss, »Gingrich's War of Words«, *Washington Post*, 6.–12. November 1995, S. 6.
117. Michael Dawson: *The Consumer Trap: Big Business Marketing and the Frustra-tion of Personal Life in the United States Since 1945*. Ph.D.-Dissertation, University of Oregon, August 1995; Dawson, persönliche Mitteilung.

Meinungen der Massen ist ein wichtiges Element in einer demokratischen Gesellschaft. … Aber natürlich müssen die intelligenten Minderheiten die Propaganda kontinuierlich und systematisch einsetzen«, da nur sie, »eine winzige Minderheit« der Bevölkerung, »die Denkprozesse und sozialen Verhaltensmuster der Massen verstehen« und somit in der Lage sind, »an den Fäden zu ziehen, mit denen man die öffentliche Meinung kontrolliert«. Mit ihrer Festlegung auf »offenen Wettbewerb«, der »hinreichend störungsfrei ablaufen« soll, entspricht es dem »gesellschaftlichen Konsens, dass der freie Wettbewerb durch Führungskräfte und durch Propaganda strukturiert wird«, einem »Mechanismus zur Kontrolle der öffentlichen Meinung«, der es den intelligenten Minderheiten ermöglicht, »die Meinung der Massen so zu formen, dass diese ihre eben erworbene Stärke in der gewünschten Richtung anwenden«, so dass »die öffentliche Meinung genauso reglementiert wird, wie ein Heer die Körper seiner Soldaten reglementiert.«[118] Dieser Prozess der »Herstellung von Konsens« sei das grundlegende »Wesen des demokratischen Prozesses«, schrieb Bernays zwanzig Jahre später, kurz bevor die *American Psychological Association* ihn im Jahr 1949 für seine Beiträge auszeichnete.

Als guter Roosevelt-Liberaler hatte Bernays seinen Fähigkeiten in Woodrow Wilsons Creel-Ausschuss (dem *Committee on Public Information*), dem ersten staatlichen Propagandadienst, den letzten Schliff verliehen. »Der verblüffende Erfolg der Propaganda während des Krieges öffnete der intelligenten Minderheit in allen Lebensbereichen die Augen, was für Möglichkeiten die Reglementierung der öffentlichen Meinung bot«, erklärte Bernays in seinem PR-Handbuch über Propaganda. Der Creel-Ausschuss war der offizielle Teil einer Kampagne, in der sich Intellektuelle dazu verpflichteten als »treue und hilfreiche Interpreten des wohl größten Vorhabens, das ein amerikanischer Präsident jemals unternommen hat« zu dienen (*New Republic*): Wilsons Entscheidung, in den Krieg in Europa einzutreten,

118. Edward L. Bernays: *Propaganda*. Doubleday Doran, 1928.

nachdem er einen Wahlkampf unter der Losung »Friede ohne Sieg« geführt hatte. Ihr Erfolg, erklärten sie später, bestand darin, »einer widerwilligen oder gleichgültigen Mehrheit« mit Hilfe von Propagandalügen über die Grausamkeit der Hunnen und ähnlichen Mitteln »ihren Willen aufzuzwingen«, wobei sie sich unwissentlich zu Werkzeugen des britischen Informationsministeriums machten, das seine Aufgabe in geheimen Dokumenten als »Lenkung der Gedanken eines Großteils der Welt« umriss.

All das ist gut »wilsonistisch«. Nach Wilsons eigener Ansicht sei eine Gentleman-Elite mit »hohen Idealen« nötig, um »Stabilität und Rechtschaffenheit« zu wahren.[119] Eine intelligente Minderheit »verantwortungsvoller Männer« müsse die Entscheidungsprozesse kontrollieren, erklärte Walter Lippmann, ein anderer Veteran des Creel-Ausschusses, in jenen Jahren in seinen einflussreichen Essays über die Demokratie. Diese »spezialisierte Klasse« der »Männer der Öffentlichkeit« sei für »die Herausbildung einer gesunden öffentlichen Meinung« sowie für die Festlegung der Politik verantwortlich und müsse die »unwissenden und lästigen Außenseiter« unter Kontrolle halten, die nicht fähig seien, »mit dem Kern der Probleme« umzugehen. Der Öffentlichkeit müsse man »zeigen, wo's langgeht«: ihre »Rolle« in einer Demokratie sei es, »der Handlung als Zuschauer beizuwohnen«, nicht als Beteiligte, sondern sich nur während der regelmäßig wiederkehrenden Wahlspektakel »als Parteigänger jemandem anzuschließen, der in leitender Position handelt«.

Harold Lasswell, ein Mitbegründer der modernen Politikwissenschaft, warnte in seinem Eintrag zum Stichwort »Propaganda« in der *Encyclopædia of the Social Sciences*, dass die intelligente Minderheit die »Ignoranz und Dummheit [der] … Massen« erkennen müsse und nicht »dem demokratischen Dogma« erliegen dürfe, »dass jeder Mensch selbst am besten weiß, was seine Interessen sind«. Es sei im

119. David S. Fogelsang: *America's Secret War Against Bolshevism*. University of North Carolina Press, 1995, S. 28.

Interesse der Massen selbst, gesteuert zu werden; und in demokratischeren Gesellschaften, in denen die Manager der Gesellschaft nicht den notwendigen Zwang anwenden können, müssen sie »eine ganz neue Steuerungstechnik« einsetzen, vor allem Propaganda.

Die verborgene Prämisse dabei ist natürlich, dass die »intelligenten Minderheiten« intelligent genug sein müssen, zu erkennen, wer wirklich die Macht hat, im Gegensatz zum Beispiel zu Eugene Debs, der im Gefängnis schmorte, weil er den edlen Charakter von Wilsons großem Vorhaben nicht erkannt hatte. Einige Jahre zuvor hatte die *New York Times* Debs zu einem »Feind der menschlichen Rasse« erklärt und gefordert, dass »der Aufruhr, den seine üblen Lehren hervorgerufen haben, erdrosselt werden muss«, was dann auch geschah, um »trotz der Arbeiterproteste … ein äußerst undemokratisches Amerika« zu schaffen, wie der Historiker David Montgomery schreibt.[120]

Diese Themen finden auch heute ihren Widerhall, beispielsweise als der Professor für Staatswissenschaft in Harvard Anfang der Reagan-Jahre erklärte, dass man Interventionen oder andere Militäraktionen »manchmal so verkaufen muss, dass die Menschen fälschlich den Eindruck bekommen, dass man dabei gegen die Sowjetunion kämpft. Das tun die Vereinigten Staaten seit der Truman-Doktrin«.[121] Nicht nur den Einsatz von Gewalt muss man einer unwilligen Öffentlichkeit »verkaufen«. Dieser wurde auch die »Rolle« übertragen, die Kosten und Risiken des »freien Unternehmertums« zu übernehmen. Diese Verantwortung der Öffentlichkeit hat nach dem Zweiten Weltkrieg neue Formen angenommen, als die Geschäftswelt erkannte, dass eine moderne Industrie »in einem Wirtschaftssystem des reinen Wettbewerbs des ›freien Unternehmertums‹ ohne Subventionen nicht bestehen kann«, und dass »die Regierung ihre einzig denkbare Erlöserin«

---

120. Patricia Cayo Sexton: *The War on Labor and the Left*. Westview, 1991, S. 112; David Montgomery: *The Fall of the House of Labor*. Cambridge University Press 1987, S. 7.
121. Samuel Huntington: »Vietnam Reappraised«, 6.1, *International Security*, 14 (Sommer 1981).

sei. (*Fortune, Business Week*) Die Wirtschaftsführer erkannten, dass der nötige Konjunkturimpuls auch andere Formen haben könnte, doch das Pentagon-System hatte im Vergleich zu Sozialausgaben mit ihren unerwünschten Demokratisierungs- und Umverteilungseffekten große Vorteile; außerdem bedurfte es nicht viel Phantasie, zu erkennen, wie man dafür sorgen konnte, dass die Öffentlichkeit nicht aus der Reihe tanzt, indem man »fälschliche Eindrücke« über den Kalten Krieg »erzeugte«. Trumans Luftwaffenstaatssekretär empfahl ihm als Sprachregelung das Wort »Sicherheit« anstelle von »Subventionen«, als es darum ging, die unwissenden und lästigen Außenseiter davon zu überzeugen, dass ihr Erlöser die Kosten und Risiken vergesellschaften darf. Praktisch jeder Wachstumssektor der modernen gewerblichen Wirtschaft verlässt sich auf solche Maßnahmen.[122]

Diese Lektion verstanden auch Reagan und seine Anhänger, die in puncto Protektionismus sämtliche Rekorde der Nachkriegszeit brachen und die staatlichen Subventionen für die moderne Industrie nach dem klassischen Nachkriegsrezept gewaltig steigerten. Heute finden sie vollstes Verständnis bei der *Heritage Foundation*, Gingrich und anderen, die schon Siebenjährigen die Vorzüge der Marktdisziplin predigen, während sie das Budget für das Pentagon noch über das derzeitige Ausmaß steigern, das auf den Kalten Krieg zurückgeht – nicht mehr, weil die Russen marschieren, sondern weil es eine neue Bedrohung gibt, die aufkam, als der ehemalige Feind zu einem untergeordneten Verbündeten wurde und sogar zur amerikanischen Waffenproduktion beiträgt. Das Pentagon muss weiterhin gigantisch sein aufgrund des »immer höheren technischen Entwicklungsniveaus von Konflikten in der Dritten Welt«, erklärte die Bush-Regierung einige Monate nach dem Fall der Berliner Mauer dem Kongress, und fügte hinzu, dass man auch »die Basis der Rüstungsindustrie« mittels

122. vgl. Frank Kofksy: *Harry S. Truman and the War Scare of 1948*. Palgrave Macmillan, 1993; Noam Chomsky: *Turning the Tide*. South End, 1985; Noam Chomsky: *World Orders, Old and New*. Columbia University Press, 1994.

Anreizen »für Investitionen in neue Anlagen und Ausrüstung sowie in Forschung und Entwicklung« stärken müsse.

Kurz darauf baute die Regierung die amerikanischen Waffenlieferungen in die Dritte Welt stark aus, womit sie die Bedrohung förderte, die gerade rechtzeitig entstanden war, dass sie John F. Kennedys »monolithische und skrupellose Verschwörung« ablösen konnte. Die Clinton-Regierung ging noch einen Schritt weiter und stellte laut erstmals fest, dass die Politik »das Wohlergehen der Waffenhersteller in den USA sowie den Zustand der heimischen Wirtschaft bei Entscheidungen über Waffenexporte berücksichtigen« würde; es war ein logischer Schritt, da der Vorwand der Sowjetunion zusammengebrochen war und man den Tatsachen aufrichtiger ins Auge sehen musste.

96 Prozent der Bevölkerung sind gegen Waffenexporte in undemokratische Länder, die – selbst bei einer äußerst großzügigen Auslegung von »Demokratie« – einen wichtigen Anteil haben. Militärausgaben werden oft als »Schaffung von Arbeitsplätzen« dargestellt, »aber die Bevölkerung scheint nicht überzeugt, oder übersieht vielleicht nicht ganz, dass das Wort *Arbeitsplätze* entsprechend den neuen Techniken zur Kontrolle der öffentlichen Meinung jetzt *Profit* bedeutet«.[123]

Das Problem der Wahrung von »Stabilität und Rechtschaffenheit« im Ausland ist nicht geringer. Denken wir nur an Brasilien, das seit Anfang des Jahrhunderts als potenzieller »Koloss des Südens« gilt und 1945 von den Vereinigten Staaten übernommen und in »ein Versuchsgelände für moderne wissenschaftliche Methoden der Wirtschaftsentwicklung« verwandelt wurde, als Washington »im eigenen Interesse die Verantwortung für das Wohlergehen des kapitalistischen Weltsystems übernahm«.[124] Als Präsident Eisenhower Brasilien im Jahr 1960 besuchte, versprach er einem Publikum von einer halben Million Menschen: »Unser System des privaten Unternehmertums mit

---

123. Eyal Press: »GOP 'Responsibility' On US Arms Sales«, *Christian Science Monitor*, 23. Februar 1995, S. 19.
124. Gerald Haines: *The Americanization of Brazil*. SR, 1989, S. IX, 121.

sozialem Gewissen nützt allen Menschen, sowohl den Eigentümern als auch den Arbeitern … Der brasilianische Arbeiter ist ein glückliches Beispiel für die Freuden des Lebens in einem demokratischen System.« Eisenhowers Botschafter John Cabot Moors hatte bei einer Veranstaltung in Rio de Janeiro einige Monate zuvor erzählt, dass die Vereinigten Staaten »die alte Ordnung in Südamerika zerstört«, und »revolutionäre Vorstellungen wie kostenlose Pflichtschulbildung, Gleichheit vor dem Gesetz, eine relativ klassenlose Gesellschaft, ein verantwortungsbewusstes demokratisches Regierungssystem, den Wettbewerb eines freien Unternehmertums [und] einen fabelhaften Lebensstandard für die Massen« eingeführt hätten.

Aber die Brasilianer wussten ihr Glück nicht zu schätzen und reagierten barsch auf die gute Nachricht, die ihr Lehrmeister aus dem Norden ihnen brachte. Die lateinamerikanischen Eliten seien »wie Kinder«, informierte Außenminister John Foster Dulles den Nationalen Sicherheitsrat, »die praktisch nicht fähig sind, sich selbst zu reagieren«. Schlimmer noch, die USA seien »hoffnungslos im Hintertreffen gegenüber den Sowjets, was die Entwicklung einer Kontrolle über die Köpfe und Emotionen der einfältigeren Völker betrifft«.[125] Einige Wochen später sprach Dulles erneut von seiner Sorge über die »Fähigkeit [der Kommunisten], Massenbewegungen zu kontrollieren, … da haben wir keine Chance, mitzuhalten«. »Sie sprechen die armen Menschen an, und die wollten schon immer die Reichen ausrauben.«[126] Schon bald musste Washington strengere Maßnahmen setzen, um Stabilität und Rechtschaffenheit aufrechtzuerhalten.

Verantwortungsbewusste Menschen, die versuchen, den Kindern der Welt Demokratie zu bringen, haben es nicht leicht, und daher ist es

125. Stephen Streeter: »Campaigning Against Latin American Nationalism«, *The Americas*, Bd. 51, Nr. 2, S. 193–218 (1994).
126. John Foster Dulles: Telefongespräch mit Allen Dulles, *Minutes of telephone conversations of John Foster Dulles and Christian Herter*, 19. Juni 1958 (Eisenhower Library, Abilene).

auch nicht überraschend, dass Washingtons »Drang, die Demokratie zu fördern« meist erfolglos ist und sich häufig auf Rhetorik beschränkt (so Thomas Carothers in seinem Überblick über Washingtons Kreuzzug für Demokratie unter Reagan, den er für »aufrichtig«, aber weitgehend für gescheitert ansieht.) Die »Demokratie-Hilfsprojekte« der Reagan-Regierung (über die Carothers »aus der Sicht eines Insiders« schreibt; er hatte von 1985 bis 1988 im Büro des Rechtsberaters des Außenministeriums gearbeitet) hätten versucht, »die Grundordnung von Gesellschaften, die zumindest historisch betrachtet, recht undemokratisch sind« aufrechtzuerhalten und einen »auf die Bevölkerung gestützten Wandel« zu vermeiden, da solche Veränderungen das Risiko bargen, »das die bestehende wirtschaftliche und politische Ordnung über den Haufen geworfen wird« und das jeweilige Land »nach links ausschert«. Die USA setzen weiterhin »politische Maßnahmen für Demokratie um, um den Druck in Richtung radikalere Veränderungen zu verringern« – so wie im eigenen Land widerwillig der »sozialstaatliche Kapitalismus« und demokratische Reformen akzeptiert wurden –, »streben demokratische Veränderungen aber immer nur in Form von begrenzten Reformen von oben an, die nicht Gefahr laufen, die überkommenen Machtstrukturen, mit denen die Vereinigten Staaten seit Langem verbündet sind, zu beeinträchtigen«. Das Wort »immer« ist zu stark, aber diese politischen Maßnahmen sind normal, entsprechen den Erwartungen, der üblichen Routine und den herrschenden Vorstellungen von Demokratie. Es ist auch nicht besonders überraschend, dass Fortschritt in Richtung Demokratie immer in negativem Zusammenhang mit Einfluss aus den USA gestanden hat, wie Carothers zeigt.[127]

In internationalen Organisationen sind ähnliche Probleme aufgetreten. Die Vereinten Nationen waren in ihren Anfangsjahren aus

127. Thomas Carothers: »The Reagan Years: the 1980s«, in Abraham Lowenthal (Hg.): *Exporting Democracy.* Johns Hopkins University, 1991, S. 90–122; Thomas Carothers: *In the Name of Democracy.* University of California Press, 1991, S. 249.

offensichtlichen Gründen ein zuverlässiges Instrument der amerikanischen Politik und hoch angesehen. Die Entkolonialisierung brachte jedoch das mit sich, was man »die Tyrannei der Mehrheit« nennt, und seit den 1960er Jahren sah sich Washington gezwungen, gegen die meisten Resolutionen des Sicherheitsrates ein Veto einzulegen (gefolgt von Großbritannien, mit Frankreich weit abgeschlagen an dritter Stelle), und meist als einziges Land – manchmal unterstützt von einigen Vasallenstaaten – gegen Resolutionen der Generalversammlung zu stimmen. Die UNO fiel in Ungnade, und es gab nicht wenig Verwirrung ob der Tatsache, dass die UNO sich gegen die USA stellte (und nicht umgekehrt), sobald Washington sich nicht mehr auf eine »automatische Mehrheit« verlassen konnte. (Richard Bernstein, der *New-York-Times*-Korrespondent bei der UNO schreibt den Verfall internationaler Rechtsnormen »der Struktur und der politischen Kultur« der UNO selbst sowie einem Mangel an diplomatischem Geschick der Amerikaner zu.)[128]

In den 1980er Jahren mussten die USA aus ähnlichen Gründen ihre Anerkennung der obligatorischen Zuständigkeit des Internationalen Gerichtshofes zurückziehen. Abraham D. Sofaer, der Rechtsberater des Außenministeriums, erklärte, dass die USA diese Zuständigkeit zu einer Zeit akzeptiert hatten, als die meisten UNO-Mitglieder »mit den Vereinigten Staaten verbündet waren und ihre Ansichten über die Weltordnung teilten«. Das sei jedoch nicht mehr der Fall. »Bei den meisten dieser Staaten können wir nicht mehr darauf zählen, dass sie unsere Ansichten über die ursprüngliche Verfassungskonzeption der UNO-Charta teilen«, und »genau diese Mehrheit stellt sich in wichtigen internationalen Fragen häufig gegen die Vereinigten Staaten«. Wir müssen uns daher »in Einzelfällen die Entscheidung vorbehalten, ob wir der Zuständigkeit des Gerichtshofes unterliegen«, in Übereinstimmung mit dem Connally-Vorbehalt

128. Richard Bernstein: »The U. N. versus the U. S.«, *New York Times Magazine*, 22. Januar 1984, S. 18.

von 1946, der »besagt, dass die Vereinigten Staaten die obligatorische Zuständigkeit in Fällen, die entsprechend der jeweiligen Entscheidung der Vereinigten Staaten grundsätzlich unter die Zuständigkeit der heimischen Gerichtsbarkeit der Vereinigten Staaten fallen, nicht anerkennt« – in diesem Fall ging es um die Aktionen der USA gegen Nikaragua, die der Internationale Gerichtshof später als »rechtswidrigen Einsatz von Gewalt« verurteilte.[129]

Robert Fogelnest, der Vorsitzende der *National Association of Criminal Defense Lawyers*, weist auf eine Analogie in den USA selbst hin: Im Zusammenhang mit einer Gesetzesvorlage in Kalifornien, nach der auch nicht einstimmige Geschworenenurteile gültig sein sollen, zitiert er Vertreter der Vereinigung der Bezirksstaatsanwälte von Kalifornien, die »einen angeblich zunehmenden ›Mangel an gesellschaftlichem Konsens‹ beklagen und ›unterschiedliche Meinungen innerhalb der Gesellschaft‹« als Rechtfertigung für diese Neuerung anführen.

Was sich verändert hat, meint Fogelnest, »ist dass Frauen, Farbige, Immigranten, politische Abweichler und sogar Anwälte nun in noch nie dagewesenem Ausmaß stolz als Geschworene dienen«.[130] Nach dieser Analyse ähnelt die Argumentation jener zu den internationalen Organisationen und den Herausforderungen für »die überkommenen Machtstrukturen« ganz allgemein: Demokratische Strukturen haben ausgedient, wenn sie nicht mehr dem Erhalt von »Stabilität und Rechtschaffenheit« dienen.

Hier bei uns und im Ausland ist auch dies alles »uramerikanisch«. Der Soziologe Franklin Henry Giddings hat den entscheidenden Punkt stichhaltig erklärt, als die USA um die Jahrhundertwende die

129. The United States and the World Court, U. S. Department of State, Bureau of Public Affairs, *Current Policy*, Nr. 769 (Dezember 1985), Aussage vor dem Senate Foreign Relations Committee. Vielen Dank an Tayyab Mahmud, der mich darauf aufmerksam gemacht hat.

130. Robert Fogelnest: »President's Column«, *The Champion*, März 1996, S. 5.

130   *Die Herren der Welt*

Philippinen befreiten, d. h. als die USA mehrere Hunderttausend Seelen von den Sorgen und Mühen des Lebens befreiten, oder wie die Presse es ausdrückte: »die Eingeborenen nach englischer Manier abschlachteten«, damit »die irregeleiteten Geschöpfe«, die sich uns widersetzen, zumindest »Respekt vor unseren Waffen haben« und später noch erkennen, dass wir ihnen »Freiheit« und »Glück« wünschen – zumindest jenen, die den Massenmord überleben, zu dem sie uns zwingen.

Um all dies in entsprechend zivilisierten Worten zu erklären, hat Giddings das Konzept vom »Konsens ohne Zustimmung« entwickelt: »Wenn [das Kolonialvolk] später einst einsieht und zugibt, dass diese umstrittene Beziehung zum höheren Wohle war, ist durchaus anzunehmen, dass die Herrschaft entsprechend dem Konsens der Beherrschten eingerichtet wurde«, so wie wenn Eltern ein Kind daran hindern, auf eine stark befahrene Straße zu laufen.[131]

Eine Variante dieses nützlichen Konzeptes haben auch die Gerichte übernommen: Als das Sechste Bundesberufungsgericht die Berufung von Arbeitern ablehnte, die entlassen worden waren, als Fabriken aus Ohio in Bundesstaaten verlagert wurden, in denen die Löhne niedriger sind, stellte es fest, dass »die Bundesstaaten und Bezirke gegenüber Firmen, die einen Standortwechsel erwägen, in einen Wettbewerb treten« und dass die Arbeitsgesetze weder Firmen von solchen Standortwechsel »abhalten« noch Firmen daran hindern, gewerkschaftlich organisierte Fabriken zu schließen und »als nicht gewerkschaftlich organisierte Fabrik in einem anderen Teil des Landes oder im Ausland« wieder zu eröffnen, wie das Nordamerikanische Freihandelsabkommen (NAFTA) »vorsieht«. Außerdem haben der Kongress und die Gerichte –

131. Stuart Creighton Miller: *Benevolent Assimilation*. Yale University Press, 1982, S. 74, 78, 123.

ob zu Recht oder nicht – das gesellschaftlich maßgebliche Urteil getroffen, dass unser kapitalistisches System, auch wenn das nach Darwinismus klingen mag, Firmen nicht davon abhalten wird, ihre Standort entsprechend ihrer eigenen Berechnungen nach Faktoren wie Produktivität und Wettbewerbsfähigkeit zu wählen. Es gelten die Regeln des Marktes. Indem sie kommerzielle Interessen auf diese Art widerspiegeln, dienen die Regierungsinstitutionen nach den gängigen Rechtsauffassungen und Wirtschaftstheorien den langfristigen Interessen der ganzen Gesellschaft. Das ist die Grundlage der Sozialpolitik, für die man sich in diesem Land entschieden hat.[132]

»Das Land« hat sich keineswegs für diesen Kurs »entschieden«, außer man unterstellt dem Volk »Konsens ohne Zustimmung«. Es trifft auch keineswegs zu, dass »die Regeln des Marktes gelten« oder dass dieses System »Darwinismus« wäre (im Sinne des »Sozialdarwinismus«, der wenig mit der Biologie gemein hat), außer für die Werktätigen, die Armen und die Schwachen, die tatsächlich der Sozialpolitik unterworfen sind, die der Kongress und die Gerichte eingeführt haben, die unter dem Dewey'schen »Schatten« agieren; diese Menschen haben vielleicht ihre eigenen Vorstellungen über die historische Entscheidung für eine »Rechtsauffassung und Wirtschaftstheorie«, die »den langfristigen Interessen der ganzen Gesellschaft« dienen soll.

Mit einem richtigen Verständnis des Begriffes »Konsens« kann man auch zu dem Schluss kommen, dass die Durchsetzung der Unternehmerinteressen trotz der Ablehnung durch die Öffentlichkeit »entsprechend dem Konsens der Beherrschten« geschieht, in einer Art und Weise von »Konsens ohne Zustimmung«. Und genau in diesem Sinne ist es »gesellschaftlicher Konsens«, es den »Führungskräften und der Propaganda« zu übertragen, »die Meinung der Massen zu formen«, damit diese in unserer freien Gesellschaft ihre Pflicht erfüllen wie

132. Allen v. Diebold, Inc., 33 F.3d 674, 677 (6. Bundesberufungsgericht 1994).

Soldaten in einer ordentlich disziplinierten Armee. Die verantwortlichen Männern haben die schwere und anspruchsvolle Aufgabe, den »unwissenden und lästigen Außenseitern« eine geeignete Version dieser Tatsachen zu präsentieren, vor allem, wenn die Öffentlichkeit wieder einmal aufgerufen ist, ihrer regelmäßig wiederkehrenden Aufgabe nachzukommen, sich »als Parteigänger« jenen »anzuschließen«, die wissen, welches »das höhere Interesse« ist – natürlich nur innerhalb des politischen Systems, nicht in der Führung der Wirtschaft, die in den Händen von Machtstrukturen, die praktisch niemandem Rechenschaft schuldig sind, am besten aufgehoben sind.

Zwischen den Präferenzen der Öffentlichkeit und der öffentlichen Ordnung und Politik gibt es häufig eine Kluft. In den letzten Jahren ist diese Kluft beträchtlich breiter geworden, da Veränderungen in der Weltwirtschaft die symbolischen Gesten der gütigen Aristokratie in Richtung »sozialstaatlicher Kapitalismus« überflüssig gemacht haben, wie man zumindest bis Anfang 1996 glaubte, als man unheilvolle Zeichen einer »zweiten Front im Klassenkampf« entdeckte.

Das ist nicht das erste Mal in der neuen Geschichte, dass der »Konsens ohne Zustimmung« in Amerika nicht problemlos herzustellen ist. David Hume kommt in seinen *First Principles of Government* zu dem Schluss, dass in jeder Gesellschaft »die Regierenden sich auf nichts anderes stützen können als Meinungen. Daher beruht eine Regierung auf nichts anderem als auf Meinungen; und diese Devise gilt sowohl für die schlimmsten Despotien und Militärregimes als auch für äußerst freie und volksnahe Regierungen.« Die volksnaheren Regierungen erfordern jedoch komplexere Maßnahmen zur Kontrolle der öffentlichen Meinung, wie Lasswell und andere festgestellt haben, darunter eine symbolische Reverenz gegenüber dem »Konsens der Beherrschten«. Frances Hutcheson hatte argumentiert, dass dieser Grundsatz auch dann nicht verletzt wird, wenn die Herrscher einen sinnvollen Plan durchsetzen, der von den »dummen« und »voreingenommenen« Menschen abgelehnt wird, solange man »nach allen

Regeln der Vernunft urteilen kann, dass [die Menschen] ihm nach einer kurzen Probezeit aus vollem Herzen beipflichten wird«[133] – dass also ein »Konsens ohne Zustimmung« hergestellt wird.

Das Volks ist jedoch oft widerspenstig, was immer wieder zu »Krisen der Demokratie« führt. Das Problem, wie die Gefahr der Demokratie abzuwenden sei, ist ein Jahrhundert vor Hume und Hutcheson entstanden, während der ersten demokratischen Woge, als der Pöbel nicht von einem König oder Parlament regiert werden wollte, sondern von »Landsleuten wie wir, die unsere Bedürfnisse kennen«, wie es in den Flugschriften hieß, denn »die Welt wird solange nicht gut sein, als die Ritter und Herren die Gesetze über uns machen, die aus Angst gewählt werden, uns nur unterdrücken und den Schmerz des Volkes nicht kennen«. Diese Vorstellungen sind im Laufe der Neuzeit immer wieder aufgetaucht,[134] und die verantwortungsbewussten Männer waren darob genauso besorgt wie die »besten Männer« Englands im 18. Jahrhundert, die bereit waren, dem Volk Rechte zu gewähren, wie jemand erklärte, doch im Rahmen der Vernunft und nach dem Prinzip, dass »wenn wir vom Volke sprechen, meinen wir nicht die verwirrte, liederliche Masse des Volkes«. Ein Jahrhundert später wiederholte John Randolph diese Ansicht in fast denselben Worten: »Wenn ich von der Öffentlichkeit spreche, ... meine ich damit nur den vernünftigen Teil der Öffentlichkeit. Die unwissenden und vulgären sind ebenso unfähig, sittliche Urteile zu treffen, wie sie außerstande sind, die Zügel der Regierung zu halten.«[135]

133. Hutcheson: *A System of Moral Philosophy* [1755]; Sheldon Gelman, »'Life' and 'Liberty': Their Original Meaning, Historical Antecedents, and Current Significance In the Debate over Abortion Rights«, 78 *Minnesota Law Review*, Februar 1994, S. 644 (er zitiert Frances Hutcheson: *A System of Moral Philosophy* [1955]. August M. Kelley 1968, S. 231.

134. vgl. Gordon Wood: *The Radicalism of the American Revolution.* Vintage, 1991, S. 245.

135. James Wilson: The Role of Public Opinion in Constitutional Interpretation, *Brigham Young University Law Review*, S. 1055 (1993). Er zitiert John Randolph:

Die amerikanische Erfahrung ist zwar nicht einzigartig, aber sie ist gewiss der interessanteste und wichtigste Fall, den wir sorgfältig studieren sollten, wenn wir die Welt von heute und ihre Zukunft verstehen wollen. Ein Grund dafür sind die Macht und die Vorrangstellung der Vereinigten Staaten. Ein weiterer Grund ist die Stabilität und die lange Geschichte ihrer demokratischen Institutionen. Außerdem kommen die Vereinigten Staaten einer Tabula rasa so nahe wie kein anderes Land. Amerika kann »so glücklich sein, wie es will«, bemerkte Thomas Paine im Jahr 1776, denn »es ist ein leeres Blatt, auf dem man schreiben kann«. Die Gesellschaften der Ureinwohner waren weitgehend vernichtet. In den USA existierten auch vergleichsweise wenige Reste früherer europäischer Strukturen oder einer authentischen konservativen Tradition, was vielleicht eine Ursache dafür ist, dass der Gesellschaftsvertrag und die ihn stützenden Strukturen relativ schwach sind und ihre Wurzeln vielfach in vorkapitalistischen Institutionen hatten. Und die soziopolitische Ordnung war zu einem ungewöhnlichen Ausmaß bewusst gestaltet. Wenn man Geschichte studiert, kann man keine Experimente anstellen, doch die USA kommen dem »Idealfall« einer staatskapitalistischen Demokratie am nächsten.

Der Hauptgestalter war außerdem nicht nur ein geschickter politischer Denker, sondern auch überaus scharfsinnig; seine Ansichten haben sich weitgehend durchgesetzt und Wissenschaftler haben sie sorgfältig analysiert (wobei sie zu verschiedenen Schlüssen kommen).[136] James Madison hielt den Ruf nach einer »Bewahrung des heiligen Feuers der Freiheit« eloquent aufrecht, die er in die Antrittsrede von George Washington einarbeitete, und gleichzeitig reflektierte und

---

Considerations on the Present State of Virginia, 1774.

136. Wichtige neuere Studien dazu sind Jennifer Nedelsky: *Private Property and the Limits of American Constitutionalism.* University of Chicago Press, 1990; Richard Matthews: *If Men Were Angels.* University Press of Kansas, 1995; Lance Banning: *The Sacred Fire of Liberty.* Cornell University Press, 1995.

gab er den Bedenken Gestalt, die das Denken der verantwortlichen Männer in der ganzen Geschichte der modernen Demokratie geleitet haben. In den Debatten über die Bundesverfassung wies er darauf hin, dass »in England das Eigentum der Grundbesitzer nicht sicher wäre, wenn die Wahlen allen Klassen der Bevölkerung offen stünden. Es gäbe alsbald ein Bodengesetz«, das das Recht auf Eigentum untergräbt. Um ein solches Unrecht abzuwehren, »sollte unsere Regierung die dauerhaften Interessen des Landes vor Neuerungen schützen«, indem sie das Wahlsystem und die Gewaltenteilung mit ihren *checks and balances* so einrichtet, »dass die Minderheit der Wohlhabenden vor der Mehrheit geschützt ist«.[137]

Lance Banning sieht in Madisons »Entschlossenheit, die Rechte der Minderheiten vor Eingriffen der Mehrheit zu schützen … ganz klar, dass es ihm vor allem um die besitzenden Minderheiten im Volk ging«. Daher war Madison der Ansicht, dass »der Senat vom Wohlstand der Nation gebildet werden und diesen vertreten soll«, den »Kreis der fähigeren Männer«, und dass der demokratischen Herrschaft weitere Einschränkungen auferlegt werden sollten. Nach seinem Virgina-Plan sollte das Oberhaus »den dauerhaften Schutz der Rechte der Minderheit und anderer Interessen der Allgemeinheit sicherstellen«, merkt Banning an. In der Praxis handelte es sich jedoch um die Rechte einer bestimmten Minderheit, die zu schützen sei und die sogar als »Interesse der Allgemeinheit« galt: die besitzende Minderheit der Wohlhabenden.

Madisons Engagement für die Vorrangstellung der Eigentumsrechte, die sich in der Verfassung niederschlug, geht auch aus jenen Aussagen eindeutig hervor, die herangezogen werden, um zu zeigen, dass er sich »ganz grundlegend von einigen anderen Versammlungsteilnehmern unterschied«, indem er dem »Recht des Volkes, zu herrschen« genauso hohen Stellenwert einräumte wie dem »Schutz

137. Jonathan Elliot: Yates's Minutes, *The Debates in the Several State Conventions on the Adoption of the Federal Constitution*, 45 (Lippincott, ²1907) (1836).

der Eigentumsrechte«. (Banning) Als Beispiel führt Banning an, dass Madison sich sein ganzes Leben lang an die Devise hielt, dass »unter einer gerechten und freien Regierung die Rechte sowohl des Eigentums also auch der Menschen wirksam geschützt werden sollten«. Diese Formulierung ist jedoch irreführend. Es gibt keine »Eigentumsrechte« im Sinne von »Rechten des Eigentums«, sondern nur Rechte auf Eigentum, die Rechte von Menschen sind, neben anderen Rechten (wie dem Recht auf Redefreiheit usw.). Das Recht auf Eigentum unterscheidet sich von anderen Rechten auch dadurch, dass das Recht einer Person, etwas als Eigentum zu besitzen, andere Personen dieses Rechtes beraubt. Der Grundsatz von Madison lautet folglich, dass eine gerechte und freie Regierung im allgemeinen die Rechte der Menschen schützen soll, den Rechten einer Klasse von Menschen, jener der Besitzenden, jedoch besonderen, zusätzlichen Schutz gewähren muss, also die Minderheit der Wohlhabenden vor der Mehrheit schützen muss.

Aufgrund der wahrscheinlichen Zunahme des »Anteils jener, die sich unter allen Härten des Lebens abrackern und die sich insgeheim nach einer gleichmäßigeren Verteilung seiner Segnungen sehnen«, die Madison in einer Rede im Juni 1787 voraussah, erschien die Gefahr der Demokratie noch größer. Vielleicht unter dem Eindruck von *Shays' Rebellion* warnte er in Folge dass »das allgemeine Wahlrecht« bald dazu führen könnte, dass die Macht in ihre Hände übergeht. »In diesem Land gab es noch keine Versuche mit einer Bodenreform«, fügte er hinzu, »aber Symptome eines Geistes der Gleichmacherei sind in gewissen Kreisen [sic] deutlich genug auszumachen, dass sie eine Warnung vor einer zukünftigen Gefahr sind.« Kurz gesagt könnten die Armen sich ihrer historischen Berufung, »die Reichen auszurauben«, zuwenden, was später die Bemühungen der USA, »eine Kontrolle über die Köpfe und Emotionen der einfältigeren Völker zu entwickeln« erschweren sollte.[138]

138. siehe Fn. 126.

Das grundlegende Problem, das Madison bei der »Ausformung eines Systems, das viele Generationen lang halten soll« sah, bestand darin, wie man sicherstellen konnte, dass die wohlhabende Minderheit die tatsächlichen Herrscher sein würden, damit »die Eigentumsrechte [gemeint sind die Rechte privilegierter Menschen auf Eigentum] vor der Gefahr eines gleichen und allgemeinen Wahlrechtes geschützt sind, das Menschen, die keinen Anteil an Eigentum haben, die vollständige Macht über dieses Eigentum in die Hand geben könnte«. Von jenen, »die kein Eigentum besitzen und auch nicht hoffen können, welches zu erlangen« überlegte er im Jahr 1829, »kann man nicht erwarten, besonders mit seinen Rechten zu fühlen oder ein sicherer Hort der Macht über dieses zu sein.« Die Lösung war, eine Fragmentierung der Gesellschaft sicherzustellen, wobei die öffentliche Beteiligung an der Sphäre der Politik beschränkt war; die Politik sollte letztlich in den Händen der Reichen und ihrer Stellvertreter sein. Lance Banning ist unter den modernen Madison-Forschern jener, der besonders vehement darauf besteht, dass Madison der Herrschaft des Volkes verpflichtet gewesen sei, und stimmt dennoch Gordon Wood zu, dass »die Verfassung an sich ein Dokument der Aristokratie war, das so gestaltet war, dass es die demokratischen Tendenzen jener Zeit in Schach hielt«, um die Macht den »besseren« Leuten zu übertragen und »jene, die nicht reich, prominent oder aus gutem Hause waren, daran hindern sollten, politische Macht auszuüben«.[139]

Von der modernen Version habe ich schon einige Beispiele gebracht, obwohl ich mich dabei an das liberale Ende des Spektrums

---

139. Gordon Wood: *Creation of the American Republic.* Chapel Hill, 1969, S. 513f. Wood vertritt die These, dass das Unternehmen versagte und dass die »demokratische Gesellschaft«, die entstand, »nicht die Gesellschaft war, welche die Führer der Revolution gewünscht oder erwartet hatten«, denn diese hätte auf den Tugenden des Republikanertums und der Aufklärung beruht. Wood, Fn. 44, S. 365. Ob der Untergang des Republikanertums zu einem Sieg der Demokratie führte, hängt jedoch sehr stark davon ab, wie man letztere sowie die Folgeereignisse auffasst. Viele – darunter ein guter Teil der weißen Arbeiterklasse – hatten ein anderes Bild.

gehalten und die reaktionäre Spielart, die man »konservativ« nennt, ausgelassen habe; diese fordert eine Stärkung der »*community*« und der »Zivilgesellschaft«, die jedoch sehr eng gefasst wird: Die Teilnahme an der Zivilgesellschaft bedeutet, einen Arbeitsplatz zu haben, in die Kirche zu gehen – damit man ermutigt wird, »bessere Gedanken als Gewerkschaftsagitation« im Kopf zu haben, wie es John D. Rockefellers Lieblingsprediger vor einem Jahrhundert formulierte[140] – und sich ansonsten die Zeit weitab vom öffentlichen Leben zu vertreiben, das in die Hände der Reichen und Mächtigen gehört. Letztere bleiben aus gutem Grund am besten unsichtbar. »Die Architekten der Macht in den Vereinigten Staaten müssen eine Kraft schaffen, die man spürt, aber nicht sieht«, bemerkte Samuel P. Huntington als Teil seiner Erklärung, warum man der Öffentlichkeit eine sowjetische Gefahr vorgaukeln muss: »Die Macht ist nur stark, solange sie in der Dunkelheit verborgen ist; dem Sonnenlicht ausgesetzt, verflüchtigt sie sich alsbald.«[141]

Diese Darstellung, dass die herrschenden Vorstellungen von Demokratie ihre Wurzeln bei Madison haben, ist in einem wichtigen Aspekt unfair. So wie Adam Smith und andere Begründer des klassischen Liberalismus war Madison vorkapitalistisch und hatte keine großen Sympathien für »den neuen Zeitgeist: werde reich und denke nur an dich selbst« übrig, der den Werktätigen in New England bald nach seinem Tod die Niederlage der Revolution anzeigen sollte. Madison war »in einem Ausmaß, das man sich heute kaum vorstellen kann, ein Ehrenmann des 18. Jahrhunderts«, bemerkt Banning. Er hoffte, dass der »aufgeklärte Staatsmann« und der »gütige Philosoph« an der Ausübung der Macht beteiligt sein würden. Diese »Männer der Intelligenz, des Geistes, des Eigentums und der unabhängigen Vermögensverhältnisse«, die idealer Weise »rein und edel« seien, würden ein

---

140. Gerald Colby, Charlotte Dennett: *Thy Will Be Done*. HarperCollins, 1995, S. 15.
141. Sidney Plotkin, William E. Scheuerman: *Private Interests Public Spending*. Black Rose, 1994, S. 223.

»auserwähltes Gremium aus Bürgern« bilden, »die in ihrer Weisheit die wahren Interessen ihres Landes am besten erkennen würden und bei denen es am wenigsten wahrscheinlich ist, dass sie ihren Patriotismus und ihre Gerechtigkeitsliebe vorübergehenden oder parteiischen Überlegungen opfern würden.« Sie würden also die »öffentliche Meinung« »veredeln« und »erweitern«, und so das öffentliche Interesse gegen die »Dummheiten« demokratischer Mehrheiten verteidigen.

Madison sollte bald das Gegenteil erkennen, als die »wohlhabende Minderheit« ihre neue Macht genau so einsetzte, wie Adam Smith es beschrieben hatte, nach ihrer »elenden Devise« – »Alles für uns selbst und nichts für andere«. 1792 warnte Madison, dass der sich entwickelnde kapitalistische Staat nach Hamilton eine Regierung wäre, »in der der Beweggrund des privaten Interesses die öffentliche Pflicht ersetzt«, was zu »einer wahren Herrschaft der wenigen bei einer scheinbaren Freiheit der Mehrheit« führe. Einige Monate vorher hatte er in einem Brief an Jefferson »die dreiste Verdorbenheit unserer Zeit« beklagt, in der die »Börsenmakler zu den Prätorianern der Regierung werden, zugleich seine Diener und seine Herren, bestochen durch seine Großzügigkeit, werden sie sie mit lautstarken Forderungen und heimliche Allianzen überwältigen«. Sie werfen den Schatten über die Gesellschaft, den wir »Politik« nennen, wie John Dewey diese Binsenweisheit formulierte, die bis auf Adam Smith zurückgeht.

In den letzten zweihundert Jahren hat es viele Veränderungen gegeben, aber Madisons warnende Worte sind nach wie vor treffend und erhalten mit dem Entstehen gewaltiger privater Tyranneien, die praktisch niemandem Rechenschaft schuldig sind, – Jeffersons »Banken und begüterte Unternehmen« – Anfang dieses Jahrhunderts gewaltige Macht. Ihre innere Struktur ahmt totalitäre Formen nach, sie erfreuen sich großer »Freigiebigkeit« seitens der Staaten, die sie weitgehend dominieren, und haben erhebliche Kontrolle über die heimische und internationale Wirtschaft sowie über die Informations- und Ideologiesysteme erlangt, die an eine andere Sorge von

Madison erinnern: dass eine »Volksregierung ohne Informationen für das Volk und ohne Möglichkeit der Informationsbeschaffung für das Volk bloß ein Vorspiel zu einer Farce oder zu einer Tragödie, oder zu beidem ist«.

Mit diesen Tatsachen nicht allzu weit im Hintergrund ist jede Erörterung der Erfolge der Marktwirtschaft wenig relevant für die wirkliche Welt. Was Demokratie betrifft, ist dies für den Großteil der Bevölkerung offensichtlich, wie gut oder wie wenig sie die Funktionsweise der Kräfte auch versteht, die man »spürt, aber nicht sieht«. Was den Markt betrifft, ist dies nicht der Ort für eine ernsthafte Analyse, doch das Gerede von Märkten und Handel ist bestenfalls irreführend, wenn »mehr als 50 Prozent des Außenhandels sowohl der Vereinigten Staaten als auch Japans sowie 80 Prozent der Exporte von Industriegütern Großbritanniens ... weniger zwischen verschiedenen Ländern, sondern jeweils innerhalb einer Firma verlaufen«,[142] also von einer sehr gut sichtbaren Hand gelenkt werden, mit allen möglichen Vorkehrungen zur Umgehung der Marktdisziplin. Und es ist gewiss irreführend, wenn man von »schlanken und zähen Zeiten« spricht, wenn die Wirtschaftspresse kaum Adjektive findet, die überschwänglich genug sind, um das »stupende« und »frappierende« Wachstum der Profite in den 1990ern zu charakterisieren, und wenn eine Überschrift in der *Business Week* lautet: »Das neue Problem: Wohin mit all dem Geld?«, da »explodierende Gewinne ... die Bilanzen der amerikanischen Konzerne aufblähen« und die Dividenden florieren. Oder wenn man über das Leid spricht, das die »Rationalisierungen« quer durch alle Ränge auslösen, wenn das *Bureau of Labor Statistics* schätzt, dass die Gruppe der »Führungskräfte, Manager und des Verwaltungspersonals« in amerikanischen Firmen von 1983 bis 1993 um fast 30

---

142. Vincent Cable: »The Diminished NationState«, S. 124 *Dædalus* 22. März 1995 (sie zitieren den *U.N. World Investment Report*, 1993).

Prozent wuchs,[143] wobei die Einkommen der Führungskräfte explodierten (und in Relation zu den Lohnkosten insgesamt international nach wie vor an der Spitze stehen), und zwar offenbar kaum oder gar nicht abhängig von der jeweiligen Leistung.[144] Bei den hochgelobten Wundern der »*emerging markets*« scheint ebenso einige Vorsicht angebracht, wenn der größte Empfänger von US-Direktinvestitionen auf dem amerikanischen Kontinent (ausgenommen Kanada) mit rund einem Viertel Bermuda ist, wobei weitere 20 Prozent in andere Steuerparadiese fließen und der Rest vor allem in »Wirtschaftswunderländer« wie Mexiko, das den Diktaten des »*Washington Consensus*« mit ungewöhnlichem Gehorsam Folge leistete, was für die überwältigende Mehrheit der Menschen nicht allzu prächtige Folgen hatte.[145]

Schon die Vorstellungen von »Kapitalismus« und »Märkten« scheinen aus dem Bewusstsein der Menschen zu verschwinden, so wie der Begriff der Demokratie. Dazu einige Beispiele.

Ein Leitartikel im *Wall Street Journal* erörtert die »schicksalhaften Entscheidungen«, die einzelne Bundesstaaten treffen, um Unternehmen anzuziehen, und vergleicht zwei Fälle: Maryland, mit seinem »unternehmerfeindlichen Image«, und das »eher republikanische« Virginia, das »enthusiastischer über unternehmerisches Wachstum« und aufgeschlossener gegenüber »den Entscheidungen der Unternehmer«

143. Robert Hayes: »U.S. Competitiveness: 'Resurgence' versus Reality«, *Challenge*, März/April 1996, S. 3644. Zu den »aufgeblähten, kopflastigen Manager- und Aufsichtsbürokratien« amerikanischer Konzerne (sie sind mehr als dreimal so groß als in Deutschland und Japan) sowie zum Verhältnis der »Aufblähung der Konzerne« zum (ebenfalls ungewöhnlichen) »Druck auf die Löhne« in den Vereinigten Staaten siehe David Gordon: *Fat and Mean*. Simon and Schuster, 1996.
144. Judith Dobrozyński: »Getting What They Deserve? No Profit Is No Problem for High-Paid Executives«, *New York Times*, 22. Februar 1996. Genaues Datenmaterial findet man in Lawrence Mishel, Jared Bernstein: *The State of Working America: 1994–95*. M. E. Sharpe, 1994.
145. U. S. Department of Commerce: *Survey of Current Business*, 75.8, August 1995, S. 97, 112.

142   *Die Herren der Welt*

ist. Warum diese beiden Beispiele? Eigentlich geht es nicht um Maryland und Virginia, sondern um den Großraum Washington, eine der »Top-Regionen in den USA für Hochtechnologie und Firmen in den neuen Wachstumsbranchen«. Die Vororte von Washington haben jeweils unterschiedliche Wirtschaftsstrategien verfolgt: In Maryland verließ man sich auf die »starke wirtschaftliche Triebkraft« der Ausgaben aus dem Bundeshaushalt für Medizin, Pharmaindustrie und Biotechnologie, während Virginia auf den traditionellen Goldesel, das Pentagon-System, setzt. Es war für Virginia ein »Glückstreffer«, dass sich diese konservativeren Werte als die klügere Wahl erwiesen: Unternehmen, die auf die »Todeswissenschaften« gesetzt haben, geht es besser als jenen, die dachten, die »Lebenswissenschaften« würden mehr öffentliche Gelder lukrieren, wie ein leitender Mitarbeiter der George-Mason-Universität bemerkte. »Virginia hat sich durchgesetzt«, schreibt das *Wall Street Journal*, indem es »die gewaltigen Haushaltsposten der amerikanischen Regierung für Computersysteme und -netzwerke«, Kommunikations- und Informationstechnologie sowie Aufträge des Militärs nutzte und »eine der größten Konzentrationen« von High-Tech-Unternehmen in Amerika schuf.[146]

Bei den »Entscheidungen der Unternehmer« geht es nur mehr darum, welche öffentlichen Aufträge sich als lukrativer erweisen, so wie in der »Welt nach Norman Rockwell mit Glasfasercomputern und Düsenflugzeugen«, die Newt Gingrich beschreibt, ihr Vertreter im Kongress, wo der Konservatismus »floriert«, indem er sich an den Trögen des Staathaushaltes gütlich tut.[147]

Joseph Nye, der Dekan der *Kennedy School of Government* an der Harvard-Universität, und Admiral William Owens behaupten, dass die globale Macht der USA unterschätzt wurde und wird. Die

146. Bernard Wysocki: »Life and Death: Defense or Biotech? For Capital's Suburbs, Choices Were Fated«, *Wall Street Journal*, 12. Dezember 1995, S. A1, A5.
147. Peter Applebome: »A Suburban Eden where the Right Rules, with Conservatism Flowering Among the Malls«, *New York Times*, 1. August 1994.

Außenpolitik Washingtons habe eine bisher unbemerkte neue »Fähigkeit, in der Außenpolitik die gewünschten Ziele zu erreichen«, einen »Kräftemultiplikator«, der von der »Anziehungskraft der amerikanischen Demokratie und des freien Marktes« herrühre; genauer gesagt, sei er ein Ergebnis der »Investitionen aus dem Kalten Krieg«, die es der amerikanischen Industrie ermöglichten, »wichtige Kommunikations- und Informationsverarbeitungstechniken« zu dominieren.[148] Die gewaltigen Subventionen, die man der Öffentlichkeit unter dem Vorwand der »Sicherheit« abgerungen hat, sind also ein Tribut an die Demokratie und den freien Markt.

Larry Schwartz, ein internationaler Rechtsanwalt in Boston, schreibt: »Eine herausragende Gruppe von wissenschaftlichen Experten für die freie Marktwirtschaft« habe festgestellt, dass das Silicon Valley und die Route 128 in Boston vielleicht zeigen, was der beste Weg ist, »um in ehemals kommunistischen Wirtschaften Marktprinzipien einzuführen« mit ihrem »interaktiven System aus Risikokapitalgebern, Unternehmern, Fachkräften, Universitäten, unterstützenden Dienstleistungen, Unternehmer- und Lieferantennetzwerken« sowie staatlichen Subventionen, die aus irgendeinem Grund nicht angeführt sind – vielleicht werden sie als entscheidendes Merkmal des »freien Unternehmertums« betrachtet.[149]

Unter denen, die sich über die »beispiellose Umverteilung von Einkommen zugunsten der Reichen« sorgen, ist John Cassidy, der in einem informativen Bericht über die Leiden der »Mittelklasse« zu dem Schluss kommt, dass »niemand Schuld daran ist; der Kapitalismus hat sich einfach so entwickelt«. So hat es eben »der freie Markt in seiner unendlichen, aber auch unergründlichen Weisheit

---

148. Joseph S. Nye, William A. Owens: America's Information Edge, *Foreign Affairs*, März/April 1966, S. 20.

149. Schwartz: »Route 128 May Be the Road to a Freemarket Economy«, *Boston Globe*, 22. März 1996, S. 23, übernommen aus »Venture Abroad«, *Foreign Affairs*, 15–18. November/Dezember 1994.

entschieden«, und »die Politiker werden schließlich aufwachen und diese Tatsache zur Kenntnis nehmen« und den Anspruch aufgeben, dass man gegen solche Naturerscheinungen irgendetwas tun kann. In seiner Studie nennt er drei Konzerne: McDonnell Douglas, Grumman und Hughes Aircraft; jeder einzelne sei ein genauso inspirierender Tribut an die unendliche und unergründliche Weisheit des Marktes wie Clintons Beispiel für seine »große Vision« von der Zukunft der freien Marktwirtschaft beim APEC-Gipfel in Seattle (Boeing), oder die Lieblingsfirma von Gingrich (Lockheed Martin), oder der Konzern, »der nach wie vor die Nummer Eins als wertvollstes Unternehmen in Amerika« in der »Top-1000«-Liste von *Business Week* 1995 ist (General Electric), um nur ein paar zu nennen.[150]

Die Vereinigten Staaten stehen mit ihren Vorstellungen von Wirtschaftsliberalismus natürlich nicht alleine da, auch wenn ihre Ideologen vielleicht die kräftigsten Stimmen des Chors sind. Die Verdoppelung der Kluft zwischen den Ländern des höchsten und des niedrigsten Quintils seit 1960 ist im Wesentlichen auf die protektionistischen Maßnahmen der Reichen zurückzuführen, schloss der Entwicklungsbericht der UNO im Jahr 1992. Diese Praxis wird auch nach der Uruguay-Runde fortgesetzt, stellt der Bericht von 1994 fest und kommt zu dem Schluss, dass »die Verletzung der Prinzipien des freien Handels durch die Industriestaaten die Entwicklungsländer jedes Jahr schätzungsweise 50 Milliarden Dollar kostet – fast genauso viel wie die gesamte Auslandshilfe«, wovon ein guter Teil staatlich subventionierte Exportförderungen sind.

Indem sie die Sache aus der Sicht der führenden Firmen anstatt aus Sicht von Staaten betrachtete, fand eine sorgfältig recherchierte neue Studie heraus, dass »die Strategie und Wettbewerbsposition praktisch aller großen führenden Firmen der Welt entscheidend von staatlichen politischen Maßnahmen bzw. Handelsschranken

---

150. John Cassidy: »Who Killed the Middle Class?«, *New Yorker*, 16. Oktober 1995, S. 113–124.

beeinflusst« ist. »Im internationalen Wettbewerb hat es nie ›gleiche Ausgangsbedingungen‹ gegeben«, lautet die realistische Schlussfolgerung der Studie, »und es ist zu bezweifeln, ob es sie jemals geben wird.« Staatliches Eingreifen, das »in den letzten zwei Jahrhunderten die Regel, und nicht die Ausnahme, gewesen ist, … hat eine entscheidende Rolle für die Entwicklung und Verbreitung vieler Produkt- und Prozessinnovationen, insbesondere in der Luft- und Raumfahrt, Elektronik, der modernen Landwirtschaft, Werkstoff-, Energie- und Transporttechnologien gespielt«, sowie bei der Telekommunikation und der Informationstechnologie ganz allgemein, und früher bei Textilien und Stahl. Ganz allgemein haben »(supra) nationale politische Maßnahmen von Regierungen, vor allem Rüstungsprogramme, eine enorme Rolle bei der Gestaltung der Strategien und der Wettbewerbsfähigkeit der größten Unternehmen der Welt gespielt«. Tatsächlich »hätten zumindest zwanzig Firmen von den *Fortune-100* von 1993 nicht als unabhängige Unternehmen überlebt, wenn ihre jeweilige Regierung sie nicht gerettet hätten«, indem Verluste vergesellschaftet wurden oder einfach durch staatliche Übernahmen »während größerer Umstrukturierungen«. Eines dieser Unternehmen ist der führende Arbeitgeber im zutiefst konservativen Wahlbezirk von Gingrich: Lockheed; es wurde von der Nixon-Regierung mit Darlehensgarantien von zwei Milliarden Dollar vor dem Zusammenbruch gerettet.[151]

Es ist wichtig zu betonen, dass das alles nichts Neues ist. Vor Jahrhunderten predigte England den Indern von den Wundern des Marktes, während es Indien plünderte und seine eigene Industrie sowie seinen eigenen Handel durch massiven Protektionismus schützte, so wie später seine ehemaligen amerikanischen Kolonien, sobald sie ihren eigenen Weg gehen konnten, und andere Länder, die relativ unabhängige Entscheidungen treffen konnten. Und die

151. Winfried Ruigrock, Rob van Tulder: *The Logic of International Restructuring.* Routledge, 1995, S. 217, 221f.

»besten Männer« sowie die »verantwortungsbewussten Männer« haben seit den frühesten Tagen der Geschichtsschreibung in ihrer Berufung selten geschwankt.

Dennoch, trotz aller elender Kontinuitäten, kann eine optimistische Seele – durchaus realistisch, denke ich – einen langsamen Fortschritt ausmachen, und es gibt jetzt keinen größeren Grund als jemals zuvor, anzunehmen, dass wir dem Zwang unbekannter und unergründlicher sozialer Gesetze unterliegen, und nicht einfach Entscheidungen, die in Institutionen getroffen werden, die dem menschlichen Willen unterliegen.

5. Einfache Wahrheiten, schwierige Fragen (2004)

Gedanken über Terror, Gerechtigkeit und Selbstverteidigung

Ich möchte keine falschen Hoffnungen wecken: Ich werde mich wirklich an ganz einfache Wahrheiten halten. Ich hatte sogar überlegt, als Titel »Ein Lob den Plattitüden« vorzuschlagen, um mich schon im Voraus für den schlichten Charakter dieser Überlegungen zu entschuldigen. Diese einfachen Wahrheiten werden allerdings weithin – und in einigen entscheidenden Fällen sogar fast ausnahmslos – abgelehnt; deshalb ist es doch sinnvoll, hier fortzufahren, zumal die Folgen für die Menschen gravierend sind, insbesondere bei den schwierigen Fragen, die mir vorschweben. Diese Fragen sind unter anderem deshalb so schwierig, weil einfache moralische Wahrheiten von jenen straflos missachtet werden, die so viel Macht haben, dass sie sich das erlauben können, und zwar weil sie die Regeln machen.

Wir haben jüngst ein drastisches Beispiel dafür erlebt, wie die Regeln gemacht werden. Das letzte Jahrtausend ging zu Ende und das neue hob mit einer grandiosen Selbstbeweihräucherung westlicher Intellektueller an, die sich selbst und ihre Führer dafür lobten, eine »edelmütige« Außenpolitik einzuführen, die ein »heiliger Schein« umgebe, da sie sich nun erstmals in der Geschichte an »Grundsätze und Werte« halte, aus »reiner Selbstlosigkeit« handle, der Vision einer »idealistischen neuen Welt« folge, die »danach trachtet, aller Barbarei ein Ende zu bereiten«, mit ihrem treuen Gefolgsmann, dem einzigen, der den wahren Edelmut dieser Mission begreift, die sich nun noch weiter entwickelt hat, und zwar zu dem »messianischem Auftrag von

George W. Bush, dem Rest der Welt Demokratie einzuimpfen« – alles Zitate aus seriösen Zeitungen und von hochkarätigen Intellektuellen. In der nicht allzu ruhmreichen modernen Geschichte der intellektuellen Eliten gibt es wohl kaum seinesgleichen. Ihre größte Leistung war eine »normative Revolution« in den 1990er Jahren, die »ein neues Maß in der internationalen Politik« einführte: das Recht der selbsternannten »aufgeklärten Staaten«, militärisch zu intervenieren, um leidende Menschen vor scheußlichen Ungeheuern zu schützen.[152]

Diese normative Revolution ist keineswegs neu, wie jeder weiß, der sich mit Geschichte befasst. Sie ist ein Kehrreim des europäischen Imperialismus, und die rhetorischen Höhenflüge der japanischen Faschisten, von Mussolini, Hitler, Stalin und anderen großen Gestalten standen ihrem Edelmut um nichts nach, auch nicht in ihrer Aufrichtigkeit, wie interne Dokumente zeigen.

Die Belege, die den Chor des Selbstlobes stützen sollen, halten nicht einmal ganz oberflächlicher Betrachtung stand. Ich möchte jedoch noch eine andere Frage stellen, und zwar zur Aufstellung von Regeln: Warum soll man in den 1990er Jahren eher von einer »normativen Revolution« sprechen können als in den 1970er Jahren?

Die 1970er Jahre begannen mit dem indischen Einmarsch in Ostpakistan, der wahrscheinlich Millionen Menschen das Leben rettete. Sie endete mit dem vietnamesischen Einmarsch in Kambodscha, der die Roten Khmer stürzte, als deren Grausamkeit den Höhepunkt erreichte. Zuvor hatte der Nachrichtendienst des US-Außenministeriums – die bei Weitem sachkundigste Instanz – geschätzt, dass es zehntausende oder hunderttausende Tote gegeben hatte, und zwar nicht infolge eines »Völkermordes«, sondern infolge »brutaler, rascher Veränderungen«, was zwar schlimm genug ist, aber nicht an

152. Quellen sind angeführt in Noam Chomsky: *New Military Humanism*. Common Courage, 1999; *A New Generation Draws the Line*. Verso, 2000, sowie *Hegemony or Survival*. Metropolitan, 2003, Neuauflage 2004. Ich beschränke mich hier auf Zitate, die in Standardwerken oder in meinen neueren Büchern nicht leicht zu finden sind.

die Voraussagen hochrangiger Regierungsvertreter aus dem Jahr 1975 heranreicht, dass aufgrund der Bombardierungen und anderer Gräuel der vergangenen Jahre bis zu einer Million Tote zu erwarten seien. Die Auswirkungen jener Gräuel sind in der Fachliteratur dargestellt; die einfachste Beschreibung liefert vielleicht der Befehl von Präsident Richard Nixon, den Henry Kissinger nach der üblichen Art eines gehorsamen Bürokraten an die Militärbefehlshaber weiterleitete: »Kambodscha massiv bombardieren. Alles, was fliegt, gegen alles, was sich bewegt.«[153] Aufrufe zu Kriegsverbrechen sind selten so extrem und so explizit, doch so wie in diesem Fall ist es normal, dass dies den Tätern völlig unerheblich erscheint. Als der Befehl an die Öffentlichkeit gelangte, gab es keine Reaktion. Zur Zeit des vietnamesischen Einmarsches hingegen schien der Vorwurf des Völkermordes, der seit der Machtergreifung der Roten Khmer im April 1975 erhoben wurde und weithin für Empörung gesorgt hatte, plausibel, obwohl er von Lügengeschichten gestützt wurde, die selbst Stalin beeindruckt hätten. Die 1970er Jahre waren also ein Jahrzehnt zwischen zwei militärischen Interventionen, die wirklich furchtbaren Verbrechen ein Ende setzten.

Selbst wenn man die radikalsten Behauptungen des Jubelchores für die Führer der »aufgeklärten Staaten« in den 1990er Jahren für bare Münze nimmt, kommt keine ihrer militärischen Interventionen samt humanitärer Folgen an jene Anfang und Ende der 1970er Jahre heran. Warum brachte jenes Jahrzehnt also keine »normative Revolution« hervor, eine Außenpolitik der Retter, die sich in einem »heiligen Schein« sonnen können? Die Antwort ist denkbar einfach, doch scheinbar unaussprechlich – zumindest habe ich in der Flut an Literatur zu dem Thema noch nie einen Hinweis in diese Richtung entdeckt. Die Interventionen der 1970er Jahre hatten zwei grundlegende Mängel: Erstens intervenierten die Falschen – sie, nicht wir; zweitens wurden beide Interventionen von den Führern der »aufgeklärten Staaten«

153. Elizabeth Becker: »Kissinger Tapes Describe Crises, War and Stark Photos of Abuse«, *New York Times*, 27. Mai 2004.

scharf verurteilt, und die Täter, die jeweils das Verbrechen begangen hatten, einen Völkermord zu beenden, wurden schwer bestraft –
besonders Vietnam, und zwar mit einer chinesischen Invasion, die
von den USA unterstützt wurde und die den »Verbrechern«, die Pol
Pots Verbrechen beendet hatten, eine Lektion erteilen sollte, gefolgt
von harten Sanktionen und direkter US-amerikanischer und britischer
Unterstützung für die gestürzten Roten Khmer. Daraus folgt, dass es
in den 1970er Jahren keine »normative Revolution« gegeben haben
darf, und niemand hat je behauptet, dass es eine gab.

Das Grundprinzip ist einfach: Normen werden von den Mächtigen in ihrem eigenen Interesse und mit der Zustimmung verant-
wortungsbewusster Intellektueller aufgestellt. Es handelt sich wohl
um eine nahezu universale historische Regel. Viele Jahre lang habe
ich Ausnahmen gesucht. Es gibt nur wenige.

Manchmal wird das Prinzip ausdrücklich anerkannt: Bei den
Nürnberger Prozessen wurden die Rechtsnormen für die Zeit nach
dem Zweiten Weltkrieg geschaffen. Man definierte die Tatbestände
»Kriegsverbrechen« und »Verbrechen gegen die Menschlichkeit«, um
die Naziverbrecher vor Gericht zu stellen. Der Hauptankläger Telford Taylor, ein angesehener Jurist und Historiker, hat offen erklärt,
wie man dabei vorging:

> Da im Zweiten Weltkrieg beide Seiten das schreckliche Spiel der
> Zerstörung von Städten gespielt hatten – wobei die Alliierten
> weitaus erfolgreicher waren –, konnte dies nicht die Grundlage
> für eine Anklage gegen Deutsche und Japaner sein, und sie war
> auch tatsächlich nicht Teil der Anklage … Sowohl die Alliierten
> als auch die Achsenmächte hatten zahlreiche Städte des jewei-
> ligen Gegners erbarmungslos aus der Luft bombardiert, und
> so kam dies weder beim Prozess in Nürnberg noch bei dem in
> Tokio zur Sprache.[154]

154. T. Taylor: *Nuremberg and Vietnam: an American Tragedy*. Times Books, 1970.

Die maßgebliche Definition von »Verbrechen« lautete: »Ein Verbrechen ist etwas, das ihr begangen habt und wir nicht.« Um dies noch zu unterstreichen, wurden Nazi-Kriegsverbrecher freigesprochen, wenn ihre Verteidigung nachweisen konnte, dass ihr US-amerikanisches Gegenüber dasselbe Verbrechen begangen hatte.

Taylor kommt zu folgendem Schluss: »Den Feind – besonders den besiegten Feind – für etwas zu bestrafen, das sich auch die über ihn richtende Nation zuschulden kommen ließ, wäre derart ungerecht, dass es die Gesetze selbst in Verruf brächte«. Das stimmt zwar, doch auch diese maßgebliche Definition von Verbrechen bringt die Gesetze selbst, samt allen nachfolgenden Tribunalen, in Verruf. Taylor bringt dies als Hintergrund zu seiner Deutung, warum die US-amerikanischen Bombardierungen in Vietnam kein Kriegsverbrechen seien. Sein Argument ist plausibel und würdigt die Gesetze selbst noch weiter herab. Mehrere spätere Tribunale, etwa der Fall Jugoslawien gegen NATO, der gerade vor dem Internationalen Gerichtshof verhandelt wird, sind womöglich noch viel vermessener. Die USA wurden korrekt ihrer Verantwortung enthoben, entsprechend ihrem Argument, dass sie in diesem Fall nicht der Zuständigkeit des Gerichtshofes unterliegen, da die USA die Völkermordkonvention (die hier zum Tragen kommt) mit dem Vorbehalt unterzeichnet hat, dass sie nicht gegen die Vereinigten Staaten anzuwenden sei.

Howard Koh – der Dekan der Juridischen Fakultät der Yale-Universität, der als stellvertretender Minister im Namen der Regierung in Washington vor der internationalen Gemeinschaft jegliche Form der Folter verurteilt hatte – schrieb in einem empörten Kommentar über die Versuche der Juristen aus dem Justizministerium, zu zeigen, dass der Präsident das Recht habe, Folter zu genehmigen: »Die Ansicht, dass der Präsident kraft der Verfassung Folter gestatten könne, ist, als würde man behaupten, dass er kraft der Verfassung das Recht habe,

Völkermord zu begehen.«[155] Dieselben Rechtsberater sollten ohne größere Schwierigkeiten darlegen, dass der Präsident tatsächlich auch dieses Recht habe.

Anerkannte Experten für internationales Recht führen die Nürnberger Prozesse als »Geburt der universellen Gerichtsbarkeit« an.[156] Das ist nur dann richtig, wenn wir »Universalität« in Übereinstimmung mit der Praxis der »aufgeklärten Staaten« verstehen, d. h. »universal« als »nur auf andere (insbesondere auf Feinde) anwendbar« definieren.

Die richtige Folgerung in und seit Nürnberg wäre gewesen, die Sieger ebenso zu bestrafen wie den besiegten Feind. Die Mächtigen unterlagen den Regeln weder in den Nachkriegsprozessen noch in späteren Verfahren, aber nicht, weil sie keine Verbrechen begangen hätten – selbstverständlich hatten sie Verbrechen begangen –, sondern weil sie nach den herrschenden moralischen Maßstäben Immunität genießen. Die Opfer verstehen das nur allzu gut. Nachrichtenagenturen berichten aus dem Irak: »Sollte Saddam Hussein jemals vor Gericht gestellt werden, würden die Iraker gerne auch seine ehemaligen Verbündeten, die Amerikaner, in Handschellen neben ihm auf der Anklagebank sehen.«[157] Das scheint undenkbar und wäre eine radikale Änderung des Grundsatzes des internationalen Rechtes, das ausschließlich über die Verbrechen der anderen zu richten ist.

Ganz am Rande gibt es eine Ausnahme, welche die Regel in Wirklichkeit noch bestätigt: Eine Strafe ist zulässig, wenn es sich bloß um eine Verwarnung handelt, wenn die wahren Verbrechen ausgelassen werden oder wenn die Verantwortung auf untergeordnete Akteure

155. Edward Alden: »US interrogation debate: Dismay at attempt to find legal justification for torture«, *Financial Times*, 10. Juni 2004.

156. Richard Goldstone: »Kosovo: An Assessment in the Context of International Law«, Nineteenth Morgenthau Memorial Lecture, Carnegie Council on Ethics and International Affairs, 2000.

157. Michael Georgy: »Iraqis want Saddam's old U. S. friends on trial«, *Reuters*, 20. Januar 2004.

abgewälzt und beschränkt werden kann, vor allem, wenn diese nicht so wie wir sind. Es galt beispielsweise als angemessen, die Soldaten, die das Massaker von Mỹ Lai verübt hatten, zu bestrafen – halbgebildete und halb verrückte GIs im Feld, die nicht wussten, wer als nächster auf sie schießen würde. Die Personen zu bestrafen, die die Operation Wheeler/Wallawa geplant und ausgeführt hatten, eine Massenmord-Operation, bei der Mỹ Lai nur eine ganz kleine Fußnote war, wäre viel zu weit gegangen und war völlig unvorstellbar.[158] Die Herren in den klimatisierten Büros sind so wie wir und genießen also per definitionem Immunität. Ähnliche Beispiele erleben wir jetzt im Irak.

Kommen wir nun aber darauf zurück, wie Kissinger die Befehle Nixons für die Bombardierung von Kambodscha weiterleitete. Im Vergleich dazu ist die Tatsache, dass Serbien eine Beteiligung am Massaker von Srebrenica zugegeben hat, wie vielfach berichtet wurde, viel weniger wichtig. Die Anklagevertreter bei dem Tribunal gegen Slobodan Milošević haben Schwierigkeiten, ihm das Verbrechen eines Völkermordes nachzuweisen, weil sie kein Dokument finden konnten, in dem der Angeklagte einen entsprechenden Befehl gibt oder auch nur Befehle zu einem geringeren Verbrechen. Wissenschaftler, die sich mit dem Holocaust beschäftigen, haben ein ähnliches Problem, auch wenn an Hitlers Verantwortung kein Zweifel besteht; was fehlt, sind schlüssige, direkte Beweise. Nehmen wir jedoch an, dass tatsächlich ein Dokument gefunden würde, in dem Milošević etwa der serbischen Luftwaffe befiehlt, Bosnien oder das Kosovo in Schutt und Asche zu legen, vielleicht mit den Worten: »Alles, was fliegt, gegen alles, das sich bewegt.« Die Ankläger wären begeistert, der Prozess wäre abgeschlossen, und Milošević würde zu einer mehrfach lebenslänglichen Haftstrafe verurteilt werden – oder zum Tode,

158. Zu dieser Operation und ähnlichen, siehe Chomsky, Edward Herman: *The Political Economy of Human Rights*. Bd. I, South End, 1979. Diese Darstellung beruht teilweise auf den unveröffentlichten Untersuchungen von Kevin Buckley, des Büroleiters von *Newsweek* in Saigon.

wenn US-amerikanische Gesetze angewendet würden. Man wird in historischen Dokumenten kaum jemals einen expliziten Befehl zur Verübung eines Völkermordes finden, so wie der Begriff derzeit für die Verbrechen unserer Feinde verwendet wird. Im oben genannten Fall aber gab es kein nennenswertes Interesse, obwohl ein solcher Befehl in der wichtigsten Zeitung der Welt beiläufig erwähnt wurde, und obwohl die entsetzlichen Folgen allgemein bekannt sind. Das ist auch völlig logisch, wenn man stillschweigend als Grundprinzip annimmt, dass »wir« per definitionem keine Verbrechen verüben können bzw. dass wir uns für Verbrechen nicht zu verantworten haben.

Eine einfache moralische Wahrheit, die unumstritten sein sollte, ist der Grundsatz der Universalität: Für uns selbst sollten dieselben – oder strengere – Maßstäbe gelten, die wir an andere anlegen. Dies sollte allgemein unumstritten sein, aber besonders seitens der wichtigsten Bürger der Welt, der Führer der »aufgeklärten Staaten«, die sich als gläubige Christen getreu dem Evangelium bezeichnen und daher mit der berühmten Verurteilung der Heuchler vertraut sein sollten. Sie sind den Geboten des Herrn zweifellos ergeben. George Bush soll verkündet haben: »Gott hat mir aufgetragen, al-Qa'ida anzugreifen, und ich habe sie angegriffen; und dann hat Er mir aufgetragen, Saddam Hussein anzugreifen, was ich ebenfalls tat«, und »nun bin ich entschlossen, den Nahostkonflikt zu lösen«,[159] und zwar

159. Arnon Regular, *Haaretz*, 24. Mai 2003. Der Bericht beruht auf Abbas' Protokoll eines Treffens zwischen Bush und seinem handverlesenen palästinensischen Premierminister Mahmud Abbas; vgl. *Newsweek*, »Bush and God«, 10. März 2003, darin findet man eine Titelgeschichte über den Glauben des Mannes, der den Finger auf dem roten Knopf hat, und über seinen Direkten Draht zu Gott; vgl. »The Jesus Factor«, eine Dokumentation von *PBS Frontline* über die »religiösen Ideale«, die Bush ins Weiße Haus brachte und die »von Belang für die messianische Vision von Bush ist, dem Rest der Welt Demokratie aufzupropfen«; Sam Allis: »A timely look at how faith informs Bush presidency«, *Boston Globe*, 29. Februar 2004. Berater des Weißen Hauses sind besorgt über das »zunehmend sprunghafte Verhalten« von Bush, während dieser »behauptet, seine Entscheidungen seien ›Gottes Wille‹«; Doug Thompson, *Capitol Hill Blue*, 4. Juni 2004.

ebenfalls auf Geheiß des Herrn Zebaoth, dem Herr der Heerscharen, den wir gemäß der Heiligen Schrift vor allen anderen Göttern verehren sollen. Die Presse der Elite schreibt, wie bereits erwähnt, pflichtbewusst über seine »messianische Mission«, den Nahostkonflikt – und alle anderen Konflikte der Welt – zu lösen, um unserer »historischen Verantwortung, die Welt vom Bösen zu befreien«, nachzukommen (so die Worte des Präsidenten); die Visionen von George Bush und Osama bin Laden haben da ein Grundprinzip gemeinsam, und beide schöpfen hier aus dem reichen Schatz alter Epen und Kindermärchen.

Die Worte von Tony Blair sind mir nicht ausreichend vertraut, als dass ich sagen könnte, wie nahe er diesem Ideal kommt, das in der angloamerikanischen Geschichte immer wieder vorkommt. Die frühen englischen Siedler in Nordamerika folgten dem Wort des Herrn, als sie in ihrem »Neuen Israel« die Amalekiter abschlachteten, um das Land von der Plage der Eingeborenen zu befreien. Ihnen folgten ebenso gottesfürchtige Christen, die ihre Bibeln schwenkten und ihre religiöse Pflicht erfüllten, indem sie das gelobte Land eroberten, in Besitz nahmen und von Millionen Kanaanitern befreiten, um anschließend Krieg gegen die Papisten in Florida, Mexiko und Kalifornien zu führen. Dabei mussten sie sich ständig gegen die »gnadenlosen, wilden Indianer« verteidigen, die Georg III. auf sie hetzte, wie in der Unabhängigkeitserklärung behauptet wird, und gegen die »entlaufenen Neger und gesetzlosen Indianer«, die unschuldige Amerikaner angriffen, wie John Quincy Adams schrieb, und zwar in einer der berühmtesten Staatsschriften der amerikanischen Geschichte, in der Andrew Jacksons Eroberung von Florida 1818 und der Beginn der mörderischen Seminolenkriege gerechtfertigt wird. Dies war auch aus einem anderen Grund bedeutsam: Es handelte sich um den ersten Krieg, den die Regierung verfassungswidrig begann, nämlich ohne Kriegserklärung durch den Kongress, was mittlerweile so häufig vorkommt, dass kaum noch jemand darauf hinweist: So wird gemeinhin eine Norm geschaffen.

Adams sollte in späteren Jahren, lange nach seinen grausigen Beiträgen zur Geschichte, das Schicksal »der unglückseligen Rasse der amerikanischen Ureinwohner« beklagen, »die wir mit solch gnadenloser und gemeiner Grausamkeit ausrotten«. Dies sei »eine der abscheulichen Sünden dieser Nation, und ich glaube, dass Gott eines Tages deswegen über uns richten wird«, meinte Adams. Der erste Kriegsminister der USA hatte schon viele Jahre zuvor gewarnt, dass »zukünftige Historiker den Beginn dieser Zerstörung der menschlichen Rasse in düsteren Farben malen« würden. Sie sollten nicht Recht behalten. Gottes Mühlen und die Mühlen der Historiker mahlen langsam.

Ich kann im Gegensatz zu Bush und Blair nicht im Namen Gottes sprechen, doch die Historiker sprechen zu uns in der Sprache der Sterblichen. Vor zwei Monaten erwähnte einer der angesehensten amerikanischen Historiker beiläufig »die Beseitigung von hunderttausenden Ureinwohnern« im Zuge der Eroberung unseres Staatsgebietes; ein typisches Beispiel: abgesehen von der bemerkenswerten Wortwahl irrt er sich um den Faktor zehn. Es gab keine Reaktion. Das würde wohl anders aussehen, wenn man in einer führenden deutschen Zeitung lesen würde, dass »hunderttausende Juden während des Zweiten Weltkrieges beseitigt« wurden. Auch als ein hoch angesehener Historiker in einem Standardwerk erklärte, dass sich die Siedler nach ihrer Befreiung von der britischen Herrschaft »darauf konzentrierten, Bäume und Indianer zu fällen sowie ihre natürlichen Grenzen auszuloten«,[160] gab es keine Reaktion. Es gibt allzu viele solche Beispiele in der Wissenschaft, in den Medien, in Schulbüchern, in Filmen usw. Die Opfer des Völkermordes dienen Sportmannschaften als Maskottchen, in der Regel in Form von Karikaturen. Vernichtungswaffen werden salopp nach ihnen benannt: Apache-,

---

160. Gordon Wood: »'Freedom Just Around the Corner': Rogue Nation«, *New York Times Book Review*, 28. März 2004; Thomas Bailey: *A Diplomatic History of the American People.* Appleton-Century-Crofts, 1969.

Blackhawk- und Comanche-Hubschrauber, Tomahawk-Raketen und so fort. Was würden wir dazu sagen, wenn die deutsche Bundeswehr ihre tödlichen Waffen heute »Jude« oder »Zigeuner« nennen würde? Bei den Briten sieht es ähnlich aus. Großbritannien verfolgte seine göttliche Mission bei der Christianisierung Afrikas und übte in Indien »eine Treuhandschaft aus, die als Rätsel der Vorsehung in seine Hände gelegt« wurde, was in einem Land, »in dem Gott und Mammon wie füreinander geschaffen waren«, leicht nachvollziehbar war.[161] Menschen von größter moralischer Integrität und Intelligenz produzierten eine weltliche Ausgabe dieses Glaubens; der Philosoph und Ökonom John Stuart Mill fällt mit einer außergewöhnlichen Rechtfertigung britischer Verbrechen, die er verfasste, als diese in Indien und in China gerade ihren Höhepunkt erreichten, besonders auf. Es handelt sich um einen Aufsatz, der heute als Klassiker in der Literatur zur »humanitären Intervention« gelten kann. Dabei ist festzuhalten, dass es auch andere Stimmen gab: der Unternehmer und Politiker Richard Cobden verurteilte die britischen Verbrechen in Indien und gab seiner Hoffnung Ausdruck, dass das »nationale Gewissen, das die gerechte Strafe für die imperialen Verbrechen bisher durch rechtzeitige Sühne und Wiedergutmachung von England abgewendet hat, aus seiner Lethargie erweckt wird, ehe es zu spät ist, und den Gewalttaten und der Ungerechtigkeit, die jeden Schritt unseres Vorgehens in Indien kennzeichnen, ein Ende bereitet« – in Anlehnung an Adam Smith, der »das barbarische Unrecht der Europäer«, vor allem der Briten in Indien, scharf verurteilt hatte. Cobden hoffte vergeblich. Es ist kaum ein Trost, dass ihre Amtskollegen vom Kontinent die Briten in ihren Taten, deren Leugnen und in ihrer Selbstbeweihräucherung noch übertrafen.

An dieser Stelle sollten wir uns noch an einen anderen Leitspruch

161. So die Historiker Thomas Pakenham und David Edwards, zit. nach Clifford Langley: »The Religious Roots of American Imperialism«, *Global Dialogue*, Winter/ Frühjahr 2003.

von Cobden erinnern, der heute wieder brandaktuell ist und auch als einfache moralische Wahrheit gelten kann: »Kein Mensch hat das Recht, Geld zu verleihen, wenn dieses dazu dienen soll, anderen die Kehle durchzuschneiden«[162] – oder erst recht, die Messer dazu zu verkaufen. Es bedarf keines umfangreichen Forschungsprojektes, um die entsprechenden Schlussfolgerungen aus der gängigen Praxis der führenden »aufgeklärten Staaten« zu ziehen.

Die übliche Reaktion des Geisteslebens – abgesehen von einigen bemerkenswerten Ausnahmen – ist ganz normal, wenn man grundlegende moralische Wahrheiten aufgibt und wenn wir uns selbst vom Grundsatz der Universalität ausnehmen. Und genau das tun wir ständig. Jeden Tag wird das aufs Neue veranschaulicht. Der Senat der USA hat eben der Ernennung von John Negroponte als Botschafter im Irak zugestimmt, wo er der größten diplomatischen Vertretung der Welt vorstehen und dafür verantwortlich sein wird, die Macht an Iraker zu übergeben und somit die »messianische Vision« von Bush zu vollenden, dem Nahen Osten und der ganzen Welt Demokratie zu bringen, wie man uns feierlich erklärt. Diese Ernennung betrifft das Prinzip der Universalität ganz direkt, doch bevor wir darauf näher eingehen, wollen wir uns mit einigen Fragen zu weiteren moralischen Prinzipien befassen, sowie mit den entsprechenden Belegen und Schlussfolgerungen.

In den Nachrichtenmeldungen und Reportagen wird einfach vorausgesetzt, dass es das Ziel der Irak-Invasion sei, die messianische Vision unseres Präsidenten zu erfüllen – selbst von kritischen Stimmen, die davor warnen, dass die »edlen« und »wohlmeinenden« Ziele vielleicht zu hoch gesteckt seien. So formulierte der Londoner Economist vor einigen Wochen: »Amerikas Mission«, den Irak zu einem »leuchtenden Vorbild für seine Nachbarn in puncto Demokratie

---

162. zit. nach Pier Francesco Asso: »The 'Home Bias' Approach in the History of Economic Thought«, in J. Lorentzen, M. de Cecco (Hg.): *Markets and Authorities.* Elgar, 2002.

zu machen«, stehe vor Problemen.[163] Trotz erheblicher Recherchen konnte ich in den US-amerikanischen Medien keinen Widerspruch finden, und anderswo (mit geringeren Bemühungen) ebenso wenig, abgesehen vonseiten der üblichen Randfiguren.

Wenn man der Frage nachgeht, warum diese Doktrin sich in den Kommentaren der westlichen Intellektuellen scheinbar allgemeiner Zustimmung erfreut, erkennt man bald, dass dies zwei Ursachen hat. Erstens: Unsere Führer haben es verkündet, also muss es wahr sein; dieses Prinzip kennen wir aus Nordkorea und von anderen leuchtenden Vorbildern. Zweitens: Wir müssen die Tatsache verbergen, dass unsere Führer demonstrieren, dass sie zu den versiertesten Lügnern aller Zeiten gehören, indem sie diese Doktrin weiter verkünden, obwohl jeder andere Vorwand bereits durchschaut wurde; denn um ihre Länder in den Krieg zu führen, verkünden sie jetzt mit dem gleichen Eifer, dass »die einzige Frage« sei, ob Saddam noch Massenvernichtungswaffen besitze. Aber diesmal sollen wir ihnen glauben. Dazu gehört auch, dass die Erinnerung an die lange Liste der bekannten, vorgeblich edlen Bemühungen, den armen Wilden Demokratie, Freiheit und Gerechtigkeit zu bringen, getilgt werden muss.

Es ist auch eine einfache Wahrheit, dass die Verlautbarungen der aufrichtigen Absichten der Führer keinen Informationsgehalt aufweisen, auch im technischen Sinne: Sie sind völlig vorhersagbar, selbst ihre schlimmsten Auswüchse. Selbst diese einfache Wahrheit tritt jedoch in den Hintergrund, wenn es um die vordringlichste Notwendigkeit geht, nämlich das Prinzip der Universalität abzulehnen.

Auch einige Iraker stimmen der Doktrin zu, die bei den westlichen Kommentatoren stillschweigend vorausgesetzt wird: Nach einer Umfrage der Amerikaner in Bagdad im Oktober 2003 – lange vor den Gräueltaten im April 2004 und bevor die Folter in Abu Ghuraib bekannt wurde – glaubte ein Prozent der Iraker, dass es das Ziel der

163. »Another intifada in the making«, »Bloodier and sadder«, *Economist*, 17. April 2004.

Invasion sei, dem Irak Demokratie zu bringen. Weitere fünf Prozent meinten, dass es das Ziel sei, den Irakern zu helfen. Fast alle anderen hielten es für selbstverständlich, dass es darum ging, die Kontrolle über die Bodenschätze des Irak zu erlangen und den Irak als Stützpunkt für eine Neuordnung des Nahen Ostens entsprechend US-amerikanischer Interessen zu nutzen[164] – eine Vorstellung, die den aufgeklärten westlichen Kommentatoren praktisch nie über die Lippen kommt bzw. die sie entsetzt als »Antiamerikanismus«, »Verschwörungstheorie«, als »linksextrem« oder als irgendeine andere intellektuell verbrämte Obszönität abtun. Die Iraker setzen also offensichtlich als gegeben voraus, dass das derzeitige Szenario jenem gleicht, als die Briten den modernen Irak schufen, wie zu erwarten begleitet von denselben abgedroschenen Verkündigungen edler Absichten, aber auch internen Geheimdokumenten, in denen Lord Curzon und das britische Außenministerium ihre Pläne für eine »arabische Fassade« und diverse »Verfassungsfiktionen« für eine britische Herrschaft entwickelt hatten. Die heutige Version bot ein hochrangiger britischer Beamter, der im *Daily Telegraph* zitiert wird: »Die irakische Regierung wird über volle Souveränität verfügen, in der Praxis jedoch nicht alle Aufgaben ihrer Souveränität wahrnehmen.«[165]

Kehren wir nun zu Negroponte und zum Grundsatz der Universalität zurück. Als seine Ernennung dem Kongress zur Bestätigung vorgelegt wurde, pries ihn das *Wall Street Journal* als »modernen Prokonsul«, der sein Handwerk in den 1980er Jahren, in Honduras gelernt hatte, in der Reagan-Ära, als die heutigen Amtsinhaber in Washington bereits die Karriereleiter erklommen. Carla Anne Robbins, die altgediente Berichterstatterin des *Wall Street Journal*,

164. Walter Pincus: »Skepticism About U.S. Deep, Iraq Poll Shows, Motive for Invasion Is Focus of Doubts«, *Washington Post*, 12. November 2003; Richard Burkholder: »Gallup Poll of Baghdad: Gauging U.S. Intent«, *Government & Public Affairs*, 28. Oktober 2003.

165. Anton La Guardia: »Handover still on course as UN waits for new leader to emerge«, *Daily Telegraph*, 18. Mai 2004.

erinnert daran, dass er in Honduras »der Prokonsul« genannt wurde, da er damals Chef der zweitgrößten Botschaft in Lateinamerika mit der größten CIA-Niederlassung der Welt gewesen war – und nun womöglich die volle Souveränität über ein Herzstück der Weltmacht den Einheimischen übergeben soll.[166]

Robbins bemerkt, dass Menschenrechtsaktivisten Negroponte kritisieren, weil er »die Menschenrechtsverletzungen des Militärs in Honduras« – ein Euphemismus für großangelegten Staatsterror – vertuscht habe, »um die weitere Unterstützung der USA« für dieses Land zu sichern, das »ein Stützpunkt für Washingtons geheimen Krieg gegen Nikaragua« war. Die Hauptaufgabe des Prokonsuls Negroponte bestand darin, die Stützpunkte zu betreuen, auf denen die terroristische Söldnerarmee bewaffnet, ausgebildet und zur Arbeit angeleitet wurde, darunter zu Angriffen auf schutzlose zivile Ziele, wie das US-Militärkommando dem Kongress mitteilte. Das Außenministerium bestätigte, dass es eine bewusste Politik war, solche »weichen Ziele« anzugreifen und der nikaraguanischen Armee auszuweichen; führende linksliberale Intellektuelle in den USA wie Michael Kinsley, der Herausgeber der *New Republic* und designierte Sprecher der Linken im Fernsehen, verteidigten diese Politik. Als *Human Rights Watch* den internationalen Terrorismus der USA verurteilte, warf Kinsley der Organisation Gefühlsduselei vor, und dass sie nicht verstanden habe, dass dieser »nach pragmatischen Kriterien« zu beurteilen sei. Er machte geltend, dass eine »vernünftige Politik« einer »Überprüfung durch eine Kosten-Nutzen-Rechnung standhalten« müsse, eine Rechnung, »wie viel Blut und Elend man hineinstecken muss und wie groß die Wahrscheinlichkeit ist, dass am anderen Ende Demokratie herauskommt« – »Demokratie«, wie die US-amerikanischen Eliten sie definieren, was ihr unantastbares Recht ist. Der Grundsatz der Universalität kommt hier natürlich nicht zum Tragen: Niemand

166. Robbins: »Negroponte Has Tricky Mission: Modern Proconsul«, *Wall Street Journal*, 27. April 2004.

sonst darf großangelegte internationale Terroroperationen durchführen, wenn er so mit einer gewissen Wahrscheinlichkeit seine Ziele erreichen kann.

In diesem Fall war das Experiment ein großer Erfolg, der auch entsprechend gelobt wurde: Nikaragua wurde zum zweitärmsten Land des amerikanischen Kontinents gemacht, in dem 60 Prozent aller Kinder unter zwei Jahren aufgrund schwerer Mangelernährung an Anämie und wahrscheinlich dauerhaftem Hirnschaden leiden,[167] nachdem das Land während des terroristischen Krieges Opfer zu beklagen hatte, die hochgerechnet auf die Bevölkerung der USA zweieinhalb Millionen Toten entsprechen, einer Opferrate, die nach Thomas Carothers »deutlich höher ist als die der Opfer des Amerikanischen Bürgerkrieges und aller Kriege der USA im 20. Jahrhundert zusammengenommen«. Carothers ist der wichtigste Historiker auf dem Gebiet der Demokratisierung Lateinamerikas und schreibt sowohl als Historiker, als auch als Insider, denn er hatte unter Reagan im Außenministerium an den Programmen zur »Förderung der Demokratie« mitgearbeitet. Er bezeichnet sich selbst als »Neo-Reaganist« und hält diese Programme für »ehrlich«, aber »gescheitert«, weil die USA nur eine »Demokratie von oben nach unten« unter der Kontrolle der traditionellen Eliten mit engen Verbindungen in die USA duldeten. Das ist eine alte Leier in der Geschichte des Strebens nach Visionen von Demokratie; die Iraker haben sie offensichtlich durchschaut, während wir Amerikaner lieber unsere Augen davor verschließen. Dabei ist das Wort »lieber« zu betonen, denn die Beweise sind zahlreich und auffällig.

Negropontes Hauptaufgabe als Prokonsul in Honduras bestand darin, die internationalen terroristischen Gräueltaten zu überwachen und anzuleiten, für die der Internationale Gerichtshof die USA in einer Entscheidung verurteilt hatte, die weit über den Fall Nikaragua hinausging, nach einem Prozess, der von seinem Team

167. *Envío* (UCA, Managua), November 2003.

aus Harvard-Juristen so gelenkt wurde, dass eine Debatte über die Fakten vermieden wurde, da die USA die Fakten nicht bestritten. Das Gericht wies Washington an, seine Verbrechen zu beenden und beträchtliche Entschädigungen zu bezahlen – was Washington völlig ignorierte, offiziell mit dem Argument, dass andere Staaten nicht mit uns übereinstimmen und wir uns daher »das Recht vorbehalten, selbst zu entscheiden«, wie wir handeln, und welche Angelegenheiten »grundsätzlich unter die eigene Gerichtsbarkeit der Vereinigten Staaten fallen, wenn dies von den Vereinigten Staaten selbst so entschieden wird«. In diesem Fall sollte dies für die Aktionen gelten, die der Internationale Gerichtshof als »widerrechtliche Gewaltanwendung« gegen Nikaragua – einfacher ausgedrückt: als internationalen Terrorismus – verurteilt hatte. All dies gehört für die gebildeten Klassen auf den Müllhaufen der Geschichte, so wie alle unerwünschten Wahrheiten, darunter die beiden Resolutionen des UNO-Sicherheitsrates, die das Gerichtsurteil unterstützen und gegen die die USA ihr Veto einlegten, während Großbritannien sich treu enthielt. Der internationale Terrorfeldzug wurde während der Anhörung zur Einsetzung von Negroponte am Rande erwähnt, es wurde ihm jedoch dank der Tatsache, dass wir uns selbst ruhmreich vom Grundsatz der Universalität ausgenommen haben, keine besondere Bedeutung zugemessen.

In meinem Büro am Massachusetts Institute of Technology hängt ein Gemälde, das mir ein Jesuitenpater geschenkt hat; es stellt den Engel des Todes dar, der über der Gestalt des Erzbischofes Romero von El Salvador steht. Seine Ermordung im Jahr 1980 markiert den Beginn der finsteren Zeit der Gräueltaten des internationalen Staatsterrorismus. Vor Romero sind die sechs Jesuiten abgebildet, führende lateinamerikanische Intellektuelle, die 1989, am Ende des Jahrzehnts, erschossen wurden. Die Jesuitengelehrten wurden gemeinsam mit ihrer Haushälterin und deren Tochter von einem Elitebataillon ermordet, das von den derzeitigen Machthabern in Washington und ihren

Mentoren bewaffnet und ausgebildet worden war. Die Einheit hatte bereits ein blutiges Register an Massakern im Rahmen des internationalen Terrorfeldzuges vorzuweisen, den Romeros Nachfolger als »Vernichtungskrieg und Völkermord gegen die wehrlose Zivilbevölkerung« charakterisierte. Romero war praktisch von denselben Leuten ermordet worden, und zwar nur wenige Tage, nachdem er Präsident Carter angefleht hatte, der Junta keine militärische Unterstützung zu gewähren, da diese »hier unweigerlich das Unrecht vergrößern und die Unterdrückung verschärfen würde, der die Organisationen der Bevölkerung, die ihre grundlegenden Menschenrechte verteidigen, ausgesetzt sind.« Die Unterdrückung wurde auch nach seiner Ermordung mit Unterstützung der USA fortgesetzt, und die heutigen Machthaber entwickelten sie zu einem »Vernichtungskrieg und Völkermord« weiter.

Ich lasse das Bild da hängen, damit es mich jeden Tag an die reale Welt erinnert, und es hat sich auch sonst als lehrreich herausgestellt. Zahlreiche Menschen suchen mich in diesem Zimmer auf. Fast alle Besucher aus Lateinamerika erkennen das Bild. Kaum ein Besucher aus dem Land nördlich des Rio Grande erkennt es. Von den Besuchern aus Europa erkennen es vielleicht zehn Prozent. Machen wir noch ein Gedankenexperiment: Angenommen, in den 1980er Jahren hätten Sicherheitskräfte, die vom Kreml bewaffnet und ausgebildet wurden, einen Erzbischof in der Tschechoslowakei ermordet, der als »die Stimme der Entrechteten« galt, danach zehntausende Menschen abgeschlachtet und nach einem Jahrzehnt als Höhepunkt Václav Havel und ein halbes Dutzend weiterer führender tschechischer Intellektueller brutal umgebracht. Würden wir davon wissen? Vielleicht nicht, denn die westliche Reaktion wäre womöglich ein Atomkrieg gewesen, und dann wäre niemand mehr übrig, der davon wissen könnte. Das Unterscheidungskriterium ist wieder einmal glasklar: Feinde begehen Verbrechen; wir nicht – dank unserer Befreiung von den grundlegendsten, einfachsten moralischen Wahrheiten.

Die Jesuiten wurden in Wirklichkeit doppelt ermordet: sie wurden brutal getötet, und in den »aufgeklärten Staaten« sind sie unbekannt, was für Intellektuelle ein besonders grausames Schicksal ist. Im Westen kennen nur Experten oder Aktivisten auch nur ihre Namen, geschweige denn ihre Schriften. Ihr Schicksal unterscheidet sich deutlich von jenem der intellektuellen Dissidenten unter der Herrschaft unserer offiziellen Feinde: Die sind wohlbekannt, ihre Werke werden verlegt und gelesen, und sie werden hoch geschätzt für ihren mutigen Widerstand gegen die Unterdrückung, die tatsächlich hart war, wenn auch nicht ansatzweise vergleichbar mit dem, was ihre Kollegen zur gleichen Zeit unter westlicher Herrschaft erlitten. Auch hier ist die unterschiedliche Behandlung sinnvoll aufgrund unserer grundsätzlichen Befreiung von einfachsten moralischen Wahrheiten.

Wenden wir uns nun einigen schwierigen Fragen zu. Vielleicht keine davon steht heute stärker im Vordergrund als »die Geißel des Terrorismus«, vor allem staatlich geförderter internationaler Terrorismus, »eine Plage, die von verkommenen Gegnern der menschlichen Kultur verbreitet wird«, ein »neuzeitlicher Rückfall in die Barbarei«. So wurde diese Plage beschrieben, als der »Krieg gegen den Terror« ausgerufen wurde – nicht im September 2001, als er erneut ausgerufen wurde, sondern zwanzig Jahre früher, von denselben Leuten und ihren Vordenkern. Deren »Krieg gegen den Terror« verwandelte sich sofort in einem mörderischen Terrorkrieg mit schrecklichen Folgen in Mittelamerika, im Nahen Osten, im südlichen Afrika und anderswo, aber das ist nur Geschichte, nicht die Geschichte, die von ihren Hütern in den »aufgeklärten Staaten« verfertigt wird. In der herkömmlicheren Geschichtsdarstellung werden die 1980er Jahre von den Experten als Jahrzehnt des »Staatsterrorismus«, der »andauernden Beteiligung an oder ›Förderung‹ von Terrorismus durch Staaten, besonders Libyen und den Iran« beschrieben. Die USA reagierten lediglich mit »einer ›offensiven‹ Haltung gegenüber dem Terrorismus«,[168] und das galt auch für ihre Verbündeten: Israel, Südafrika, das geheime Terrornetzwerk, das Reagan und seine Leute aufbauten, und so weiter. Ich möchte hier die radikalen Islamisten beiseite lassen, die für die Sache organisiert und ausgebildet wurden – und zwar nicht für die Verteidigung von Afghanistan, was eine legitime Sache gewesen wäre, sondern um unseren offiziellen Feind bluten zu lassen, was wahrscheinlich den sowjetischen Afghanistan-Krieg verlängerte und das Land in Schutt und Asche legte; als Diener des Westens die Macht übernahmen, sollte es noch viel schlimmer werden – die Folgen brauchen wir hier nicht auszuführen. Was in der herkömmlichen Geschichte nicht vorkommt, sind die Millionen Opfer des eigentlichen »Krieges gegen den Terror« der 1980er Jahre, und jene, die in den Überresten ihrer zerstörten Länder ums Überleben kämpfen. Aus der Geschichte getilgt wurden auch die Überreste der »Kultur des Terrors«, die »die Wünsche und Bestrebungen der Mehrheit in Schach hält«, wie es ein Überlebender der intellektuellen Jesuiten in El Salvador bei einer Konferenz zur Auslotung der realen, aber nicht akzeptierten Geschichte formulierte.

Der Terrorismus wirft eine Reihe schwieriger Fragen auf. In erster Linie ist da das Phänomen selbst, das wirklich eine Bedrohung darstellt, selbst wenn man es auf den Teil beschränkt, der den Filter der Doktrin passiert, nämlich auf den Terrorismus, den sie gegen uns verüben. Es ist nur eine Frage der Zeit, bis Terrorismus und Massenvernichtungswaffen sich vereinen, womöglich mit entsetzlichen Folgen, wie in der Fachliteratur schon vor den Gräueln des 11. Septembers erörtert wurde. Abgesehen von dem Phänomen ist da noch die Frage der Definition von »Terrorismus«. Auch das gilt als schwierige Frage und ist Thema wissenschaftlicher Abhandlungen und internationaler Konferenzen. Auf den ersten Blick wirkt es etwas eigenartig, dass es sich um eine schwierige Frage handeln soll. Es gibt Definitionen, die zwar nicht perfekt, aber durchaus ausreichend

168. Martha Crenshaw: »Why America?«, *Current History*, Dezember 2001.

und zumindest so brauchbar sind wie andere Definitionen, die als unproblematisch gelten. Da wäre zum Beispiel die offizielle Definition in den Armeehandbüchern der USA Anfang der 1980er Jahre, als der »Krieg gegen den Terrorismus« ausgerufen wurde, oder die recht ähnliche offizielle Formulierung der britischen Regierung, die »Terrorismus« als »den Einsatz oder die Androhung von gewaltsamen, zerstörerischen oder störenden Aktionen, welche mit dem Zweck, eine politische, religiöse oder ideologische Sache geltend zu machen, die Regierung beeinflussen oder die Öffentlichkeit einschüchtern sollen« definiert. Das sind die Definitionen, die ich in meinen Artikeln über den Terrorismus in den letzten zwanzig Jahren verwendet habe, seit die Reagan-Regierung erklärt hatte, dass der Krieg gegen den Terror ein Hauptaugenmerk ihrer Außenpolitik sei, anstelle der Menschenrechte, die bis dato als »Seele unserer Außenpolitik« bezeichnet worden waren.[169]

Bei näherem Hinsehen wird jedoch klar, um welche Frage es sich handelt, und sie ist in der Tat schwierig. Die offiziellen Definitionen sind unbrauchbar aufgrund ihrer unmittelbaren Folgen. Eine Schwierigkeit besteht darin, dass die Definition von Terrorismus praktisch mit der Definition der offiziellen Politik der USA und anderer Staaten identisch ist, die als »Terrorismusbekämpfung«, »Krieg niedriger Intensität« und mit ähnlich beschönigenden Ausdrücken bezeichnet werden. Das wiederum kommt meines Wissens einer historischen Universalie nahe. Die japanischen Imperialisten in der Mandschurei und in Nordchina beispielsweise waren nicht Aggressoren oder Terroristen, sondern schützten die Bevölkerung und legitime Regierungen vor dem Terrorismus »chinesischer Banditen«. Um dieser noblen Aufgabe nachzukommen, sahen sie sich gezwungen, widerwillig auf »Gegenterror« zurückzugreifen, um ihr

---

169. vgl. u. a. Noam Chomsky: *Pirates and Emperors*. 1996; Neuauflage bei South End-Pluto, 2002; zur Anfangsphase des »Krieges gegen den Terror«, siehe Alexander George (Hg.): *Western State Terrorism*. Polity/Blackwell, 1991.

Ziel zu erreichen, ein »Paradies auf Erden« zu schaffen, in dem die Völker Asiens in Frieden und Harmonie unter der aufgeklärten Führung Japans leben würden. Das gleiche gilt für fast jeden anderen Fall, den ich untersucht habe. Doch da stellt sich eine schwierige Frage: Man kann nicht einfach sagen, dass sich die »aufgeklärten Staaten« offiziell dem Terrorismus verschrieben haben. Und man kann ganz leicht beweisen, dass die USA nach ihrer eigenen Definition dieses Begriffes in großem Maßstab internationalen Terrorismus betreiben, was in einigen entscheidenden Fällen weitgehend unumstritten ist.

Damit hängen weitere Fragen zusammen. Einige stellten sich, als die UNO-Vollversammlung auf Druck von Reagan und seiner Verbündeten im Dezember 1987 eine scharfe Verurteilung des Terrorismus verabschiedete und alle Staaten dazu aufrief, diese Geißel der Neuzeit zu vernichten. Die Resolution wurde mit 153 gegen 2 Stimmen angenommen; nur Honduras enthielt sich der Stimme. Die beiden Staaten, die gegen die Resolution stimmten, legten ihren Vorbehalt in der Debatte dar. Sie waren gegen einen Passus, der »das Recht auf Selbstbestimmung, Freiheit und Unabhängigkeit« anerkannte, »wie es sich aus der Charta der Vereinten Nationen ableitet, … vor allem von Völkern, denen dieses Recht gewaltsam vorenthalten wird, insbesondere von Völkern, die unter Kolonialherrschaft und rassistischen Regimes sowie ausländischer Besatzung leben«. Den Begriff »Kolonialherrschaft und rassistische Regimes« bezog man auf Südafrika, einem Verbündeten der USA, der sich den Angriffen des ANC unter Nelson Mandela widersetzte, einer der »berüchtigtsten Terrorgruppen« der Welt, wie Washington damals festhielt. Und »ausländische Besatzung« bezog man auf Israel, einen Vasallen der USA. Es ist also nicht überraschend, dass die USA und Israel gegen die Resolution stimmten, also de facto ein Veto einlegten – eigentlich das übliche doppelte Veto: Die Resolution war nicht durchsetzbar und wurde auch aus der Geschichte getilgt, obwohl sie die stärkste und wichtigste UNO-Resolution gegen den Terrorismus war.

Dann ist da noch die schwierige Frage der Definition von Terrorismus, die dem Problem der Definition von Kriegsverbrechen gleicht. Wie kann man eine Definition so formulieren, dass sie gegen den Grundsatz der Universalität verstößt, d. h. dass sie auf ausgewählte Feinde anwendbar ist, wir selbst aber ausgenommen sind? Und die Feinde sind recht sorgfältig auszuwählen. Seit Reagan haben die USA ständig eine offizielle Liste von Staaten gehabt, die den Terrorismus unterstützen. In all den Jahren wurde nur ein Land von dieser Liste gestrichen: der Irak, und zwar um es den USA gemeinsam mit Großbritannien und anderen Staaten zu ermöglichen, Saddam Hussein dringend benötigte Hilfe zukommen zu lassen und diese Unterstützung auch dann noch bedenkenlos fortzusetzen, als er seine schrecklichsten Verbrechen verübte. Ein weiterer Staat schaffte es beinahe. Clinton bot an, Syrien von der Liste zu streichen, wenn es einem Frieden nach den Bedingungen der USA und Israel zustimme. Als Syrien darauf bestand, dass Israel ihm die 1967 eroberten Gebiete zurückgeben müsse, wurde es nicht von der Liste der Staaten gestrichen, die den Terrorismus unterstützen, und Syrien ist daher noch immer auf der Liste, obwohl Washington anerkennt, dass Syrien schon seit vielen Jahren keine Unterstützung für Terrorismus vorzuwerfen ist und dass Syrien sich äußerst kooperativ zeigte, indem es den USA wichtige Geheimdienstinformationen über al-Qaʻida und andere radikale islamistische Gruppen zukommen ließ. Als Lohn für die Zusammenarbeit Syriens im »Krieg gegen den Terrorismus« verabschiedete der Kongress im Dezember 2003 nahezu einstimmig ein Gesetz für noch schärfere Sanktionen gegen Syrien (den *Syria Accountability Act*). Das Gesetz wurde unlängst vom Präsidenten bestätigt. Es beraubt die USA einer ihrer wichtigsten Informationsquellen über radikalen islamischen Terrorismus, verfolgt dafür aber das höhere Ziel, in Syrien ein Regime zu errichten, das die Forderungen der USA und Israels akzeptiert. Das ist kein ungewöhnliches Vorgehen, obwohl Kommentatoren solche Vorgangsweisen immer wieder für erstaunlich halten, ganz konträr zu den offensichtlichen Fakten und zu der Regelmäßigkeit dieses Verhaltensmusters, und obwohl diese Entscheidungen entsprechend klarer und nachvollziehbarer Planungsprioritäten eigentlich völlig rational sind.

Der *Syria Accountability Act* ist eine weitere drastische Veranschaulichung der Ablehnung des Grundsatzes der Universalität. Seine Kernforderung bezieht sich auf Resolution 520 des UNO-Sicherheitsrates, welche die Anerkennung der Souveränität und der territorialen Integrität des Libanon einmahnt, die von Syrien verletzt wird, da sich im Libanon noch immer syrische Kräfte befinden, die 1976 dort von den USA und von Israel willkommen geheißen wurden, als ihre Aufgabe darin bestand, Massaker an den Palästinensern zu verüben. Das Gesetz, die Medienberichterstattung und politische Kommentatoren sehen darüber hinweg, dass sich die Resolution 520 aus dem Jahr 1982 explizit gegen Israel und nicht gegen Syrien richtet, und auch darüber, dass obwohl Israel seit 22 Jahren gegen diese und andere Resolutionen des UNO-Sicherheitsrates über den Libanon verstößt, niemand irgendwelche Sanktionen gegen Israel fordert oder auch nur eine Verringerung der gigantischen und bedingungslosen Waffenlieferungen und Wirtschaftshilfe. Unter denen, die 22 Jahre lang geschwiegen haben, sind viele, die jetzt den Gesetzesentwurf unterschrieben haben, der Syrien dafür verurteilt, dass es gegen die Resolution des UNO-Sicherheitsrates verstößt, die Israel auffordert, sich aus dem Libanon zurückzuziehen. Stephen Zunes, ein wissenschaftlicher Kommentator mit Seltenheitswert, formuliert das Prinzip ganz genau: Es besteht darin, dass »die Souveränität des Libanon nur dann zu verteidigen ist, wenn die Besatzungstruppen aus einem Land kommen, gegen das die USA sind; die Souveränität des Libanon ist hingegen entbehrlich, wenn die Besatzungstruppen aus einem Land kommen, das ein Verbündeter der USA ist.«[170] Das

170. Stephen Zunes: »U. S. Policy Towards Syria and the Triumph of Neoconservatism«, *Middle East Policy*, Frühjahr 2004.

Prinzip sowie die Berichterstattung und Kommentare zu all diesen Ereignissen ergeben wieder Sinn angesichts der vorrangigen Notwendigkeit, selbstverständliche moralische Grundprinzipien zu verwerfen, was eine grundlegende Doktrin der intellektuellen und moralischen Kultur ist.

Zurück zum Irak: Als Saddam von der Liste der Staaten, die den Terrorismus unterstützen, gestrichen wurde, fügte man stattdessen Kuba hinzu, vielleicht in Anerkennung der scharfen Eskalation internationaler Terroranschläge gegen Kuba Ende der 1970er Jahre, darunter der Bombenanschlag auf einen Linienflug der Cubana de Aviación, bei dem 73 Menschen getötet wurden, und vielen anderen Gräueltaten, wobei die meisten in den USA geplant und ausgeführt wurden, obwohl Washington zu der Zeit bereits von der bisherigen Politik der direkten Aktionen abgerückt war, die darin bestand, Kuba »das Grauen der Welt« zu bringen – das war das Ziel der Regierung Kennedy gewesen, wie Arthur Schlesinger, der Historiker und Berater Kennedys in seiner Biografie über Robert Kennedy schreibt, der für den Terrorfeldzug verantwortlich war und ihm höchste Priorität zumaß. Ende der 1970er Jahre verurteilte Washington offiziell Terroranschläge, während die Regierung gleichzeitig Terrorzellen auf US-amerikanischem Territorium gesetzwidrig Unterschlupf und Schutz gewährte. Orlando Bosch, der führende Terrorist, der laut FBI als Urheber des Bombenanschlages auf den Cubana-Flug und dutzender anderer Terroranschläge gilt, wurde von George Bush I. trotz Einspruch des Justizministeriums begnadigt. Andere wie er operieren nach wie vor straflos von US-amerikanischem Boden aus, darunter Terroristen, die für schwere Verbrechen im Ausland verantwortlich sind; dennoch lehnen die USA Auslieferungsanträge (beispielsweise aus Haiti) ab.

Erinnern wir uns an eines der wichtigsten Elemente der »Bush-Doktrin«, diesmal von Bush II.: »Wer Terroristen Unterschlupf gewährt, ist ebenso schuldig wie die Terroristen selbst« und wird entsprechend behandelt. Dies waren die Worte des Präsidenten, als er die Bombardierung von Afghanistan ankündigte, da das Land sich angesichts fehlender Beweise oder auch nur eines glaubwürdigen Vorwands, wie die USA später zugaben, weigerte, mutmaßliche Terroristen auszuliefern. Graham Allison, ein Experte für internationale Beziehungen an der Universität Harvard, nennt dies das wichtigste Element der Bush-Doktrin. Es »hob die Souveränität von Staaten, die Terroristen Unterschlupf gewähren, unilateral auf«, schrieb er in *Foreign Affairs*; er unterstützte dieses Vorgehen und fügte hinzu, dass diese Doktrin »de facto in den internationalen Beziehungen bereits zur herrschenden Regel« geworden sei. Damit hat er im wörtlichen Sinn von »herrschend« auch Recht.

Ganz buchstabengetreu könnte man daraus schließen, dass Bush und Allison nun die Bombardierung der Vereinigten Staaten von Amerika fordern, aber mit dieser bibelwissenschaftlichen Auslegung kann man nicht begreifen, dass die grundlegendste moralische Selbstverständlichkeit eben mit Nachdruck abzulehnen ist, denn es gibt eine entscheidende Ausnahme vom Grundsatz der Universalität, der so tief in der herrschenden geistigen Kultur verankert ist, das er nicht einmal wahrgenommen und daher auch nicht erwähnt wird.

Auch dies wird uns täglich veranschaulicht. Ein Beispiel ist die Ernennung von Negroponte. Ein weiteres ist der Tod des palästinensischen Politikers Abu Abbas in einem amerikanischen Gefängnis im Irak. Seine Gefangennahme war eine der hochgelobten Errungenschaften der Invasion. Einige Jahre zuvor hatte er in Gaza gelebt und mit amerikanisch-israelischem Segen am »Friedensprozess« von Oslo teilgenommen, doch als die Zweite Intifada begann, flüchtete er nach Bagdad, wo er von US-Truppen festgenommen und für seine Beteiligung an der Entführung des Kreuzfahrtschiffes Achille Lauro im Jahr 1985 eingesperrt. 1985 gilt unter Wissenschaftlern als Höhepunkt des Terrorismus der 1980er Jahre; nach einer Umfrage unter Journalisten war der Nahost-Terrorismus die wichtigste Story des Jahres. Die Fachleute heben zwei Schwerverbrechen in diesem Jahr hervor: die Entführung der Achille Lauro, in der eine Person, ein behinderter Amerikaner, brutal ermordet wurde; und eine Flugzeugentführung mit einem Todesopfer, ebenfalls ein Amerikaner. Es gab 1985 natürlich auch noch andere terroristische Verbrechen in der Region, aber die gehen nicht durch den Filter. Eines war eine Autobombe vor einer Moschee in Beirut, die achtzig Menschen tötete und 250 weitere verletzte; sie war so eingestellt, dass sie explodierte, als die Leute die Moschee verließen, und tötete vor allem Frauen und Mädchen; doch dieses Ereignis wurde aus der Chronik getilgt, weil es sich auf den CIA und den britischen Geheimdienst zurückverfolgen ließ. Ein anderes war die Aktion, die zur Entführung der Achille Lauro als Vergeltung eine Woche später führte: Schimon Peres hatte ohne glaubwürdigen Vorwand Tunis bombardieren lassen, wobei 75 Menschen – Palästinenser und Tunesier – getötet wurden, eine Aktion, die erst von den USA unterstützt und von Außenminister Shultz gelobt und dann vom UNO-Sicherheitsrat als »Akt der bewaffneten Aggression« verurteilt wurde. (Die USA enthielten sich der Stimme.) Aber auch dieses Ereignis fand keine Aufnahme in die Chronik des Terrorismus (bzw. des schwereren Verbrechens der »bewaffneten Aggression«), und zwar ebenfalls aufgrund seiner Urheber. Peres und Shultz sterben nicht im Gefängnis, sondern bekommen Nobelpreise, riesige Geschenke der Steuerzahler für den Wiederaufbau dessen, was sie im besetzten Irak zu zerstören halfen, und zahlreiche andere Ehrungen. Auch hier ergibt alles einen Sinn, sobald man einsieht, dass man sich von grundlegenden moralischen Wahrheiten befreien muss.

Manchmal werden moralische Selbstverständlichkeiten explizit geleugnet. Ein Beispiel dafür ist die Reaktion auf das zweite wichtige Element der »Bush-Doktrin«, die offiziell mit der Nationalen Sicherheitsstrategie vom September 2002 verlautbart wurde. *Foreign Affairs*, eine der wichtigsten Zeitschriften des Establishments, beschrieb sie sogleich als »neue langfristige imperiale Strategie«, mit der Washington das Recht beanspruchte, jede mögliche Herausforderung der weltweiten amerikanischen Dominanz mit Gewalt zu beseitigen. Die Neue Sicherheitsstrategie wurde von der Crème der Außenpolitik nur aus einem einzigen Grund kritisiert, wie auch in dem eben zitierten Artikel: nicht dass sie falsch sei, oder auch neu, sondern dass ihr Stil und ihre Umsetzung so maßlos seien, dass sie die Interessen der USA gefährden. Henry Kissinger bezeichnete den »neuen Ansatz [als] revolutionär« und wies darauf hin, dass er die Regelung der internationalen Beziehungen seit dem Westfälischen Frieden sowie natürlich die Charter der Vereinten Nationen und das Völkerrecht untergräbt. Er billigte die Doktrin, wenn auch mit Bedenken zu Stil und Taktik und mit einer entscheidenden Einschränkung: Sie dürfe kein »universelles Prinzip [sein], auf das jede Nation zurückgreifen kann«. Das Recht auf Aggression muss vielmehr den USA vorbehalten sein, und vielleicht einigen ausgewählten Vasallen. Der Grundsatz der Universalität als grundlegendste moralische Wahrheit muss entschieden abgelehnt werden. Kissinger gebührt Lob für die Aufrichtigkeit, mit der er die herrschende Doktrin, die sonst in der Regel mit tugendhaften Absichten verbrämt und in gequälten Juristenjargon verpackt ist, unverblümt darlegt.

Um noch ein letztes Beispiel anzuführen, das brandaktuell und bedeutend ist: die »Theorie vom gerechten Krieg«, die im Zusammenhang mit der »normativen Revolution«, die in den 1990ern ausgerufen wurde und derzeit ein kräftiges Comeback feiert. Es wurde darüber diskutiert, ob die Invasion gegen den Irak die Voraussetzungen für einen gerechten Krieg erfüllt; bei der Bombardierung Serbiens im Jahr 1999 und bei der Invasion gegen Afghanistan gab es praktisch keine Debatte – diese Fälle galten als derart eindeutig, dass sich die Diskussion erübrigte. Sehen wir sie uns kurz an – nicht um die Frage zu stellen, ob die Angriffe richtig oder falsch waren, sondern in Hinblick auf die Argumentationsweise.

Die schärfste Kritik an der Bombardierung Serbiens, die noch irgendwie im Mainstream anzusiedeln ist, kam von der Unabhängigen Internationalen Untersuchungskommission unter dem Vorsitz von Richard Goldstone, und bezeichnete sie als »illegal, aber legitim«. »Sie war illegal, weil der UNO-Sicherheitsrat sie nicht genehmigt hatte«, erkannte die Kommission, »aber legitim, da alle diplomatischen Möglichkeiten ausgeschöpft waren und es keinen anderen Weg gab, das Morden und die Gräueltaten im Kosovo zu beenden.«[171] Goldstone bemerkte, dass die UNO-Charta angesichts seines Berichtes und der Urteile, auf denen dieser beruht, eventuell einer Neufassung bedarf. Er erklärt, dass die NATO-Intervention »als Präzedenzfall zu wichtig« sei, als dass man sie als »einmalige Abweichung« betrachten könne. Vielmehr wird »staatliche Souveränität aufgrund der Globalisierung und der Überzeugung der Völker der Welt, dass Menschenrechte nunmehr Sache der internationalen Gemeinschaft sind, neu definiert«. Er betonte auch, dass »eine objektive Analyse von Menschenrechtsverletzungen« nötig sei.[172]

Nun noch einige Vorschläge: Eine Frage für eine objektive Untersuchung könnte sein, ob die Mehrheit der Völker der Welt das Urteil der »aufgeklärten Staaten« akzeptiert. Im Falle der Bombardierung Serbiens zeigt ein Überblick über die Weltpresse und offiziellen Verlautbarungen, dass dies gelinde gesagt eher nicht der Fall ist. Außerhalb der NATO-Staaten wurde die Bombardierung nämlich scharf verurteilt – eine Tatsache, die konsequent ignoriert wird.[173] Überdies ist es recht unwahrscheinlich, dass eine Mehrheit der Weltbevölkerung akzeptieren würde, dass die »aufgeklärten Staaten« sich selbst grundsätzlich von der »Universalisierung«, die auf Nürnberg zurückgeht,

---

171. Independent International Commission on Kosovo, »The Kosovo Report«, 23. Oktober 2000, www.palmecenter.se/print_uk.asp?Article_Id=873. Oxford University Press, 2000.
172. Goldstone, op. cit.
173. Einen Überblick findet man in *New Military Humanism*.

ausnehmen. Die neue Norm passt, wie es scheint, in das alte Schema. Eine weitere Frage für eine objektive Untersuchung könnte sein, ob wirklich »alle diplomatischen Möglichkeiten ausgeschöpft waren«. Angesichts der Tatsache, dass bei der Entscheidung der NATO für den Angriff zwei Optionen auf dem Tisch lagen – ein Vorschlag der NATO und ein Vorschlag Serbiens –, und angesichts der Tatsache, dass die NATO und Serbien nach Luftangriffen, die 78 Tage dauerten, einen Kompromiss erzielten, ist diese Feststellung nicht unbedingt haltbar.[174]

Eine dritte Frage wäre, ob es zutrifft, dass es »keinen anderen Weg gab, das Morden und die Gräueltaten im Kosovo zu beenden« – eine entscheidende Frage. In diesem Fall ist eine objektive Analyse ausnahmsweise ganz einfach. Es gibt dazu Unmengen an Beweisen aus untadeligen westlichen Quellen: mehrere Zusammenstellungen des US-amerikanischen Außenministeriums, die zur Rechtfertigung des Krieges herausgegeben wurden, detaillierte Aufzeichnungen der OSZE, der NATO, der UNO, eines parlamentarischen Untersuchungs-ausschusses in Großbritannien und ähnliche Zeugnisse.

Dieses ungewöhnlich reiche Beweismaterial ist in mehrfacher Hinsicht bemerkenswert. Erstens wird es in der umfangreichen Literatur über den Kosovo-Krieg, einschließlich der wissenschaftlichen Fachliteratur, fast völlig ignoriert.[175] Zweitens wird sein Beweisgehalt nicht nur ignoriert, sondern konsequent geleugnet. Ich habe das Material an anderer Stelle ausgewertet und möchte das hier nicht wiederholen, doch was man da feststellten kann, ist, dass die zeitliche Abfolge der Ereignisse frappanter Weise eindeutig umgekehrt ist.

174. Details in Noam Chomsky: *A New Generation Draws the Line*. Verso, 2000; dort wird auch dargestellt, wie die NATO die Resolution des Sicherheitsrates, die sie selbst angeregt hatte, sofort aufhob. Goldstone (op. cit.) bemerkt, dass die Resolution ein Kompromiss war, geht aber nicht ins Detail, was im Westen nicht weiter auffiel.
175. Die einzigen genaueren Darstellungen, die ich kenne, sind in meinen Büchern zu finden, die in den beiden vorigen Fußnoten genannt sind, sowie einigen Zusatzin-formationen aus der späteren Untersuchung des britischen Parlaments in *Hegemony or Survival*.

Die serbischen Gräueltaten werden als Ursache der Bombardierung dargestellt, doch in Wirklichkeit ist unstrittig, dass sie praktisch ausnahmslos nach der Bombardierung geschahen, und dass sie außerdem eine der erwarteten Folgen waren, wie die Quellen von höchster Stelle in der NATO ebenfalls gut belegen.

Die britische Regierung, die innerhalb des Bündnisses einen besonders scharfen Kurs fuhr, schätzte, dass die meisten Gräueltaten nicht von den serbischen Sicherheitskräften durchgeführt wurden, sondern von den UÇK-Kämpfern, die Serbien von Albanien aus angriffen, und zwar mit der Absicht – wie sie offen sagten –, Serbien zu einer unverhältnismäßigen Antwort zu provozieren, mit der man dann im Westen für die Bombardierung Serbiens mobilisieren konnte. Diese Einschätzung der britischen Regierung stammt von Mitte Januar, doch die Aufzeichnungen belegen keine wesentliche Änderung bis Ende März, als der Angriff angekündigt wurde und begann. Die Anklage gegen Milošević beruht auf Material der britischen und US-amerikanischen Geheimdienste und zeigt dieselbe Abfolge der Ereignisse.

Die USA, Großbritannien und die meisten Kommentatoren nennen das Massaker von Račak Mitte Januar den entscheidenden Wendepunkt, aber das ist einfach nicht ernst zu nehmen. Erstens verändert es kaum das Verhältnis der Gräueltaten, selbst wenn man die radikalsten Verurteilungen des Massakers von Račak für bare Münze nimmt. Zweitens fanden gleichzeitig an anderen Orten viel schlimmere Massaker statt, die aber kein Interesse erweckten, obwohl man einige der schlimmsten leicht verhindern hätte können, ganz einfach, indem man den Tätern die Unterstützung entzieht. Ein wichtiges Beispiel ist Osttimor Anfang 1999, damals unter indonesischer Besatzung. Die unbeirrbare Unterstützung durch die USA und Großbritannien war für die Besatzungstruppen entscheidend; selbst als sie bereits ein Viertel der Bevölkerung abgeschlachtet hatten, unterstützten die USA und Großbritannien die indonesische Armee

178 *Die Herren der Welt*

weiterhin politisch und militärisch, bis sie das Land in einem letzten
Rausch der Gewalt im August und September 1999 praktisch völlig
zerstörte. Das ist nur einer von vielen Fällen, aber er reicht bei weitem
aus, um die Schreckensbekundungen über Račak als unglaubwürdig
zu entlarven.

Nach westlichen Schätzungen wurden in dem Jahr vor dem
NATO-Angriff im Kosovo mehr als zweitausend Menschen getötet.

Wenn die britischen und andere Einschätzungen zutreffen, wurden
die meisten von ihnen von UÇK-Kämpfern getötet. Eine der ganz
wenigen seriösen wissenschaftlichen Studien, die sich überhaupt
damit befasst, kommt zu der Einschätzung, dass fünfhundert von
diesen zweitausend von den Serben getötet wurden. Diese gründliche
und wohlüberlegte Studie stammt von Nicholas Wheeler, der den
NATO-Angriff mit dem Argument unterstützt, dass es sonst zu noch
schlimmeren Gräueltaten gekommen wäre.[176] Das Argument lautet,
dass die NATO-Gräueltaten vielleicht sogar ein zweites Auschwitz
verhindern würden, durch einen Angriff, von dem sie im Voraus
annahm, dass er Gräueltaten zur Folge haben würde. Das solche Argumente ernst genommen werden – und sie werden ernst genommen
–, vermittelt einen guten Einblick in den intellektuellen Zustand der
westlichen Kultur, insbesondere wenn man sich daran erinnert, dass
es auch Verhandlungsoptionen gab und dass das Abkommen, das
nach der Bombardierung zustande kam, ein Kompromiss zwischen
der NATO und Serbien war (zumindest formell).

Auch bei diesem Thema hat Goldstone offenbar Vorbehalte. Er
ist einer der wenigen, die erkannt haben, dass die NATO Serbien
nicht bombardierte, um die albanische Bevölkerung des Kosovo zu
schützen, und dass das »direkte Ergebnis« der Bombardierung eine
»enorme Katastrophe« für die Kosovaren war – so wie das NATO-
Oberkommando und das US-Außenministerium vorhergesehen

176. Nicholas Wheeler: *Saving Strangers: Humanitarian Intervention and International
Society*. Oxford, 2000.

hatten –, gefolgt von einer weiteren Katastrophe unter der NATO/ UNO-Besatzung, vor allem für die Serben und Roma. Sprecher und Fürsprecher der NATO, setzt Goldstone fort, »müssen sich mit dem Glauben trösten, dass der ›Hufeisenplan‹ – der serbische Plan, im Kosovo eine ethnische Säuberung gegen die Albaner durchzuführen – bereits angelaufen war, bevor die Bombardierung begann, und keine Folge des Angriffes war.« Das Wort »Glaube« ist hier gut gewählt: In den umfangreichen Aufzeichnungen des Westens gibt es keine Beweise, dass irgendetwas angelaufen war, bevor die internationalen Beobachter abgezogen wurden, um das Bombardement vorzubereiten, und kaum Hinweise aus den wenigen Tagen vor dem Angriff. Und der »Hufeisenplan« selbst wurde mittlerweile offenbar als Lügenmärchen der Geheimdienste entlarvt, obwohl natürlich anzunehmen ist, dass Serbien Pläne für den Fall eines NATO-Angriffes hatte, die nach wie vor unbekannt sind.

Dass die Internationale Untersuchungskommission, die sich an sich ernsthaft mit den Vorgängen befasst hatte, zu solchen Schlussfolgerungen über die Rechtmäßigkeit des Angriffes kam, ist also kaum nachzuvollziehen.

Die Fakten sind nicht wirklich umstritten, wie jeder leicht nachvollziehen kann. Das ist wohl der Grund dafür, warum der umfangreiche Dokumentenbestand des Westens peinlichst ignoriert wird. Wie auch immer man die Bombardierung Serbiens sieht – darum geht es hier nicht – ist die übliche Schlussfolgerung, dass es sich unbestritten um ein Beispiel für einen gerechten Krieg und um den wichtigsten Beweis einer »normativen Revolution« unter der Führung der »aufgeklärten Staaten« handelte, gelinde gesagt überraschend – es sei denn, natürlich, wir kehren zum gleichen Prinzip zurück: moralische Selbstverständlichkeiten sind nicht auf uns selbst anzuwenden.

Kehren wir zum zweiten Beispiel zurück, zum Krieg in Afghanistan, der als so beispielhaft für einen gerechten Krieg gilt, dass es darüber praktisch keine Debatte gibt. Jean Bethke Elshtain, die angesehene Moralphilosophin und politische Philosophin, fasst die herrschende Meinung gut zusammen, wenn sie schreibt, dass nur absolute Pazifisten und völlig Verrückte daran zweifeln, dass es sich um einen gerechten Krieg handelte. Auch hier sind die Fakten zu hinterfragen. Erinnern wir uns zunächst an die Ziele des Kriegs: die Afghanen zu bestrafen, bis die Taliban bereit sind, Osama bin Laden auszuliefern, trotz Mangels an Beweisen. Im Gegensatz zu zahlreichen späteren Behauptungen war der Sturz des Taliban-Regimes ein nachträglicher Einfall, der erst mehrere Wochen nach Beginn der Bombardierungen dazukam. Außerdem ist ganz gut belegt, dass nicht nur Verrückte und radikale Pazifisten nicht in den Chor der Kriegsbefürworter einstimmten. Eine internationale Gallup-Umfrage nach der Ankündigung, aber noch vor dem tatsächlichen Beginn des Angriffes ergab, dass die Zustimmung gering war und gegen null ging, wenn Zivilisten angegriffen werden sollten – was von Anfang an der Fall sein sollte. Selbst diese schwache Unterstützung ging davon aus, dass die Ziele die Verantwortlichen der Anschläge vom 11. September seien. Und das waren sie nicht. Acht Monate später sagte der FBI-Chef vor dem Senat aus, dass man nach den gründlichsten Ermittlungen der Geheimdienste aller Zeiten höchstens sagen konnte, dass man »glaubt«, dass der Plan in Afghanistan entstanden sei, die Anschläge jedoch anderswo geplant und finanziert wurden. Daraus folgt, dass die Bevölkerung entgegen der selbstsicheren Behauptungen in den Medien den Angriff nicht unterstützte, abgesehen von einigen wenigen Ländern und natürlich von den westlichen Eliten. Die öffentliche Meinung in Afghanistan ist schwerer einzuschätzen, doch es ist bekannt, dass nach mehreren Wochen der Bombardierungen führende Persönlichkeiten, die gegen die Taliban waren – darunter einige, die in den USA äußerst geschätzt wurden, wie Präsident Hamid Karzai –, das Bombardement verurteilten, ein Ende der Angriffe forderten, und den USA vorwarfen, das Land nur zu bombardieren, um »ihre Muskeln spielen zu lassen«, was aber die Bemühungen der heimischen Kräfte untergräbt, die Taliban zu stürzen.

Wenn wir also auch die einfache Wahrheit akzeptieren, dass Tatsachen relevant sind, stoßen wir bald auf schwierige Fragen; aber in dieser Hinsicht muss man sich keine Sorgen machen.

Kommen wir zu den Fragen im Zusammenhang mit gerechten Kriegen. Da stellt sich zunächst sofort die Frage der Universalität. Wenn die USA absolut das Recht haben, ein anderes Land zu bombardieren, um dessen Führung zu zwingen, jemanden auszuliefern, den sie der Beteiligung an einem Terroranschlag verdächtigen, dann haben Kuba, Nikaragua und eine Reihe weiterer Länder erst recht das Recht, die USA zu bombardieren, denn die Beteiligung der USA an terroristischen Anschlägen gegen diese Staaten steht außer Zweifel; im Falle Kubas gehen diese 45 Jahre zurück, sind aus tadellosen Quellen ausführlich belegt und werden auch gar nicht in Zweifel gezogen; im Falle Nikaraguas wurden sie sogar vom Internationalen Gerichtshof verurteilt und auch vom UNO-Sicherheitsrat (wobei es ein Veto gegen die Resolutionen gab), worauf die USA ihre Anschläge noch ausweiteten. Zu diesem Schluss kommt man zwangsläufig, wenn man den Grundsatz der Universalität akzeptiert. Das wäre natürlich eine absolut unerhörte Schlussfolgerung, die niemand vertritt. Daraus schließen wir wieder einmal, dass es beim Grundsatz der Universalität eine entscheidende Ausnahme gibt, und dass die Ablehnung elementarer moralischer Selbstverständlichkeiten so tief verwurzelt ist, dass selbst eine Frage in dieser Richtung als unsagbare Abscheulichkeit gilt. Dies ist eine weitere lehrreiche Beobachtung über die herrschende geistige Kultur und Moral, die inakzeptable Plattitüden aus tiefster Überzeugung ablehnt.

Der Irakkrieg ist umstrittener, und daher gibt es eine umfangreiche Fachliteratur, in der diskutiert wird, ob er die Kriterien des Völkerrechtes und die eines gerechten Krieges erfüllt. Michael Glennon, ein angesehener Professor an der *Fletcher School* der Tufts-Universität

182 *Die Herren der Welt*

bei Boston, argumentiert unverblümt, dass das Völkerrecht nur »leeres
Geschwätz« und am besten abzuschaffen sei, weil sich die Staaten in
der Praxis nicht daran halten – soll heißen: weil die USA und ihre
Verbündeten es ignorieren. Ein weiterer Mangel des Völkerrechtes
und der UNO-Charta ist nach Glennon, dass sie die Möglichkeiten
der USA einschränken, zu Gewalt zu greifen, und diese Gewalt sei
rechtens und bestens, da die USA die Führerin der »aufgeklärten
Staaten« (so seine Worte) sei, und zwar offenbar per definitionem: er
erachtet es scheinbar nicht als notwendig, dafür Quellen oder Argumente anzuführen. Ein weiterer angesehener Wissenschaftler meint,
dass die USA und Großbritannien in Wirklichkeit im Einklang mit
der UNO-Charta handeln, und zwar nach einer »gemeinschaftlichen
Interpretation« ihrer Bestimmungen: Sie führten den Willen der
internationalen Gemeinschaft zu einer Mission aus, mit der implizit
sie betraut wurden, weil allein sie die Macht hatten, sie zu erfüllen.[177]
Dabei ist es scheinbar irrelevant, dass die internationale Gemeinschaft
in bis dato unbekanntem Ausmaß lautstark protestierte – was das
Volk betrifft, ganz offensichtlich, aber selbst Teile der Eliten.

Andere merken an, dass das Recht ein lebendes Instrument ist,
dessen Bedeutung von der Praxis bestimmt wird, und die Praxis zeigt,
dass neue Normen aufgestellt wurden, die »vorweggenommene Selbstverteidigung« zulassen – ein weiterer beschönigender Ausdruck für
willkürliche Aggression. Dabei wird stillschweigend vorausgesetzt,
dass Normen von den Mächtigen etabliert werden, und dass nur sie
das Recht auf vorweggenommene Selbstverteidigung haben. Beispielsweise würde niemand behaupten, dass Japan dieses Recht wahrnahm,
als es die Militärstützpunkte auf den US-amerikanischen Kolonien

---

177. Carston Stahn: »Enforcement of the Collective Will after Iraq«, *American Journal of
International Law*, Symposium, »Future Implications of the Iraq Conflict«, 97:804–823,
2003. Weiteres Material, u. a. über Glennons einflussreiche Vorstellungen und seine
Ablehnung anderer moralischer Grundsätze, siehe meinen und andere Artikel im
Review of International Studies 29.4, Oktober 2003, sowie *Hegemony or Survival*.

Hawaiʻi und Philippinen bombardierte, obwohl die Japaner genau wussten, dass bei Boeing die B-17 vom Band kamen, und obwohl sie die öffentliche Diskussion in den USA genau kannten, wie man mit diesen »fliegenden Festungen« die japanischen Städte, die samt und sonders aus Holzbauten bestanden, in einem Vernichtungskrieg niederbrennen könnte, und zwar von den Stützpunkten auf Hawaiʻi und den Philippinen aus.[178] Auch heute würde niemand dieses Recht irgendeinem Land außer den selbsternannten »aufgeklärten Staaten« zugestehen, die die Macht haben, Normen festzusetzen, willkürlich anzuwenden und sich im Ruhm ihres Edelmutes, ihrer Großzügigkeit und ihrer messianischen Visionen von Gerechtigkeit zu sonnen.

Das ist alles nichts Neues, bis auf einen Aspekt: Die Mittel zur Zerstörung, die heute zur Verfügung stehen, sind mittlerweile so beängstigend, und das Risiko, das mit ihrer Stationierung und mit ihrem Einsatz verbunden ist, ist so gewaltig, dass ein rationaler Beobachter von einem anderen Stern die Überlebenschancen dieser seltsamen Spezies eher gering einschätzen würde, solange ihre gebildete Elite derart beharrlich an ihrer Missachtung grundsätzlicher und einfacher moralischer Wahrheiten festhält.

178. vgl. Bruce Franklin: *War Stars. The Superweapon in the American Imagination.* Oxford University Press, 1988.

6. Die menschliche Intelligenz und die Umwelt (2010)

Beginnen wir mit der interessanten Debatte, die sich vor einigen Jahren zwischen dem bekannten Astrophysiker Carl Sagan und dem Doyen der Biologie in Amerika, Ernst Mayr, zugetragen hat. Die beiden diskutierten über die Möglichkeit, anderswo im All intelligentes Leben zu finden. Sagan wies als Astrophysiker darauf hin, dass es unzählige Planeten gibt, die unserem völlig gleichen. Es gebe keinen Grund, warum sich dort nicht intelligentes Leben entwickelt haben sollte. Mayr argumentierte als Biologe, dass es sehr unwahrscheinlich wäre, fündig zu werden. Seine Begründung war, dass wir genau ein Beispiel haben: die Erde. Sehen wir uns also die Erde mal an.

Mayr sagte, dass Intelligenz eine Art tödliche Mutation ist. Und er führte ein gutes Argument dafür an: Er wies darauf hin, dass jene Organismen den größten biologischen Erfolg haben – der im Wesentlichen daran zu messen ist, wie viele Exemplare der Art vorhanden sind –, die schnell mutieren, wie Bakterien, oder jene, die in einer festen ökologischen Nische existieren, wie Käfer. Denen geht es ganz gut, und sie werden die ökologische Krise vielleicht überleben. Weiter oben auf der Skala dessen, was wir als Intelligenz bezeichnen, sind die Organismen immer weniger erfolgreich. Wenn man bei den Säugetieren ankommt, zählt man schon viel weniger Exemplare, zum Beispiel im Vergleich zu Insekten. Beim Menschen gab es ursprünglich, vor vielleicht hunderttausend Jahren, nur eine ganz kleine Gruppe. Dass jetzt so viele Menschen da sind, ist etwas irreführend, aber das ist auch erst seit einigen tausend Jahren so – aus Sicht der Evolution eine sehr kurze Zeitspanne. Mayr sagt, dass man anderswo keine intelligenten Lebensformen finden wird, und auch hier bald nicht mehr, weil Intelligenz einfach eine tödliche Mutation ist. Er fügte hinzu – und das sollte uns zu Denken geben –, dass die durchschnittliche Lebensdauer einer Spezies, von all den Milliarden, die schon existiert haben, rund hunderttausend Jahre beträgt, und das entspricht etwa der Zeit, seit der der moderne Mensch existiert.

Mit der Umweltkrise sind wir jetzt in der Lage zu entscheiden, ob Mayr recht gehabt hat oder nicht. Wenn wir nicht sehr bald und gründlich etwas unternehmen, wird er Recht gehabt haben: die menschliche Intelligenz ist tatsächlich eine tödliche Mutation. Einige Menschen werden vielleicht überleben, aber sie werden ein zerstreutes Dasein führen, das nichts mit einer würdigen Existenz zu tun haben wird, und wir werden einen guten Teil der restlichen Lebewesen der Welt mit uns in den Tod reißen.

Also werden wir etwas dagegen tun? Die Aussichten sind eher trübe. Im Dezember 2009 hat bekanntlich eine internationale Klimakonferenz stattgefunden. Ein völliges Desaster. Nichts ist dabei herausgekommen. Die Schwellenländer, China, Indien, usw. argumentierten, dass es unfair sei, dass sie nun die Belastung von mehreren Jahrhunderten der Umweltzerstörung durch die derzeit reichen und entwickelten Gesellschaften tragen sollen. Das ist ein plausibles Argument. Es ist jedoch so ein Fall, in dem man vielleicht die Schlacht gewinnt, aber den Krieg verliert. Das Argument wird ihnen nicht gerade dabei helfen, wenn die ökologische Krise fortschreitet und die Lebensfähigkeit der Gesellschaft dabei flöten geht. Die armen Länder, für die sie sprechen, werden natürlich am stärksten betroffen sein. In Wirklichkeit sind sie sind bereits am stärksten betroffen. Und es wird schlimmer werden. Die reichen und entwickelten Gesellschaften sind ein wenig gespalten: Europa unternimmt tatsächlich etwas und hat die Emissionen etwas eingeschränkt. Die USA tun nichts.

Ein bekannter Umweltjournalist, George Monbiot, schrieb nach der Konferenz in Kopenhagen sogar: »Man kann das Scheitern der

Konferenz mit zwei Worten erklären: Barack Obama.« Und er hat Recht. Obamas Auftritt bei der Konferenz war natürlich sehr wichtig aufgrund der Macht und der Rolle der USA bei jedem internationalen Treffen. Und er hat sie im Grunde zerstört. Keine Emissionsbeschränkungen; weg mit dem Kyōto-Protokoll. Seit zwei Jahren haben die USA nicht daran teilgenommen. In der Zeit haben sich die Emissionen in den USA stark erhöht, und man tut nichts, um sie einzuschränken. Ein paar kosmetische Maßnahmen hier und da, aber im Grunde nichts. Schuld daran ist natürlich nicht nur Obama, sondern unsere ganze Gesellschaft und Kultur. Die Struktur unserer Institutionen macht es sehr schwierig, irgendetwas zu erreichen.

Es ist nicht leicht festzustellen, was die öffentliche Meinung dazu ist. Es gibt viele Umfragen mit scheinbar recht unterschiedlichen Ergebnissen, je nach dem, wie man die Fragen und Antworten jeweils im Detail interpretiert. Ein wesentlicher Teil der Bevölkerung, vielleicht die überwiegende Mehrheit, tut die Sache jedenfalls als falschen Alarm irgendwelcher Linken ab. Besonders interessant ist dabei die Rolle des Unternehmenssektors, der das Land und das politische System praktisch kontrolliert. Die Industriellen sind da ganz offen. Die großen Wirtschaftslobbys wie die *United States Chamber of Commerce*, das *American Petroleum Institute* usw. nehmen sich kein Blatt vor den Mund. Vor ein paar Jahren kündigten sie eine groß angelegte Werbekampagne an, die seitdem auch durchgeführt wird, um die Öffentlichkeit zu überzeugen, dass die globale Erwärmung nicht wahr sei, sondern eine Erfindung der Linken. Die Umfrageergebnisse bescheinigen dieser Kampagne einen gewissen Erfolg.

Besonders interessant ist dabei, sich anzusehen, wer diese Werbekampagnen leitet, d. h. die Geschäftsführer großer Unternehmen. Die wissen so gut wie wir, dass der Klimawandel sehr real ist und eine schlimme Bedrohung für das Leben ihrer Kinder und Enkel darstellt. Eigentlich sind sie eine Bedrohung für ihr Eigentum: Sie besitzen die Welt, und sie sind eine Gefahr für das Überleben der

Welt. Das sieht aus einer gewissen Sicht irrational aus, und es ist irrational. Aus einer anderen Sicht ist es aber völlig rational. Sie handeln innerhalb der Strukturen, deren Teil sie sind. Sie bewegen sich innerhalb einer Art Markt bzw. eines teilweisen Marktes. In dem Maße, in dem man Teilnehmer eines marktwirtschaftlichen Systems ist, muss man das ignorieren, was Wirtschaftswissenschaftler »externe Effekte« nennen, nämlich die Auswirkungen der eigenen Geschäfte auf andere. Wenn mir zum Beispiel jemand ein Auto verkauft, versuche ich, es möglich günstig zu bekommen, ohne Rücksicht darauf, wie sich dieser Handel auf andere auswirken mag. Selbstverständlich gibt es gewisse Auswirkungen. Diese Auswirkungen mögen gering erscheinen, aber mit der hohen Zahl solcher Transaktionen vervielfachen sie sich gewaltig: Umweltverschmutzung, Verkehrsstau und entsprechende Zeitverschwendung, und so weiter und so fort. Diese Effekte berücksichtigt man nicht; nicht unbedingt. So ist das im System der Marktwirtschaft.

Wir haben gerade ein deutliches Beispiel dafür erlebt. Die Finanzkrise hat viele Ursachen, aber die wesentliche Ursache ist längst bekannt. Schon vor der Krise ist Jahrzehnte lang davon die Rede gewesen. Es hat ja immer wieder Krisen gegeben. Diese ist nur die schlimmste bisher. Die wesentliche Ursache ist im System der Marktwirtschaft begründet. Wenn zum Beispiel Goldman Sachs ein Geschäft abschließt und das ordentlich erledigt, d. h. wenn die Manager am Ball sind und darauf achten, was dabei für sie herausschaut, und wenn die Körperschaft oder Person auf der anderen Seite, z. B. ein Kreditnehmer, das auch tut, nehmen sie dabei nicht auf das so genannte Systemrisiko Rücksicht, d. h. auf die Möglichkeit, dass dieses Geschäft, das sie da tätigen, zu einem Absturz des ganzen Systems beiträgt. Das berücksichtigen sie nicht. Und genau das hat bei der Finanzkrise eine große Rolle gespielt. Es hat sich herausgestellt, dass das Systemrisiko riesengroß ist, groß genug, um das System abstürzen zu lassen, obwohl die ursprünglichen Geschäfte im Rahmen des Systems völlig rational waren.

Sie sind keine schlechten Menschen – darum geht es gar nicht. Wer's nicht tut – z. B. ein Vorstandsvorsitzender, der sagen würde: »Nun gut, ich berücksichtige die externen Faktoren« – ist einfach weg vom Fenster. Er wäre sofort draußen und jemand anderes hätte seinen Posten. Das ist die Natur seiner Stellung. Man kann im Privatleben ein absolut netter Mensch sein. Man kann Mitglied beim Naturschutzbund werden und Reden über die Umweltkrise oder was auch immer halten, aber in der Rolle als Unternehmensführer steckt man in der Klemme: Man muss kurzfristige Gewinne und den Marktanteil maximieren – im angloamerikanischen Unternehmensrecht ist das sogar gesetzlich vorgeschrieben –, denn wenn man es nicht tut, geht entweder das Unternehmen unter, weil ein anderes kurzfristig mehr leistet, oder man wird gekündigt, weil man nicht ordentlich arbeitet, und ein anderer bekommt den Job. Die Unvernunft ist also institutionalisiert. Innerhalb der Institution ist das Verhalten vollkommen rational, aber die Institutionen selbst sind so irrational eingerichtet, dass der Zusammenbruch vorprogrammiert ist.

Das Finanzsystem hat uns einen solchen Zusammenbruch auf äußerst dramatische Weise vorgeführt. In den 1920er und 1930er Jahren hat es schon einen Zusammenbruch gegeben, eine Weltwirtschaftskrise. Daraufhin wurden allerdings Kontrollmechanismen eingeführt. Das ist nur auf massiven Druck der Öffentlichkeit geschehen, aber es ist passiert. Und während der ganzen folgenden Periode des äußerst hohen und weitgehend egalitären Wirtschaftswachstums über mehrere Jahrzehnte gab es keine Finanzkrisen, da diese Kontrollmechanismen in den Markt eingriffen und das Funktionieren der Marktmechanismen verhinderten. Man konnte also externe Faktoren berücksichtigen – das ist das Wesen der Wettbewerbskontrolle.

Zunächst einmal ist die Rolle des Finanzwesens innerhalb der Wirtschaft gewaltig aufgebläht, und dadurch ist der Anteil des

Finanzsektors an den Unternehmensprofiten seit den 1970er Jahren explodiert. Gewissermaßen als logische Folge davon wurde die Industrieproduktion ausgehöhlt und ins Ausland verlagert. Dies geschah unter dem Einfluss einer extremistischen religiösen Ideologie, die man »Wirtschaftswissenschaft« nennt und die – Spaß beiseite – auf Annahmen beruht, die weder theoretische Grundlagen noch empirische Beweise vorzuweisen haben, dafür aber sehr attraktiv sind, weil man Lehrsätze beweisen kann, wenn man sie voraussetzt: die Effizienzmarkthypothese, die Theorie der rationalen Erwartungen usw. Die eine Verkörperung dieser Ideologie, die für die wenigen, die Reichtum, Privilegien und somit Erfolg haben, sehr attraktiv ist, stellt Alan Greenspan dar, der, als alles zusammenbrach, wenigstens den Anstand hatte zu sagen, dass diese Ideologie völlig falsch ist. Ich glaube nicht, dass es in der Geschichte jemals einen vergleichbaren Zusammenbruch eines Gedankengebäudes gegeben hat. Interessanterweise hat er keinerlei Folgen. Es geht einfach weiter wie zuvor. Und das zeigt, dass diese Ideologie den Machtstrukturen irgendwie nützlich sein muss.

Unter dem Einfluss dieser Ideologie demontierten Reagan, Clinton und Bush die Wettbewerbsaufsicht. Währenddessen gab es im Gegensatz zu den 1950er und 1960er Jahren immer wieder Finanzkrisen. Unter Reagan gab es mehrere außerordentliche Finanzkrisen. Als Clinton aus dem Amt schied, gab es eine weitere große Finanzkrise, als die Dotcom-Blase platzte. Und jetzt sind wir wieder mitten in einer Finanzkrise. Jede dieser Krisen war schlimmer als die vorangegangene. Das System wird jedes Mal sofort wieder aufgebaut, so dass die nächste Krise jeweils noch schlimmer wird. Eine Ursache – aber nicht die einzige – ist schlicht die Tatsache, dass man in einer Marktwirtschaft externe Effekte, d. h. in diesem Fall das Systemrisiko, einfach nicht berücksichtigt.

Im Falle einer Finanzkrise ist das nicht tödlich. Eine Finanzkrise kann schrecklich sein. Sie kann Millionen und Abermillionen

Menschen den Arbeitsplatz kosten und ihr Leben zerstören. Aber es gibt einen Ausweg. Der Steuerzahler kann als Retter auftreten. Und genau das ist passiert. In den letzten Jahren hat man uns das dramatisch vor Augen geführt. Das Finanzsystem ist abgesoffen und die Regierung, d. h. die Steuerzahler, sind ihm zur Hilfe gekommen und haben es gerettet.

Und nun zur Umweltkrise. Da gibt es keinen Retter in der Not. In diesem Fall ist das externe Element das Überleben der Art. Wenn dieses beim Funktionieren der Marktwirtschaft außer Acht gelassen wird, wird uns niemand retten. Dieses externe Element ist also tödlich. Und die Tatsache, dass keine ernsthaften Maßnahmen getroffen werden, um es aufzuhalten, lässt darauf schließen, dass Ernst Mayr nicht ganz unrecht hat, was uns und unsere Intelligenz betrifft, nämlich die Tatsache, dass wir imstande sind, in einer Art und Weise zu handeln, die in einem ganz engen Rahmen rational sein mag, in Anbetracht anderer langfristiger Ziele (z. B. der Sorge, in was für einer Welt unsere Enkelkinder leben werden) aber völlig irrational ist. Derzeit gibt es auch kaum Ansätze – am wenigsten in den USA –, dieses Handeln zu überwinden. Wir sind das mächtigste Land der Welt, und was wir tun, ist extrem wichtig. Wir haben in dieser Frage vielleicht das längste Sündenregister.

Man könnte einiges dagegen tun. Die Maßnahmen sind nicht schwer zu benennen. Eine der wichtigsten Maßnahmen wäre technisch ganz einfach, nämlich die Wärmedämmung von Wohnhäusern. Nach dem Zweiten Weltkrieg gab es einen großen Bauboom, und aus Sicht des Umweltschutzes wurde damals äußerst unvernünftig gebaut. Aus Sicht der Marktwirtschaft war es wiederum ganz vernünftig. Es gab Wohnbaumodelle, Muster für Fertigteilhäuser, die trotz unterschiedlicher Bedingungen im ganzen Land verwendet wurden. Manche waren vielleicht sinnvoll in Arizona, aber nicht Massachusetts. Und jetzt stehen da diese Häuser. Sie sind extrem energieverschwendend. Das lässt sich beheben, und zwar durch Baumaßnahmen. Der

Nutzeffekt wäre groß und außerdem würde man dadurch einen der großen Wirtschaftssektoren, der gerade zusammenbricht, wiederbeleben – die Bauwirtschaft – und die Beschäftigungskrise zu einem guten Teil sanieren. Das erfordert einen gewissen Beitrag von außen, letztlich auch Geld der Steuerzahler. Man sagt »von der Regierung«, aber gemeint ist der Steuerzahler. Das wäre aber eine Möglichkeit, die Wirtschaft anzukurbeln, die Beschäftigung zu fördern und einen guten Teil der Umweltzerstörung zu unterbinden. Allerdings gibt es kaum Vorschläge in dieser Richtung.

Ein weiteres Beispiel ist eigentlich eine Schande für die USA, und wenn man von einer Reise ins Ausland zurückkommt, fällt es einem sofort auf: die USA sehen buchstäblich wie ein Land der Dritten Welt aus. Die Infrastruktur bricht zusammen; Verkehrsmittel funktionieren nicht. Die Bahn zum Beispiel: Um 1950, als ich nach Boston zog, gab es einen Zug von Boston nach New York. Man fuhr 3 Stunden und 45 Minuten. Jetzt wird ein großartiger Superzug angepriesen, der Acela Express. Er braucht 3 Stunden und 40 Minuten. In Japan, in Deutschland, in China oder fast überall sonst würde man für diese Strecke vielleicht eineinhalb, zwei Stunden brauchen. Und so ist es in allen Bereichen.

Das ist keine zufällige Entwicklung. Es handelt sich um ein riesiges Projekt der angewandten Sozialwissenschaft, das die Regierung und die Konzerne seit den 1940er Jahren verfolgen. Es handelt sich um ganz systematische Bemühungen zur Umgestaltung der Gesellschaft, um den Einsatz fossiler Brennstoffe zu maximieren. Eine wichtige Maßnahme war die Beseitigung des Bahnnetzes, das recht effizient war. In ganz New England beispielsweise gab es ein ganz gutes elektrisches Eisenbahnsystem. Im Roman *Ragtime* von E. L. Doctorow fährt die Hauptfigur im ersten Kapitel mit der Bahn durch New England. Dieses Eisenbahnnetz wurde zugunsten von Autos und Lastwagen demontiert. In Los Angeles, das heute wirklich ein Alptraum ist, wie jeder weiß, der einmal dort gewesen ist, gab es einst ein

Die menschliche Intelligenz und die Umwelt (2010)   193

effizientes elektrisches System öffentlicher Verkehrsmittel. Es wurde demontiert. Es wurde in den 1940er Jahren von General Motors, Firestone Rubber und Standard Oil of California aufgekauft. Diese Firmen kauften die Verkehrsbetriebe, um sie stillzulegen und den ganzen Verkehr auf Lastwagen, Autos und Busse zu verlagern. Und das ist ihnen gelungen. Genaugenommen war es eine Verschwörung. Die Firmen wurden auch tatsächlich der Bildung einer kriminellen Vereinigung angeklagt und gerichtlich Verurteilt. Die Strafe betrug etwa fünftausend Dollar, glaube ich – genug für ein Abendessen zur Feier dieses Sieges.

Dann stieg die Regierung ein. Heute gibt es das so genannte *Interstate Highway System*. In den 1950er Jahren, als es gebaut wurde, nannte man es das *National Defense Highway System*, denn wenn man in den USA etwas durchsetzen will, muss es der Landesverteidigung dienen. Nur so kann man den Steuerzahler dazu bringen, dafür zu bezahlen. In den 1950er Jahren gab es wirklich Geschichten, dass man die Straßen braucht, damit man Raketen ganz schnell durchs ganze Land transportieren kann, wenn die Russen kommen. So hat man die Steuerzahler dazu gebracht, für dieses System zu bezahlen. Nebenbei hat man die Eisenbahnstrecken zerstört; die Folgen davon habe ich eben beschrieben. Der Staat und private Unternehmen investierten gewaltige Summen in Autobahnen und Flughäfen – in alles, was Benzin verschwendet; das war das Hauptkriterium.

Außerdem hat man das Land zersiedelt. Im Interesse der Immobilienbranche und der lokalen Verwaltungen wurde das Leben umgestaltet: atomisiert und in Stadtrandsiedlungen verteilt. Ich bin kein Gegner der Stadtrandsiedlungen. Ich lebe außerhalb der Stadt und das gefällt mir auch. Es ist aber unglaublich ineffizient. Diese Zersiedelung hat alle möglichen sozialen Auswirkungen, die wahrscheinlich schädlich sind. Jedenfalls ist sie nicht zufällig geschehen; sie folgte einer Planung. Die ganze Zeit gab es massive Bemühungen, eine möglichst zerstörerische Gesellschaft zu schaffen. Bei diesem riesigen Projekt der angewandten Sozialwissenschaft nochmals von vorne zu beginnen, wird nicht einfach sein. Dabei gibt es zahlreiche Herausforderungen.

Bei jedem vernünftigen Ansatz ist ein weiteres Problem die Entwicklung nachhaltiger Energie und Umweltschutztechnik. Auf dem Papier stimmt da jeder zu; wir alle wissen das, und jeder kann darüber schöne Reden halten. Bei genauer Betrachtung stellt man jedoch fest, dass Umwelttechniken in Spanien, in Deutschland und vor allem in China entwickelt werden. Die USA importieren sie dann. Viele Innovationen findet man ja auch hier vor, aber die Erfindungen wurden anderswo gemacht. US-amerikanische Investoren stecken jetzt mehr Geld in Umwelttechniken in China als in den USA und Europa zusammengenommen. Als Texas Sonnenkollektoren und Windkraftanlagen aus China bestellt, gab es Beschwerden: da hat unsere eigene Industrie das Nachsehen. Eigentlich hatte aber nicht unsere Industrie das Nachsehen, denn die spielt da gar keine Rolle. Durch die Finger sahen vielmehr Spanien und Deutschland, die uns auf dem Gebiet weit voraus sind.

Nur um zu zeigen, wie surreal das alles ist: Die Regierung unter Obama hat eigentlich die Autoindustrie übernommen, d. h. wir Amerikaner haben sie übernommen. Wir alle haben dafür bezahlt, haben sie gerettet und jetzt gehört sie eigentlich uns. Und die Regierung hat so weitergemacht wie die Konzerne bis dahin; beispielsweise wurden überall Fabriken von General Motors geschlossen. Ein Werk zu schließen bedeutet nicht nur, dass die Arbeiter ihre Stellung verlieren; die ganze Community wird zerstört. Sehen wir uns den so genannten »Rust Belt«, die ehemalige Industrieregion im Nordosten der USA an. Die Communities wurden von der Arbeiterbewegung aufgebaut und entwickelten sich rund um die Fabriken. Jetzt werden sie demontiert. Das hat enorme Auswirkungen. Und was treiben unsere angeblichen Vertreter, während die Fabriken demontiert werden (bzw. während du und ich die Fabriken demontieren, denn da gibt es noch etwas

Geld zu verdienen)? Genau zur gleichen Zeit hat Obama seinen Verkehrsminister nach Spanien geschickt, um Geld aus dem nationalen Kulturpaket in Verträge für den Bau von Hochgeschwindigkeitsbahnstrecken zu strecken, die wir dringend brauchen und die die Welt dringend braucht. Die Fabriken, die da demontiert werden, könnten umgerüstet werden und all die qualifizierten Arbeiter, die da gearbeitet haben, könnten diese Hochgeschwindigkeitsschienen produzieren, bei uns in den USA. Sie haben die Technologie, das Wissen und die Kompetenz. Aber für die Banken springt dabei nichts heraus, also kaufen wir die Schienen aus Spanien ein. So wie die Umwelttechnik – die wird in China produziert.

Das sind bewusste Entscheidungen, nicht Naturgesetze. Und diese Entscheidungen werden leider so getroffen, wie sie getroffen werden, und eine positive Wende ist nicht in Sicht. Es geht hier um ernste Probleme, und diese Liste lässt sich noch lange fortsetzen, aber das möchte ich hier gar nicht. Überall zeigt sich das gleiche Bild. Ich habe hier nicht auf unfaire Weise Einzelfälle herausgepickt; natürlich habe ich diese Beispiele gewählt, doch sie sind durchaus eine repräsentative Auswahl, die zeigt, was sich da abspielt. Die Folgen sind ernst.

Auch die Medien tragen dazu bei. Die *New York Times* etwa schreibt in ihren üblichen Artikeln, dass es eine Diskussion über die globale Erwärmung gibt. Bei genauer Betrachtung stellt man fest, dass in dieser Diskussion auf der einen Seite etwa 98 Prozent der entsprechenden Wissenschaftler der ganzen Welt stehen und auf der anderen Seite eine Handvoll ernst zu nehmender Wissenschaftler, welche die globale Erwärmung in Frage stellen – eine Handvoll! – und dann noch Senator Jim Inhofe aus Oklahoma und ein paar andere Senatoren. Also schreibt die *New York Times*, dass die globale Erwärmung umstritten ist. Und der Leser muss also entscheiden, welche der beiden Seiten Recht hat. Vor ein paar Monaten war der Aufmacher der *New York Times* ein Artikel mit der Schlagzeile, dass Meteorologen die globale Erwärmung in Frage stellen. Dabei ging es um eine Diskussion unter

Wetteransagern – das sind die freundlichen Damen und Herren, die im Fernsehen vorlesen, ob es morgen regnen wird oder nicht. Das war die eine Seite der Diskussion. Auf der anderen Seite standen praktisch alle Wissenschaftler, die sich damit auskennen. Auch hier soll sich der Bürger eine Meinung bilden. Vertraue ich diesen Wetterleuten? Die sagen mir, ob ich morgen meinen Regenmantel anziehen soll. Und was weiß ich über diese Wissenschaftler? Die sitzen irgendwo in einem Labor und arbeiten an Computersimulationen. Natürlich sind die Menschen da verwirrt.

Ein dritter Teil der Debatte wird interessanter Weise fast völlig ausgelassen: Es gibt nämlich eine bedeutende Anzahl an kompetenten Wissenschaftlern, die der Ansicht sind, dass der wissenschaftliche Konsens viel zu optimistisch ist. Eine Gruppe von Wissenschaftlern am MIT gab etwa vor einem Jahr einen Bericht über das umfassendste Klimamodell heraus, das jemals erstellt wurde. Über ihre Erkenntnisse wurde in den Medien nicht berichtet, nur in den naturwissenschaftlichen Fachzeitschriften. Sie schrieben, dass der wissenschaftliche Konsens der internationalen Kommission einfach völlig daneben liegt, viel zu optimistisch ist, und wenn man Faktoren berücksichtigt, die bis dahin nicht berücksichtigt worden waren, sind die Aussichten noch viel schlimmer. Sie kamen zu dem Schluss, dass es aus mit der Erde ist, wenn wir nicht mehr oder weniger sofort aufhören, fossile Brennstoffe zu verbrauchen, und dass andernfalls die Folgen unüberwindbar sind. Aber das ist nicht mehr Gegenstand der Diskussion.

Es gäbe da noch eine Menge Beispiele, aber die einzige Möglichkeit, hier gegenzusteuern, wäre eine große Bewegung von unten, die nicht nur fordert, dass auf jedem Dach Sonnenkollektoren installiert werden (das wäre auch nicht schlecht), sondern eine Bewegung, welche die ganze gesellschaftliche, kulturelle, wirtschaftliche und ideologische Struktur demontiert, die uns ins Verderben reitet. Das ist eine gewaltige Aufgabe, und es ist eine Aufgabe, der wir uns stellen müssen, und zwar eher bald, sonst wird es zu spät sein.

7. Wird die menschliche Kultur den real existierenden Kapitalismus überleben? (2013)

Mit »real existierendem Kapitalismus« meine ich etwas, das real existiert und das »Kapitalismus« genannt wird. Es ist offensichtlich, dass die Vereinigten Staaten von Amerika das wichtigste Beispiel dafür sind. Der Begriff »Kapitalismus« ist so vage, dass er verschiedene Möglichkeiten abdeckt. Er wird häufig als Bezeichnung für das Wirtschaftssystem der USA verwendet, das von beträchtlichem staatlichen Eingreifen geprägt ist – von der Forschung bis hin zur staatlichen Bankenrettung unter dem Motto »*too big to fail*« –, und von starken Monopolen, die ebenfalls den Markt einschränken.

Man sollte sich vor Augen halten, dass die Abweichungen des »real existierenden Kapitalismus« von der offiziellen »freien Marktwirtschaft« beträchtlich sind. Um nur ein paar Beispiele zu erwähnen: In den letzten zwanzig Jahren ist der Anteil der zweihundert größten Unternehmen am Gesamtprofit stark angestiegen und hat den Oligopolcharakter der US-amerikanischen Wirtschaft weiter verstärkt. Das untergräbt natürlich den Markt: Preiskämpfe werden durch häufig sinnlose Produktdifferenzierung durch massive Werbung vermieden, die häufig ihrerseits den Markt untergräbt, anstatt den Konsumenten so zu informieren, dass er rationale Entscheidungen treffen kann, was eigentlich ihre Aufgabe wäre. Computer und das Internet sowie weitere grundlegende Elemente der Digitalen Revolution waren Jahrzehnte lang in staatlicher Hand (Forschung und Entwicklung, Finanzierung, Aufträge etc.), bevor sie privaten Unternehmen übergeben wurden, die sie kommerzialisierten und Profit damit machten. Die staatliche Absicherung der Banken, die diesen enorme Vorteile bringt, wird von Wirtschaftswissenschaftlern und -magazinen auf rund 40 Milliarden Dollar pro Jahr geschätzt. Eine neuere Studie des Internationalen Währungsfonds zeigt allerdings – um die Wirtschaftspresse zu zitieren –, dass womöglich »die größten Banken der USA eigentlich gar keine Profite machen«, und dass »die Milliardengewinne, die sie angeblich für ihre Aktionäre verdienen, fast zur Gänze ein Geschenk des amerikanischen Steuerzahlers waren«. Dies ist ein weiterer Beweis, der die Einschätzung von Martin Wolf von der *New York Times* stützt, des angesehensten Börsenjournalisten der englischsprachigen Welt; er schreibt, dass »der Finanzsektor völlig außer Kontrolle geraten ist und die moderne Marktwirtschaft von innen her auffrisst wie die Larve einer Schlupfwespe«.

Der Begriff »Kapitalismus« wird häufig auch für Systeme ohne Kapitalisten verwendet, zum Beispiel für Mondragón im spanischen Baskenland, ein ausgedehntes Netzwerk von Betrieben im Besitz ihrer Arbeiter, oder die expandierenden Arbeiterkooperativen im Norden von Ohio, die häufig von Konservativen unterstützt werden, wie Gar Alperovitz in seinem Buch *America Beyond Capitalism* beschreibt. Mit dem Begriff »Kapitalismus« könnte man sogar noch die »*industrial democracy*« fassen, die John Dewey vertreten hat, der wichtigste amerikanische Sozialphilosoph. Er forderte, dass die Arbeiter »Herren ihres eigenen Schicksals in der Industrie« sein sollten, und dass alle Institutionen – darunter Produktions- und Tauschmittel, Medien, Verkehrs- und Kommunikationsmittel – in öffentlicher Hand sein sollten. Andernfalls, sagt Dewey, wird die Politik weiterhin nur »der Schatten, den das Großkapital auf die Gesellschaft wirft« sein.

Die verstümmelte Demokratie, die Dewey kritisierte, wurde in den letzten Jahren völlig ruiniert. Mittlerweile wird die Regierung von einem ganz schmalen Sektor an der Spitze der Einkommenspyramide kontrolliert, während die große Mehrheit »da unten« praktisch entrechtet ist. Das derzeitige politische und wirtschaftliche System ist eine Art Plutokratie, die von einer Demokratie weit entfernt ist, wenn man Demokratie als eine politische Ordnung versteht, in der die Politik maßgeblich vom Willen der Allgemeinheit beeinflusst ist. Es hat in den letzten Jahren ernsthafte Diskussionen darüber gegeben, ob der Kapitalismus grundsätzlich mit Demokratie vereinbar ist. Wenn wir uns an die real existierende Demokratie halten, haben wir auch schon die Antwort: absolut nicht.

Ich werde später noch darauf zurückkommen, warum ich es für unwahrscheinlich halte, dass die menschliche Kultur den real existierenden Kapitalismus und die stark geschwächte Demokratie, die dazugehört, überleben wird. Würde eine funktionierende Demokratie einen Unterschied machen? Das ist natürlich reine Spekulation, denn ein solches System existiert nicht, aber ich glaube, dass dies durchaus der Fall wäre.

Bleiben wir bei dem unmittelbar lebensbedrohenden Problem der Menschheit (es ist nicht das einzige): die globale Umweltkatastrophe. Politik und öffentliche Meinung klaffen hier, wie so oft im real existierenden Kapitalismus, weit auseinander. In der letzten Ausgabe von *Dædalus*, der Zeitschrift der *American Academy of Arts and Sciences*, sind mehrere Artikel über das Wesen dieser Kluft.

Die Forscher fanden heraus, dass 109 Länder irgendeine Politik und 118 Länder auch Zielvorgaben für erneuerbare Energien beschlossen haben. Im Gegensatz dazu haben die Vereinigten Staaten auf Bundesebene überhaupt keine einheitliche langfristige Politik zur Förderung erneuerbarer Energien.

Es ist nicht so, dass die Politik in den USA aufgrund der öffentlichen Meinung völlig jenseits des internationalen Spektrums ist. Ganz im Gegenteil: Die amerikanische Öffentlichkeit steht dem, was weltweit üblich ist, viel näher als die Politik. Sie ist auch viel stärker dafür, etwas gegen die drohende Umweltkatastrophe zu unternehmen, die uns nach dem Konsens der überwältigenden Mehrheit aller Wissenschaftler bevorsteht, und zwar in nicht allzu ferner Zukunft;

unsere Enkelkinder werden sie höchstwahrscheinlich erleben. Was haben die Forscher bei *Dædalus* herausgefunden?

> Eine überwältigende Mehrheit ist dafür, dass die Bundesregierung Maßnahmen ergreift, damit Kraftwerke weniger Treibhausgase ausstoßen. Im Jahr 2006 waren 86 Prozent der Befragten dafür, Elektrizitätswerke durch Steuererleichterungen dazu zu bringen, ihre Emissionen zu senken. ... Im selben Jahr waren 87 Prozent für Steuernachlässe für Kraftwerke, die mehr Strom aus Wasser-, Windkraft oder Sonnenlicht erzeugen. ... Diese Mehrheiten blieben von 2006 bis 2010 konstant und sind seitdem leicht gesunken.

Die Tatsache, dass sich die Öffentlichkeit von der Wissenschaft beeinflussen lässt, ist äußerst beunruhigend für jene, die in der Wirtschaft und in der Politik den Ton angeben. Ein aktuelles Beispiel dafür ist der *Environmental Literacy Improvement Act*, das »Gesetz für die Verbesserung des Wissensstandes über die Umwelt«, das der *American Legislative Exchange Council* (ALEC) in den Parlamenten in verschiedenen Bundesstaaten zur Abstimmung vorgelegt hat. ALEC ist eine Lobby-Organisation, die von großen Unternehmen finanziert wird und Gesetzesvorlagen im Sinne der Unternehmer und der Superreichen entwirft.

Dieses ALEC-Gesetz sieht vor, dass der Lehrplan über das Klima an den Grund-, Mittel- und Oberschulen »ausgewogen« sein muss. »Ausgewogener Unterricht« ist eine verschlüsselte Formulierung, die bedeutet, dass im Unterricht die globale Erwärmung geleugnet werden soll, als »Ausgleich« gegenüber dem Konsens fast aller Klimaforscher. Das entspricht dem »ausgewogenen Lehrplan«, den die Kreationisten fordern, damit ihre »Schöpfungswissenschaft« an staatlichen Schulen unterrichtet werden kann. In mehreren Bundesstaaten wurden Gesetze verabschiedet, die auf der Vorlage von ALEC beruhen.

Diese ALEC-Gesetze gehen auf ein Projekt des *Heartland Institute* zurück, einer Denkfabrik für den Kampf gegen den wissenschaftlichen Konsens der Klimaforscher, die von großen Unternehmen finanziert wird. Der Vorschlag des *Heartland Institute* umfasst einen »Lehrplan über die globale Erwärmung von der ersten bis zur zwölften Schulstufe«, die darauf ausgerichtet ist, dass es »eine große Auseinandersetzung« darüber gäbe, »ob der Mensch das Wetter verändert oder nicht«. Das Ganze ist natürlich in Phrasen über Unterricht in kritischem Denken verpackt – was an sich natürlich eine gute Idee wäre, aber es gibt viel wichtigere Themen als dieses, bei dem es nur um die Profitinteressen von Unternehmen geht.

Es gibt wirklich eine Auseinandersetzung, über die in den Medien regelmäßig berichtet wird. Auf der einen Seite stehen die überwältigende Mehrheit der Wissenschaftler, alle wichtigen nationalen Akademien der Wissenschaft der Welt, die naturwissenschaftlichen Fachzeitschriften und der Weltklimarat IPCC (*Intergovernmental Panel on Climate Change*). Sie stimmen überein, dass die globale Erwärmung eine Tatsache ist; dass der Mensch erheblich dazu beiträgt; dass die Lage ernst oder gar alarmierend ist; und dass die Welt sehr bald, womöglich in wenigen Jahrzehnten, einen Wendepunkt erreichen wird, an dem die Erwärmung drastisch eskaliert, unumkehrbar ist und dramatische Auswirkungen auf die Wirtschaft und Gesellschaft hat. Ein Konsens wie dieser ist in der Wissenschaft bei derart komplexen Fragen selten.

Auf der anderen Seite stehen die Skeptiker, darunter einige wenige angesehene Wissenschaftler, die darauf hinweisen, dass noch vieles ungeklärt ist – was bedeuten könnte, dass die Lage womöglich nicht so ernst ist wie angenommen, oder noch viel schlimmer.

Eine viel größere Gruppe von Skeptikern kommt in dieser künstlichen Debatte gar nicht zu Wort: jene hoch angesehenen Klimaforscher, welche die regelmäßigen Berichte des Weltklimarates für viel zu vosichtig halten. Sie haben damit leider immer wieder Recht gehabt. Aber sie sind kaum an der öffentlichen Diskussion beteiligt, obwohl sie in der wissenschaftlichen Fachliteratur sehr prominent sind.

Das *Heartland Institute* und ALEC sind Teil einer riesigen Kampagne, mit der die Wirtschaftslobby Zweifel am nahezu einstimmigen Konsens der Wissenschaftler säen will, dass menschliche Aktivitäten einen großen Beitrag zur globalen Erwärmung leisten, die womöglich verhängnisvolle Auswirkungen haben wird. Diese Kampagne wurde öffentlich angekündigt; sie wird unter anderem von den Lobby-Organisationen für fossile Brennstoffe und von der *American Chamber of Commerce* (der wichtigsten Unternehmerlobby) getragen.

Die Bemühungen von ALEC und den berühmten Koch-Brüdern sind jedoch nur die Spitze des Eisberges. Die entsprechenden Initiativen sind geschickt verborgen, kommen aber manchmal ans Licht, zum Beispiel in einem aktuellen Bericht von Suzanne Goldenberg im *Guardian*, in dem es heißt:

> [K]onservative Milliardäre haben mehr als hundert Gruppierungen, die den Klimawandel in Zweifel ziehen, über geheime Kanäle fast 120 Millionen Dollar zukommen lassen und ein riesiges Netzwerk aus Denkfabriken und politischen Aktivisten aufgebaut, die nur ein Ziel haben: den Klimawandel nicht als neutrale, wissenschaftlich erwiesene Tatsache darzustellen, sondern zu einer polarisierenden Gretchenfrage für extrem konservative Kräfte zu machen.

Der Propagandafeldzug hat offenbar eine gewisse Wirkung auf die öffentliche Meinung in den USA, die den Klimawandel skeptischer sieht als der Rest der Welt. Aber die Herren sind mit der Wirkung noch nicht zufrieden. Wahrscheinlich haben Teile des Unternehmenssektor deshalb diesen Angriff auf das Bildungssystem gestartet: um die Gefahr abzuwenden, dass die Öffentlichkeit auf die Schlussfolgerungen der Wissenschaft aufmerksam wird.

Beim Wintertreffen des *Republican National Committee* vor einigen Wochen warnte Bobby Jindal, der Gouverneur von Louisiana, die Parteiführung: »[W]ir dürfen nicht mehr die dumme Partei abgeben … Wir müssen damit aufhören, die Intelligenz der Wähler zu beleidigen.« ALEC und die Unternehmer, die hinter ALEC stehen, wünschen sich unser Land im Gegensatz dazu aus gutem Grund als eine »törichte Nation«.

Eine der Organisationen, mit der Milliardäre das Leugnen des Klimawandels über dunkle Kanäle finanzieren, ist der *Donors Trust*, der auch eine Menge Geld in Bemühungen investiert, armen Schwarzen das Wahlrecht vorzuenthalten. Das ergibt Sinn. Afroamerikaner sind meist Demokraten, oder gar Sozialdemokraten, und gehen womöglich so weit, sich für Wissenschaft zu interessieren – im Gegensatz zu jenen, die mit »ausgewogenen Lehrplänen« ordentlich zu kritischem Denken erzogen werden.

Die großen Fachzeitschriften zeigen, wie surreal die Lage ist. Hier ist ein Beispiel aus *Science*, der wichtigsten naturwissenschaftlichen Zeitschrift in den USA: Vor einigen Wochen brachten sie nebeneinander drei Artikel. Im ersten stand, dass 2012 das heißeste Jahr in den USA war, seit entsprechende Aufzeichnungen existieren, und der Höhepunkt einer langfristigen Entwicklungstendenz. Der zweite berichtete von einer neuen Studie des *U. S. Global Climate Change Research Program*, die neue Beweise für einen raschen Klimawandel infolge menschlicher Aktivitäten brachte und die wahrscheinlich schwerwiegenden Folgen erörterte. Der dritte Artikel war über Ernennung der neuen Vorsitzenden der Ausschüsse für Wissenschaftspolitik des Repräsentantenhauses; dabei wurde aufgrund des kaputten Wahlsystems von einer Minderheit der Wähler eine große Mehrheit an Republikanern gewählt. Alle drei neuen Ausschussvorsitzenden leugnen, dass wir Menschen zum Klimawandel beitragen, zwei von ihnen leugnen überhaupt, dass es einen Klimawandel gibt, und einer ist ein langjähriger Fürsprecher der Ölindustrie. In der gleichen Ausgabe der Zeitschrift ist ein eher technischer Artikel über neue Beweise dafür, dass der Wendepunkt, an dem der Klimawandel unumkehrbar wird, womöglich gefährlich nahe ist.

Ein Bericht in *Science* letzten Donnerstag betont die Notwendigkeit, dass wir eine »törichte Nation« werden müssen. Der Artikel bringt Beweise dafür, dass schon eine ganz geringe Erwärmung – geringer als jene, die für die nächsten Jahre erwartet wird – zum Auftauen von Permafrostböden führen könnte, was wiederum zur Freisetzung gewaltiger Mengen Treibhausgas führen könnte, die in dem Eis eingeschlossen sind. Also halten wir uns an einen »ausgewogenen Lehrplan« – wenn wir unseren Enkelkindern, deren Leben wir gerade zerstören, noch in die Augen schauen können.

Im Rahmen des real existierenden Kapitalismus ist es im Interesse der kurzfristigen Gewinne der Herren der Wirtschaft und des politischen Systems von höchster Wichtigkeit, dass wir eine törichte Nation werden und uns nicht von Wissenschaft und Vernunft irreführen lassen. Dieses Gebot ist fest in der fundamentalistischen Doktrin der Marktwirtschaft verwurzelt, die im real existierenden Kapitalismus gepredigt wird, aber nur äußerst selektiv befolgt wird, damit man sich einen starken Staat halten kann, der den Reichen und Mächtigen dient. Der Wirtschaftswissenschaftler Dean Baker spricht vom konservativen Staat als Kindermädchen für diese Interessen.

Die offiziellen Lehren kranken an einer Reihe bekannter »Marktineffizienzen«, darunter die Unfähigkeit, bei einem Marktgeschäft die Auswirkungen auf andere zu berücksichtigen. Die Folgen dieser »externen Effekte« können erheblich sein. Die aktuelle Finanzkrise ist ein Beispiel dafür: Zum Teil ist sie darauf zurückzuführen, dass die großen Banken und Kapitalanlagefirmen das »Systemrisiko« – die Möglichkeit, dass das ganze System zusammenbricht – ignorieren, wenn sie riskante und daher profitable Geschäfte machen. Die Umweltkatastrophe ist viel ernster: Der externe Effekt, der da ignoriert wird, ist das Schicksal der Menschheit. Und da kann man sich nirgends reumütig um Rettung anstellen.

Das sind die Folgen des real existierenden Kapitalismus und seiner maßgeblichen Doktrin, die auch vorsieht, dass die Herren sich nach Kräften bemühen, die Bedrohungen eskalieren zu lassen. Das ist ein Grund dafür, wenn auch nicht der einzige, dass es eher unwahrscheinlich ist, dass die menschliche Kultur den real existierenden Kapitalismus ohne größere Blessuren überleben wird.

In der Zukunft mag ein Historiker (falls es dann noch welche gibt) auf das merkwürdige Spektakel Anfang des 21. Jahrhunderts zurückblicken. Zum ersten Mal in der Geschichte der Menschheit sind die Menschen mit der Aussicht einer ernsten Katastrophe konfrontiert, die das Ergebnis ihres eigenen Handelns ist und die Grundlagen für das Überleben in einer menschenwürdigen Existenz erschüttert. Es gibt eine ganze Reihe von Reaktionen. Das eine Extrem sind jene, die versuchen, beherzt zu handeln, um die drohende Katastrophe abzuwenden. Das andere Extrem sind große Bemühungen, zu leugnen, was geschieht, und die Bevölkerung soweit zu verdummen, dass sie nicht die kurzfristigen Profite gefährdet. Die führende Kraft zur Verschärfung des Desasters, das zu erwarten ist, ist das reichste und mächtigste Land in der Geschichte der Welt und das prominenteste Beispiel des real existierenden Kapitalismus, der ihm gewaltige Vorteile verschafft. Die führende Kraft für den Erhalt der Voraussetzungen für ein menschenwürdiges Leben unserer unmittelbaren Nachkommen sind die so genannten »primitiven« Gesellschaften: Indianer, Stämme, Ureinwohner, Aborigines.

Die Länder, die eine große und einflussreiche indigene Bevölkerung haben, sind an vorderster Front für die Erhaltung der Erde. Die Länder, die ihre indigene Bevölkerung weitgehend ausgerottet oder marginalisiert haben, rennen begeistert ins Verderben. Ekuador zum Beispiel hat eine große indigene Bevölkerung und ersucht die reichen Länder um Unterstützung, damit es seine erheblichen

Ölreserven unter der Erde lassen kann, wo sie hingehören. Die USA und Kanada hingegen verheizen begeistert immer mehr Erdöl und Erdgas, inklusive der besonders gefährlichen Ölsandvorkommen in Kanada, und zwar möglichst rasch und möglichst umfassend, während sie das Wunder einer hundertjährigen (und weitgehend sinnlosen) Energieunabhängigkeit beschwören, ohne auch nur einen Gedanken an die Vorstellung zu verschwenden, wie die Welt nach ihrem überspannten Engagement für die Selbstzerstörung einmal aussehen wird. Auf der ganzen Welt kämpfen indigene Gemeinschaften für den Schutz dessen, was sie manchmal als »die Rechte der Natur« bezeichnen; die Zivilisierten und Kultivierten spotten hingegen über diese Albernheit.

All das ist genau das Gegenteil von dem, was die Vernunft vorhersehen würde – außer es handelt sich um die schiefe Version der Vernunft, die aus dem Verzerrungsfilter des real existierenden Kapitalismus kommt.

Quellen

Wissen und Macht – Intellektuelle, Sozialstaat und Krieg

Knowledge and Power: Intellectuals and the Welfare-Warfare State, in: Priscilla Long (Hg.): *The New Left*. Porter Sargent, 1970, S. 172–199.

Ausnahmen bestätigen die Regel

An Exception to the Rules, *Inquiry*, 17. April 1978;

Die göttliche Lizenz zum Töten

The Divine License to Kill, *Grand Street*, Bd. 6, Nr. 2 (Winter 1987).

Konsens ohne Zustimmung

Consent without Consent: Reflections on the Theory and Practice of Democracy, *Cleveland State Law Review*, Bd. 44, Nr. 4 (1996).

Einfache Wahrheiten, schwierige Fragen

Simple Truths, Hard Problems: Some Thoughts on Terror, Justice, and Self-Defense. Frumkes-Vorlesung an der New York University am 15. November 2004.

Die menschliche Intelligenz und die Umwelt

Human Intelligence and the Environment. Rede an der University of North Carolina in Chapel Hill am 30. September 2010.

Wird die menschliche Kultur den real existierenden Kapitalismus überleben?

Can Civilization Survive Really Existing Capitalism? Antrittsrede an der Philosophischen Gesellschaft des University College Dublin am 2. April 2013

»Was immer die Welt denken mag, die Handlungen der USA sind gerechtfertigt. Weil wir es so sagen.«

Noam Chomsky

„Weil wir es so sagen"

Texte gegen die amerikanische
Weltherrschaft im 21. Jahrhundert

ISBN 978-3-85371-393-8, br., 208 Seiten, 17,90 €

auch als E-Book erhältlich:
ISBN 978-3-85371-831-5, 14,99 €